国家卫生和计划生育委员会"十三五"规划教材配套教材

全国高等学校配套教材

供康复治疗学专业用

语言治疗学
学习指导及习题集

第3版

主　审　李胜利
主　编　陈卓铭
副主编　张庆苏　王丽梅

编　委　（以姓氏笔画为序）

万桂芳　中山大学附属第三医院
王丽梅　哈尔滨医科大学附属第五医院
王德强　滨州医学院康复学院
冯兰云　天津医科大学儿童临床学院
刘晓明　北京联合大学
汤继芹　山东中医药大学
李胜利　首都医科大学中国康复研究中心

张庆苏　首都医科大学中国康复研究中心
张建斌　长治医学院附属和济医院
陈　艳　广州医科大学第二附属医院
陈卓铭　暨南大学附属第一医院
陈慧娟　哈尔滨医科大学附属第一医院
郭艳芹　牡丹江医学院附属红旗医院
谢　谨　湖北省十堰市太和医院

编写秘书　林珍萍　暨南大学附属第一医院

人民卫生出版社

图书在版编目（CIP）数据

语言治疗学学习指导及习题集 / 陈卓铭主编 . —3 版 . —北京：人民卫生出版社，2018

全国高等学校康复治疗专业第三轮规划教材配套教材

ISBN 978-7-117-27923-9

Ⅰ . ①语… Ⅱ . ①陈… Ⅲ . ①语言障碍 – 治疗学 – 高等学校 – 教学参考资料 Ⅳ . ①R767.92 ②H018.4

中国版本图书馆 CIP 数据核字（2018）第 302337 号

人卫智网	www.ipmph.com	医学教育、学术、考试、健康，购书智慧智能综合服务平台
人卫官网	www.pmph.com	人卫官方资讯发布平台

语言治疗学学习指导及习题集
第 3 版

主　　编：陈卓铭
出版发行：人民卫生出版社（中继线 010-59780011）
地　　址：北京市朝阳区潘家园南里 19 号
邮　　编：100021
E - mail：pmph @ pmph.com
购书热线：010-59787592　010-59787584　010-65264830
印　　刷：三河市尚艺印装有限公司
经　　销：新华书店
开　　本：787×1092　1/16　印张：16
字　　数：410 千字
版　　次：2008 年 1 月第 1 版　　2018 年 3 月第 3 版
　　　　　2022 年 12 月第 3 版第 4 次印刷（总第 10 次印刷）
标准书号：ISBN 978-7-117-27923-9
定　　价：42.00 元

打击盗版举报电话：010-59787491　E-mail：WQ @ pmph.com
（凡属印装质量问题请与本社市场营销中心联系退换）

语言是人与人之间交流最重要的工具，人与人的交流离不开语言，语言治疗也是康复治疗的重要组成部分。康复治疗的对象主要为残疾人，在六大类残疾中，言语残疾与听力残疾患者主要通过语言治疗获得康复。智力残疾、精神残疾和视力残疾也与语言治疗息息相关。语言治疗学与很多学科有关系，需要较好的医学、心理学、语言学基础，需要基础理论与实践不断地交融学习。语言治疗学这门课程是很多康复治疗师认为较难学好、掌握的学科之一。

本书为全国高等学校康复治疗学专业国家卫生和计划生育委员会"十三五"规划教材《语言治疗学》第 3 版的配套教学和复习用书。编写本书，旨在配合教材帮助学生学好、复习好语言治疗的基本原理、相关概念和基本治疗方法，指导日常的语言康复治疗。

本书各章的次序与《语言治疗学》第 3 版主教材一致。每章或每节内容由"学习要求""内容精要""习题"和"参考答案"四部分组成，部分章节还包括"典型案例"。

"学习要求"为该章或该节学习的目标，根据教学要求分掌握（充分掌握并可以灵活应用）、熟悉（清楚了解并可以熟练应用）、了解（知道基本概念，并可以在必要时应用）三个层次。

"内容精要"涵盖了本章或本节的重点内容。

"典型案例"通过对典型案例的分析帮助学生学习各种语言障碍的表现、诊断、功能评估，相应的康复目标、康复策略及实施。

"习题"包括名词解释、选择题和简答题等题型，习题后附有参考答案。其中，选择题主要包括：① A1 型题：为单句最佳选择题和简答题等题型，每道试题由一个题干和五个备选项组成，只有一项是正确答案；② A2 型题：为病例摘要最佳选择题，题干是一个叙述性主体（如简要的病例），有五个备选项，只有一项是正确答案；③ A3 型题：一个病例下设 2~3 个与病例有关的问题，每个问题下面都有 A、B、C、D、E 五个备选答案，从中选择一个最佳答案；④ B1 型题：为几个提干共用五个备选项，针对每个问题只有一项是正确答案，每个备选项可以选用数次，也可以一次也不选。⑤ X 型题：为多选题，每道试题由一个题干和五个备选项组成，有两个或两个以上是正确答案。

本书编者均为来自国内开展语言治疗较早、较多的高等院校及其附属医疗机构的骨干教师，他们同时也是临床第一线的医师或治疗师，具有从事语言治疗的工作经验及体会，可确保本书内容能真正反映语言治疗的专科特色，注重语言治疗的实践操作。

由于时间仓促，书中可能尚有不当之处，希望各位任课老师及学生给予批评指正或提出建议，以便再版时修订完善。

陈卓铭

2018 年 3 月

目录

第一章
概述

第一节　语言治疗的发展历史

学 习 要 求

1. **掌握**　国内国外语言治疗的现状。
2. **熟悉**　语言治疗的教育概况。
3. **了解**　发达国家和国内语言治疗的差距。

内 容 精 要

1. 语言治疗是康复医学的组成部分,是对各种语言障碍和交往障碍进行评价、治疗和研究的学科,美国本专业起源于1925年左右,实际上早在19世纪,至少有3个运动促使最早的语言治疗专业人员出现。第一个运动是雄辩运动。19世纪初期的另一个运动是在19世纪初兴起的科学革命,在这一时期,宗教和哲学观点向科学思想转移,有一些勇于实践的专家,他们治愈了自身的语言问题或在其教学和演讲实践中取得了经验和专业知识。第三个运动则是这一时期的专业精神运动的发展趋势,直接促成1925年在美国爱荷华州爱荷华市建立了第一个以语言病理学专业方向为主的协会组织,美国语言与听力协会(ASHA,American Speech and Hearing Association),标志了现代语言病理学专业的正式创立,也是目前国际上认为的语言治疗学职业的起源。

2. 进入到20世纪以来,是语言言语科学的快速发展时期,即从1900年左右持续到2000年。在这个时期按年代可以分为4个阶段,每一个阶段都有其特点。

第一阶段为形成期,从1900年之前持续到第二次世界大战结束。这一时期是将20世纪早期的关于语言治疗的科学、学术成果和实践经验的进行整理和归纳的时期,这一时期的语言治疗主要包括三个方面,一是从生物/医学角度,重点是病因的处理,进行理学方向的治疗例如使用砷剂和适当的休息;其二是个体性的、外在功能和感觉运动途径的治疗,这个方面主要包括了通过听觉训练(听觉刺激、辨别和排序)或运动训练(运动位置、舌运动练习)等来进行发声的治疗;第三个方面是预测了今后所采用的知觉和语言训练策略,他们开始进行单词语义的教授以及语法的训练。

第二个阶段称为加工时期,从1945年到1966年,这一时期随着第二次世界大战的结束,由于战争使得失语症的发生率明显增加,使临床医生开始认识到除了听觉、运动和言语声音有关以外,还有其他的因素影响着人的语言功能,包括这一时期所提出的如符号形成、内在语言和心理语言处理的概念,促使语言治疗学从强调言语接受和处理的个体性、外在性这一观点向更多的语言整体性和知觉处理这一方向发展。

第三个阶段始于1950年左右,持续到1975年,被称为语言学时代。这一时期通过对儿童语言障碍的研究,逐渐认识到语言作为一个结构化的功能系统,拥有自己的规则,这些规则包括了语法、语义以及语音多个层次的结合,治疗专家们开始将语言障碍的治疗从言语障碍治疗中分离出来。

20世纪的1975年到2000年是第四个阶段,称为语用学时期,语言治疗研究的重点从语言的形式(语法、语音学)和内容(语义学)向语言应用的方面转移,医生和治疗师不再是教师和教练,而是语言障碍患者的交流伙伴和合作伙伴,提供的帮助和服务也不仅仅限制于医疗行为,而是贯穿在患者的日常生活之中,努力帮助患者减少和克服在个人进行社会参与和工作中的社会、环境和交流方式方面的障碍,从而使得语言障碍的患者能更好地参与到日常生活中去,减少或消除语言障碍带来的影响。

3. 目前国际上语言治疗师(发达国家现在的正式名称是言语-语言病理学家,SLP,Speech-Language Pathologist)的需求量标准是每10万人口中20名,按国际上此标准推算,中国大约需要语言治疗师30万名,可是目前中国在水平上和数量上远远不能适应大量语言障碍患者的需求。中国语言治疗的建立应该视为20世纪80年代中期,国内的一些医生到国外学习进修并将语言治疗的研究成果和专业知识引进国内,并结合国内的语言特点和文化习惯编制了各种语言障碍的评价方法,开始对各种语言障碍进行治疗,并且积累了很多经验。

习 题

一、名词解释

语言治疗学

二、选择题

【A1 型题】

1. 在美国,一般认为语言治疗开始于
   A. 1905 年　　　B. 1910 年　　　C. 1915 年　　　D. 1920 年　　　E. 1925 年
2. 十九世纪几个运动促进了语言治疗专业人员的出现
   A. 2 个　　　B. 3 个　　　C. 4 个　　　D. 5 个　　　E. 6 个
3. 称为语言的加工时期是
   A. 1900 年以前　　　　　B. 1950—1975 年　　　　　C. 1975—2000 年
   D. 1945—1966 年　　　　E. 1930—1950 年
4. 目前国际上言语-语言病理师的需求量标准是每10万人口
   A. 30 人　　　B. 40 人　　　C. 20 人　　　D. 10 人　　　E. 50 人
5. 中国语言治疗开始于20世纪
   A. 50 年代中期　　　　　B. 60 年代中期　　　　　C. 70 年代中期
   D. 80 年代中期　　　　　E. 90 年代中期

三、简答题

简述从 1900 年左右到 2000 年,美国语言治疗的发展特点。

参 考 答 案

一、名词解释

语言治疗学:是对各种原因造成的语言障碍和沟通交流障碍进行评价、治疗和研究的科学,在现代语言治疗学中,对吞咽障碍研究和治疗也包括在本学科范围内。

二、选择题

1. E 2. B 3. D 4. C 5. D

三、简答题

这个时期按年代可以分为四个阶段。第一阶段为形成期,为 1900 年之前,持续到第二次世界大战结束。这一时期是语言治疗科学、学术和实践的萌芽时期。第二个阶段从 1945—1966 年,称为语言的加工阶段。这一时期大量的评价和治疗方法发展起来。第三个阶段始于 1950 年左右,持续到 1975 年,被称为语言学时代,并按照语言学的本质为出发点进行治疗。从 1975—2000 年是语用学时期,这一时期开始对实践进行再思考和再构造,这些实践包括会话的、语言的、文化的及日常生活等方面。

(张庆苏)

第二节 语言交流的医学基础

学 习 要 求

1. **掌握** 大脑功能侧化的概念和与语言功能相关的脑区;语言的发生和构音机制;语言处理过程的发育。

2. **熟悉** 大脑两半球的各自功能;大脑对语言产生的控制和调节;钙拮抗、脑激活剂和抗精神异常类药物在语言障碍时的应用;语言能力的发育。

3. **了解** 大脑两半球功能分工的研究历史;语言产生的运动过程;fMRI、ERP、MEG、SPECT、PET 的检测原理和应用;听觉功能的发育。

内 容 精 要

一、语言交流的解剖与生理基础

1. 大脑的功能侧化和语言中枢

（1）大脑的功能侧化的概念：即大脑的左右半球虽然在外形上很相似，但是在结构和功能上却存在一定差异，这种差异在神经科学中被称作大脑结构和功能的侧化和功能不对称。

（2）现代的神经心理学以及神经影像学研究证实了在大脑存在和语言相关联的区域，这些区域的受损可以导致相对应的临床失语综合征的出现。

（3）人们对大脑两半球功能分工研究的历史很久，很早就知道大脑两半球在功能上有分工。Broca 和 Wernicke 的研究形成了优势半球的概念，即具有语言功能的左侧半球为优势半球，而非优势半球则被认为与语言无关。随着对两半球功能认识的水平和深度的提高，优势半球的概念逐渐被大脑半球功能侧化和功能分工的概念取代。现在认为，两侧大脑半球各有自己的优势功能，两半球合作工作发挥大脑的整体功能。

2. 言语产生的生理与机制

（1）大脑的控制和调节：言语产生（这一部分是指音声语言或者说是口语）的方式可以参考本套教材《语言治疗学》第 2 版图 1-2，这个图说明了言语产生的过程。

（2）发声：喉的发声包括从肺产生呼气流的过程和在声门（左右声带间隙）将呼气流转变成间断气流并生成声波的过程。

1）呼吸运动：呼吸运动由肺、支气管、气管、胸廓、横膈和辅助横膈运动的腹肌肌群组成。

2）说话时的呼吸：说话时呼吸的条件是：呼气时，要有一定的压力；呼气压要能维持一定时间；能适当控制呼气压水平。在说话过程中，以上这些都是在无意识过程中实现的。在说话时每次的吸气相在 0.5 秒左右，呼气相在 5 秒以上。在神经的支配下，呼气肌和吸气肌的协调运动，来维持必要的肺容量和压力。最大吸气后持续发声时间，成人男性平均 30 秒，女性 20 秒。

3）喉：喉位于食管与气管的分界处，作用是可以防止食物进入气管。由甲状软骨和环状软骨组成环甲关节。杓状软骨外展则左右软骨分离，若内收则左右软骨接近，由此引起两侧声带的外展而声门开大，内收时声门关闭。参与此关节运动的肌肉是喉内肌。

4）喉的运动调节：呼吸时声门及喉内腔打开，在吞咽或有异物侵入时，声带反射性地强烈收缩，使喉腔闭锁。发声时声带内收，声门闭锁。假声带不能使喉闭锁。发声时声带呈正中位，平静呼吸时呈正中位，深吸气时呈外展位。当发声时声带可以保持适当紧张度和厚度，通过呼气产生震动，声门的开闭与震动周期一致，使呼气流呈断续状态。通过声门断续的气流形成声源。声音的高低由频率决定。

（3）调音：调音器官包括双唇、硬腭、软腭、咽、舌、下颌、鼻腔等它们共同组成声道。其中可以活动的有唇、软腭、咽、舌及下颌。

1）下颌：下颌关节的运动通过咀嚼肌和舌肌来进行。关节的运动包括开闭和左右前后移动。

2）舌：舌是从口腔下面到咽中部的肌肉块，由舌外肌和舌内肌构成。舌外肌由舌的外部进入舌，使舌体前后、上下移动，改变舌的方向。舌内肌在舌的内部可以使舌上下、前后水平方向移动，改变舌的形状。

3）软腭:软腭位于上腭的后三分之一,将咽上部与口腔咽中部分开,腭帆张肌和腭帆提肌从颅骨进入,在舌根和咽壁分别与腭舌肌、腭咽肌相连接腭帆举肌把软腭向后上方牵拉,隔断从中咽到上咽的通路,这个动作可以使鼻咽腔闭锁。

4）唇:唇位于口腔的前端,围绕口裂的肌肉和从周围向口裂集中的肌肉错综复杂,这些肌肉称为颜面肌,与构音相关的运动是双唇的开闭和突唇。

3. 常用的检测方法和药物治疗

（1）脑功能的常用检测方法

1）神经影像学检查:① fMRI 原理:当大脑皮质某些区域被语言等任务激活时,局部皮质兴奋区血流量增加,而局部脑耗氧量增加不明显,这种局部氧耗量和脑血流量失匹配性可导致局部磁场改变,这种磁共振信号通过计算机处理而形成图像化,② fMRI:可以检测出人类不同的语言任务在人脑中的功能定位;fMRI 还可应用于语言功能区附近的肿瘤的术前定位。

2）神经电生理检查:①在诱发电位检测中用听或视语言等人为事件刺激,所检测到的电位变化与该事件相关,称事件相关电位（ERP）。N400 是指在 400 毫秒潜伏期附近有一负相的事件相关电位波,该电位变化提示大脑对语言的加工。②脑磁图（MEG）是使用超导量子干扰器,测定自发或诱发的大脑神经元树突细胞内的电流偶极子所产生的生物电磁场,它具有很高的时间分辨率及空间分辨率。

3）放射性核素检查:①单光子发射计算机断层脑显像（SPECT）;②正电子发射断层扫描（PET）。

（2）语言障碍的相关药物治疗

1）钙通道阻滞药:常用的如尼莫地平,该药可降低脑细胞内钙离子水平,改善脑功能障碍。

2）脑激活剂类:①神经肽:对脑功能和行为有促进作用;②神经生长因子:为神经分化生长所必需,临床上可用于脑损伤继发的语言障碍,远期疗效仍有待观察;③胆碱能药物;④儿茶酚胺类;⑤吡咯烷酮类;⑥胞二磷胆碱。

3）抗精神异常类:①抗焦虑药可用于焦虑、紧张引起的语言障碍,有地西泮、艾司唑仑、硝西泮、氯硝西泮等;②抗抑郁药:氟西汀等;③抗躁狂药:碳酸锂等;④抗精神病药:氯丙嗪及奋乃静和氟哌啶醇、舒必利、氯氮平和利培酮等。

二、正常儿童听觉语言和交流能力的发育

语言发育或者说语言发展是指婴幼儿学习使用和理解手势、单词以及语句的方法。

1. 语言处理过程的发育 对于儿童来说,这些处理过程随着年龄的增加而快速变化。虽然目前还没有能完全说明正常儿童语言处理过程的理论。但是,如果观察语言发育迟缓的患儿,其处理过程缓慢或由于听觉、视觉器官有异常,而导致处理过程的发育不正常,就可以理解什么是语言获得的必要条件。正常儿到六七岁时,其口语的理解和产生达到与成人同等的能力水平。

2. 听觉功能的发育 听觉功能在口语出现以前的 0 岁期迅速发育。生后不久的婴儿对于声音有惊吓反射,这是原始反射。这种反射在生后三个月受到抑制。其后,向有声音的地方看或开始对大的声音有反应,然后对较小的声音也有反应。

3. 语言能力的发育

（1）对口语理解的发育:对语言的理解取决于许多技能,这些技能自婴儿出生后即开始发

育,通过视、听、感觉以及与周围人的玩耍开始对他们所处的环境产生辨别能力。

（2）口语表达的发育:通过学习教材的相关内容了解各个年龄阶段口语出现的特征。

（3）口语处理过程发育的特征。

4. 交流能力的发育 孩子的发育是全身都在发育,并不是说,语言发育与其他发育无关而独立存在。交流能力是以与母亲的亲密关系为基础而发育的。交流能力在正常发育孩子的早期即可见到。语言的发育可以看作为交流活动的早期,如哭或用行为表示等逐渐转化为用口语来表现的过程。

习　题

一、名词解释

1. 大脑的功能侧化
2. Wernicke 区
3. 喉的发声
4. 调音
5. 语言发育
6. 事件相关电位

二、选择题

【A1 型题】

1. 历史上,哪位科学家于哪一年首次科学地论证了语言与脑解剖的关系
    A. 1861 年法国学者 Broca
    B. 1874 年德国学者 Wernicke
    C. 1865 年法国学者 Broca
    D. 1865 年德国学者 Wernicke
    E. 1861 年德国学者 Wernicke
2. 下述哪项功能为左侧大脑半球所有
    A. 绘画、绘图能力
    B. 计算力
    C. 躯体的和空间的定向能力
    D. 音乐、想象力
    E. 建造能力
3. Broca 区位于大脑皮层
    A. 横回上部
    B. 额中回后部
    C. 弓状纤维
    D. 左侧第三额回下部
    E. 枕叶
4. 弓状纤维受损患者表现为
    A. 表达障碍
    B. 听理解障碍
    C. 复述障碍
    D. 命名障碍
    E. 阅读障碍
5. 下述哪一项**不属于**左半球的功能
    A. 语言能力
    B. 左右定位
    C. 推理
    D. 面容识别
    E. 逻辑
6. 以下关于分水岭区的叙述哪项**不正确**
    A. 大脑中动脉与大脑后动脉分布交界区
    B. 此区受损可以引起经皮层性失语
    C. 该区受损,Wernicke 区与 Broca 区的联系中断

D. 大脑中动脉与大脑后动脉分布交界区

E. 经皮层性失语的共同特点是复述不受损

7. 成人平均最大吸气后持续发声时间,以下正确的一组是

A. 男性 20 秒,女性 10 秒

B. 男性 25 秒,女性 15 秒

C. 男性 30 秒,女性 20 秒

D. 男性 35 秒,女性 25 秒

E. 男性 40 秒,女性 30 秒

8. 下列关于说话时呼吸的叙述正确的是

A. 每次呼气相在 5 秒以下

B. 说话时的呼吸是有意识的过程

C. 每次吸气相在 1 秒以上

D. 呼吸肌的运动使吸气压保持在必要的水平

E. 呼吸肌的运动使呼气压保持在必要的水平

9. 与声带的运动闭合有关的喉软骨是

A. 环状软骨　　B. 杓状软骨　　C. 甲状软骨　　D. 小角软骨　　E. 会厌软骨

10. 下列喉部肌肉接受喉返神经支配的是

A. 甲杓肌　　B. 环甲肌　　C. 声带肌　　D. 环杓后肌　　E. 环杓侧肌

11. **不属于**说话时调音器官的是

A. 双唇　　B. 软腭　　C. 舌　　D. 咽　　E. 喉

12. 正常儿童口语的理解和产生达到成人语言能力水平的年龄是

A. 2~3 岁　　B. 3~4 岁　　C. 4~5 岁　　D. 6~7 岁　　E. 8~9 岁

13. 在音声语言处理过程的发育过程中不可或缺的因素是

A. 视觉刺激　　　　B. 听觉刺激　　　　C. 知觉刺激

D. 文字刺激　　　　E. 以上均不正确

14. 婴儿期表示声音语言理解发育的最典型动作是

A. 用手指示　　　　B. 点头或摇头　　　　C. 发声

D. 说话　　　　E. 哭声

15. 儿童语言能力**不包括**下列哪一项

A. 声音语言的理解　　　　B. 声音语言的表达　　　　C. 文字语言的理解

D. 文字语言表达　　　　E. 发音

16. 出生后不久的婴儿对于声音的惊愕反射是

A. 条件反射　　　　B. 非条件反射　　　　C. 声音反射

D. 原始反射　　　　E. 声音反馈

17. 以下属于神经电生理检测项目的是

A. fMRI　　B. PET　　C. SPECT　　D. ERP　　E. CT

18. 以下哪种药可用于躁狂症引起的胡言乱语的治疗

A. 碳酸锂　　B. 氟西汀　　C. 地西泮　　D. 吡拉西坦　　E. 安理申

【A2 型题】

19. 陈某,男,34 岁。车祸导致脑损伤,其后行右侧大脑额叶切除术,以下哪项功能最有可能被

保存下来

A. 语言能力   B. 肢体活动能力   C. 面容识别

D. 穿衣   E. 想象力

20. 刘某,女,64岁。脑卒中后语言表达虽流畅,但是有效信息量低,对答不切题,却可复述他人话语。其影像学检查中最可能发现的损伤区域是以下哪个

    A. 颞中回后部   B. 第三额回下部(额下回后部)

    C. 中央前回   D. 颞上回后部

    E. 弓状纤维

21. 郭某,男,16岁。说话时经常把"怕"说成"啊",造成这现象最可能的原因是

    A. 舌尖上抬不足   B. 呼气气流不足   C. 唇力量不足

    D. 舌面上抬不足   E. 软腭上抬不足

22. 江某,男,68岁。脑卒中后对答不切题,但可复述他人话语。为进一步了解其语义相关检测,语义提取的联想预期,最有意义的检测是

    A. fMRI(功能磁共振)检测   B. PET 检测

    C. ERP 中的 N400 检测   D. ERP 中的 P300 检测

    E. SPECT 检测

【B1 型题】

23~24 题共用备选答案

    A. 0.5 秒左右

    B. 5 秒以上

    C. 5 秒以下

    D. 1 秒以上

    E. 2 秒以下

23. 吸气相时间为

24. 呼气相时间为

25~26 题共用备选答案

    A. 喉

    B. 咽

    C. 软腭

    D. 呼气压

    E. 吸气压

25. 声音的高度受以上哪项的调节

26. 声音的强度受以上哪项的调节

【X 型题】

27. 言语产生的模式包括

    A. 大脑皮层思维过程   B. 言语产生相关肌肉的神经传递

    C. 呼吸   D. 发声

    E. 发音

28. 言语产生的模式中主要包括的反馈有

A. 视觉反馈   B. 听觉反馈

C. 肌肉肌腱的意识性反馈   D. 肌肉肌腱的非意识性反馈

E. 知觉反馈

29. 腹肌在呼吸中的作用正确的是

A. 使腹壁紧张   B. 增加腹腔压力   C. 使横膈上升

D. 促进吸气   E. 促进呼气

30. 说话时呼吸的条件是

A. 呼气时要有一定的压力   B. 呼气压要能维持一定的时间

C. 吸气压要能维持一定的时间   D. 能适当控制呼气压水平

E. 能适当控制吸气压水平

31. 关于发声时喉的运动调节正确的是

A. 呼吸时声门和喉腔打开   B. 发声时声门闭锁

C. 发声时声带呈正中位   D. 深吸气时声带呈外展位

E. 吞咽时声带收缩声门闭锁

32. 属于放射性核素检查的是

A. CT   B. PET   C. SPECT   D. MRI   E. ERP

33. 以下药物可用于抗精神异常的有

A. 胞二磷胆碱   B. 都可喜   C. 氟西汀

D. 氟哌啶醇   E. 艾司唑仑

三、简答题

1. 简述大脑两半球各自的优势功能。
2. 简述和语言有关的脑区。
3. 简述言语产生的机制。
4. 简述儿童语言发育的内容。
5. 简述 fMRI 成像机制。

参 考 答 案

一、名词解释

1. **大脑的功能侧化**：大脑的左右半球虽然在外形上很相似,但是在结构和功能上却存在一定差异,这种差异在神经科学中被称作大脑结构和功能的侧化和功能不对称。

2. **Wernicke 区**：位于大脑皮层的颞上回后部,为听联合皮层,分析从初级听觉来的输入信号,将这些信号与贮存在记忆库中的信息进行匹配,并翻译它们的意义。该区对复述和理解都很重要。

3. **喉的发声**：包括从肺产生呼气流的过程和在声门将呼气流转变成间断气流并生成声波的过程。

4. **调音**：在说话时,通过声门以上各器官的协调运动产生语音的过程。

5. **语言发育**：也称语言发展是指婴幼儿学习使用和理解手势、单词以及语句的方法。

6. 事件相关电位: 对人为诱发后大脑产生的生物电活动进行检测的设备称诱发电位仪。在诱发电位检测中用听或视语言等人为事件刺激,所检测到的电位变化与该事件相关,称事件相关电位,事件相关电位反映人脑处理语言文字等高级功能活动。

二、选择题

1. C 2. B 3. D 4. C 5. D 6. C 7. C 8. E 9. B 10. B 11. E 12. D 13. B 14. A 15. E 16. D 17. D 18. A 19. A 20. D 21. C 22. C 23. A 24. B 25. A 26. D 27. ABCDE 28. BCD 29. ABCE 30. ABD 31. ABCDE 32. BC 33. CDE

三、简答题

1. 左右大脑两半球各自的优势功能:见表 1-1。

表 1-1 左右大脑半球各自的优势功能

左侧大脑半球	右侧大脑半球
语言能力	绘画、绘图能力
左右定位	建造能力
计算力	面容识别
手指识别	穿衣
数学	躯体的和空间的定向能力
推理	持续运动
逻辑	音乐、想象力

2. 与语言有关的脑区:见表 1-2。

表 1-2 与语言有关的脑区

大脑区域	定位	功能
初级运动皮质	中央前回,Brodmann 4 区	将从 Broca 区来的信息转变成运动活动已产生言语
Broca 区	左侧第三额回下部	面、舌、唇、腭、咽和呼吸的运动联合皮质,此区功能包含产生言语所必需的运动模式
弓状纤维	一束将 Wernicke 区和 Broca 区相连的白色纤维	将信息从 Wernicke 区传向 Broca 区
初级听觉皮质	41 和 42 区—颞上横回	接收和分析听觉信息
Wernicke 区	颞上回后部	听联合皮质,分析从初级听觉来的输入信号,将这些信号与储存在记忆库中的信息进行匹配,并翻译他们的意义。该区对复述和理解都很重要
外侧裂周区	环绕外侧裂周围的区域	包括 Broca 区、弓状纤维和 Wernicke 区
交界区或分水岭区	大脑前动脉与大脑中动脉分布交界区,或者大脑中动脉与大脑后动脉分布交界区	此区受损可以引起经皮质性失语,经皮质性失语的共同特点是复述不受损,因为 Wernicke 区仍然与 Broca 区保持联系

大脑区域	定位	功能
角回和缘上回	构成顶叶的前下部,位于听觉、躯体感觉和视觉联合皮质的交界区	使三个区域的联合皮质相互联系。当给予视觉信号时,角回和缘上回能够扫描 Wernicke 区,且能够激发与视觉资料相匹配的听觉信息,同样,当给患者提供听觉信息的时候,角回和缘上回也可以扫描视觉联合皮质
视觉联合皮质	位于初级视觉皮质前,枕叶和顶叶的 18 和 19 区	对初级视觉信号进行分析
胼胝体	连接两个半球的纤维	联系每一半球的同一区域

3. 首先语言起始于大脑的皮层,说话的思维会引起一系列的神经冲动。其次神经冲动会迅速地传递到呼吸肌,喉和其他构音器官。从肺产生呼气流,在声门将呼气流转变成间断气流并形成声波。声门以上各个器官的协调运动产生语音。

4. 儿童语言发育包括:①语言处理过程的发育;②听觉功能的发育;③语言能力的发育;④交流能力的发育。

5. fMRI 技术具体机制:当大脑皮质某些区域被语言等任务激活时,局部皮质兴奋区血流量增加,而局部脑耗氧量增加不明显,这种局部氧耗量和脑血流量失匹配性可导致局部磁场改变,这种磁共振信号通过计算机处理而形成图像。

（王德强　张庆苏）

第三节　语言交流的心理学基础

学 习 要 求

1. **掌握** 语言的理解和表达过程的机制;各种精神、心理障碍所出现的语言障碍特点。
2. **熟悉** 影响语言交流的心理因素;各种精神、心理障碍的临床表现特征。
3. **了解** 认知功能障碍对语言交流的影响;各种精神、心理障碍的临床表现分型;儿童语言习得理论。

内 容 精 要

一、与认知心理学的关系

1. 影响语言交流的心理因素包括交流角色关系、交流系统、交流欲望、交流者的地位、交流者的心态、交流环境等。

2. 语言理解是对交流信息的接收和处理,其心理过程包括四个方面。

（1）语言理解的心理基础主要有:感知辨识、短时记忆、反馈监控:①感知辨识:听理解首先要对语言的声音进行感知,其次是辨识其词义功能及承载的语义;②短时记忆:短时记忆是参与语言理解的必备心理条件;③反馈监控:语言的传入性反馈监控机制是保证语言交际围绕话题的重要心理条件。

（2）语言理解的策略:常应用语义策略、词序策略和句法策略等来加工语言信息。

（3）语言理解中的信息整合:人输入的语言信息要与记忆中贮存的有关信息相整合,才能得到理解。

（4）推理在语言理解中的作用:在已有知识的基础上主动地推敲、领悟语言的意义,把握事物之间的联系,促进语言的理解。

3. 语言表达过程是从深层结构到表层结构的过程,它包含:①构造阶段:依照目的来确定要表达的意思;②转换阶段:应用句法规则将思想转换成语言的形式;③执行阶段:把语言形式的消息说出或写出来。

4. 语言产出过程首先需要确定哪些信息要表达出来,也即决定说(写)什么,然后再决定这些信息如何表达,也即确定怎么说(写)。大致分为四个过程:

（1）表述动机:语言生成的起点是表述动机,即在话语中表述特定内容的需要。

（2）语义切迹:语义切迹的产生是确定语言的内容,它形成未来语言表述的基本格式。

（3）内部语言:是从同时综合出现的语义切迹向扩展的外部语言过渡的必经阶段。

（4）外部语言:此时语法上已经定型,词汇也已选定,主要进行语音实现,使目标词语在语音中得到实现。

5. 认知功能对语言交流的影响主要体现在四个方面:①接受能力;②记忆和学习功能;③思维功能;④表达功能。

6. 儿童语言习得理论 最具代表性的有以下三种:

（1）外因论:强调语言是后天学习的因素,认为语言是一种后天获得的行为习惯,是学习的结果。该理论的主要代表人物是斯金纳。

（2）内因论:内因论认为人类的遗传因素决定着儿童语言获得的整个过程。该理论的主要代表人物是乔姆斯基。

（3）相互作用论:相互作用论的语言学习模式认为,儿童语言发展受许多因素影响,这些因素相互依赖,相互补充。认知的因素、社会的因素会影响儿童语言的发展。同样,儿童的语言发展又反过来影响认知能力和社会能力的发展。相互作用论的语言学习模式主要有认知相互作用模式和社会相互作用模式两种语言学习模式。其中认知相互作用模式的代表人物是皮亚杰,社会相互作用模式的代表人物布鲁纳(Bruner)、贝茨(Bates)等学者。

二、与精神心理的关系

1. 与精神病性障碍的关系

（1）精神病性障碍的概念:是指由于器质性或功能性损害导致的自我检验和现实检验能力丧失,人格全面受损及工作、学习能力丧失的一组心理障碍。

（2）常见的精神病性症状:幻觉(幻听、幻视、幻嗅等)、妄想(关系妄想、被害妄想、物理影响妄想、夸大妄想、罪恶妄想、疑病妄想、嫉妒妄想、钟情妄想等)、自知力不完整或丧失、兴奋状态、木僵状态等。

（3）精神病性障碍的语言障碍特征:精神病性障碍患者的思维联想与正常人及各种语言障碍的人均不同,在语言交流时可以表现为各种异常:语言交流很难进行、刻板言语或言语增多、所答非所问、自言自语现象。

2. 与抑郁性障碍的关系

（1）抑郁性精神障碍的概念：是以显著而持久的心境低落为主要特征的一组疾病，临床上主要表现为情感低落，伴有相应的认知和行为改变，包括抑郁发作和持续性心境障碍。

（2）常见的抑郁症状：抑郁心境、思维迟缓、精神运动性迟缓、躯体症状。

（3）抑郁症病人语言障碍的特征：医生感到语言交流进行很困难，出现医生数问患者一答的现象，但语言交流的内容基本是切题的，患者语速减慢。

3. 与神经症的关系

（1）神经症的概念：是一组精神障碍的总称，根据突出症状，可分为多种类型，患者有多种躯体或精神上的不适感，自觉痛苦，但经详细体格检查及辅助手段检查，缺乏可以解释的客观病理改变，无持久的精神病性症状，现实检验能力未受损害，行为保持在社会规范允许的范围，有自知力，求治心切。

（2）神经症的常见症状：主要有精神活动能力下降、烦恼、紧张、焦虑、抑郁、失眠、恐怖、强迫、疑病及各种躯体症状。

（3）神经症病人语言障碍特征：在进行语言交流时，表现为好倾诉、过分夸大病症、叙述仔细而累赘，医生或他人很难打断其谈话，语言交流内容基本无用词或语法错误。

习 题

一、选择题

【A1 型题】

1. 在语言交流中语言理解是从句子的
   A. 表层结构到深层结构的过程　　　　　　　　B. 深层结构到表层结构的过程
   C. 表层结构到表层结构的过程　　　　　　　　D. 深层结构到深层结构的过程
   E. 深层结构到中层结构的过程

2. 语言产出过程中既是理解的终点，又是生成的起点的是
   A. 表述动机　　B. 语义切迹　　C. 独白　　　　D. 对话动机　　E. 外部语言

3. 语言产出过程中确定语言的内容并形成未来语言表述的基本格式的阶段是
   A. 表述动机　　B. 语义切迹　　C. 内部语言　　D. 外部语言　　E. 执行阶段

4. 人们将新的信息与已知的信息联系起来达到理解的模式称作
   A. 已知的——新的策略　　　　　B. 语义策略　　　　　　　　C. 词序策略
   D. 句法策略　　　　　　　　　　E. 短期记忆

5. 语言理解的心理基础中保证语言交际围绕话题的是
   A. 感知辨识　　B. 词序策略　　C. 短时记忆　　D. 反馈监控　　E. 长期记忆

6. 一个正常人甲和一个有严重构音障碍（构音输出障碍）的病人乙语言交谈时，最可能出现的情况是
   A. 乙听不懂甲的话，甲听不懂乙的话　　　　　B. 甲听得懂乙的话，乙听不懂甲的话
   C. 乙听得懂甲的话，甲听不懂乙的话　　　　　D. 乙听得懂甲的话，甲听得懂乙的话
   E. 两人用书面语言也无法交流

7. 抑郁性精神障碍的主要临床特征是
   A. 显著而持久的心境低落
   B. 显著而持久的情绪反应
   C. 显著而持久的睡眠障碍
   D. 显著而持久的精神障碍
   E. 显著而持久的人格障碍

8. 精神分裂症病人可表现出哪种语言障碍
   A. 流利性失语
   B. 言语增多、所答非所问、自言自语现象
   C. 非流利性失语
   D. 运动性失语
   E. 感觉性失语

9. 抑郁症病人会出现哪种语言障碍
   A. 医生感到与患者进行语言交流没有困难
   B. 常常出现医生数问患者一答的现象
   C. 语言交流的内容基本是离题的
   D. 患者的语速较快
   E. 患者的语言表达为非流利型

10. 上级领导对下级的语言交流过程往往是支配与被支配的关系,出现这种不平衡的特殊交流形式最主要受以下哪个心理因素的影响
    A. 交流循环系统
    B. 交流者的欲望
    C. 交流者的地位
    D. 交流者的心态
    E. 外部交流环境

【A2 型题】

11. 麦某,男,6 岁。医生与其谈话时感语言交流进行困难,医生数问患者才有一答,且语速减慢,但交流内容基本切题。患者最可能会出现以下哪个症状
    A. 幻觉
    B. 兴奋状态
    C. 木僵状态
    D. 精神运动性迟缓
    E. 自知力不完整

12. 蒋某,男,32 岁。患者在与医生对话的开始部分可以回答简单问题,但其后患者目光对视差,不能继续围绕医生提出的话语主题进行对话。患者最可能在语言理解过程的哪个环节出现障碍
    A. 语言理解策略
    B. 语言理解的信息整合
    C. 语言理解中的推理作用
    D. 反馈监控
    E. 短时记忆

13. 洪某,女,43 岁。患者来门诊求治时,表现得好倾诉,且对病症叙述仔细而累赘,医生难以打断其谈话。患者语言表现与以下哪个症状最相关
    A. 幻觉
    B. 紧张
    C. 木僵状态
    D. 记忆力障碍
    E. 自知力不完整

【X 型题】

14. 影响语言交流的心理因素有
    A. 交流角色关系
    B. 交流者的欲望
    C. 交流者的地位
    D. 交流者的心态
    E. 交流者的年龄

15. 语言理解的心理基础主要有

A. 感知辨识   B. 短时记忆   C. 反馈监控

D. 交流者的欲望   E. 表述动机

16. 影响语言交流的认知能力包括

A. 接受能力   B. 记忆和学习功能   C. 思维功能

D. 表达功能   E. 双耳听力

17. 语言表达过程由哪几个阶段构成

A. 外部语言   B. 内部语言   C. 语义切迹   D. 表述动机   E. 以上都是

18. 以下属于语言理解的策略的是

A. 语义策略   B. 词序策略   C. 句法策略   D. 反馈监控   E. 以上都是

19. 对精神病性障碍描述正确的是

A. 由于器质性或功能性损害导致   B. 自我检验能力丧失

C. 现实检验能力丧失   D. 人格全面受损

E. 工作、学习能力丧失

20. 常见的精神病性症状主要有

A. 幻觉（幻听、幻视、幻嗅等）

B. 妄想（关系妄想、被害妄想、物理影响妄想等）

C. 自知力不完整或丧失

D. 兴奋状态、木僵状态等

E. 智力及智能障碍

21. 神经症病人常常伴有什么样的语言特点

A. 好倾诉   B. 过分夸大病症

C. 叙述仔细而累赘   D. 语言交流内容基本无用词错误

E. 语言交流内容或语法错误

二、填空题

1. 在语言交流中,交流双方的信息传递随着_____、_____关系的不断变换而改变角色。

2. 认知功能对语言交流的影响主要体现在四个方面:①接受能力;②_____;③思维功能;④_____。

3. 儿童语言习得理论中,内因论的代表人物是_____。

三、名词解释

1. 语言交流的心理过程

2. 抑郁性精神障碍

3. 精神病性障碍

四、简答题

1. 简述语言产出的过程。

2. 简述语言理解的心理基础。

3. 常见的精神病性症状有哪些?

4. 神经症的常见症状有哪些?

5. 精神病性障碍会出现哪些语言障碍的症状?

参 考 答 案

一、选择题

1. A 2. D 3. B 4. A 5. D 6. C 7. A 8. B 9. B 10. C 11. D 12. D 13. B
14. ABCD 15. ABC 16. ABCD 17. ABCDE 18. ABC 19. ABCDE 20. ABCD 21. ABCD

二、填空题

1. 听 说

2. 记忆和学习功能 表达功能

3. 乔姆斯基

三、名词解释

1. **语言交流的心理过程**:是从最初的表述动机,经过表述的语义切迹、内部语言、扩展到外部语言。

2. **抑郁性精神障碍**:是以显著而持久的心境低落为主要特征的一组疾病,临床上主要表现为情感低落,伴有相应的认知和行为改变,包括抑郁发作和持续性心境障碍。

3. **精神病性障碍**:是指由于器质性或功能性损害导致的自我检验和现实检验能力丧失,人格全面受损及工作、学习能力丧失的一组心理障碍。

四、简答题

1. 语言产出过程首先需要确定哪些信息要表达出来,也即决定说(写)什么,然后再决定这些信息如何表达,也即确定怎么说(写)。将这些不同的转换过程看成不同的加工阶段,大致分四个阶段:语言生成的起点是表述动机,即在话语中表述特定内容的需要;语言生成内部过程的第二个环节是语义切迹,语义切迹的产生是确定语言的内容,它形成未来语言表述的基本格式;内部语言是语言生成内部过程的第三个环节,它是从同时综合出现的语义切迹向扩展的外部语言过渡的必经阶段;外部语言是语言生成内部过程的最后一个环节,从内部语言扩展而来,此时语法上已经定型,词汇也已选定,主要进行语音实现。

2. 语言理解的心理基础主要有:感知辨识、短时记忆、反馈监控。①感知辨识:听理解首先要对语言的声音感知,其次要辨识其词义功能及承载的语义。②短时记忆:短时记忆是参与语言理解的必备心理条件。如在理解连贯话语时,必须记住话语的关键成分,才能抓住重点,分清各成分的关系,理解话语的内在含义。③反馈监控:语言的传入性反馈监控机制是保证语言交际围绕话题的重要心理条件。

3. 常见的精神病性症状主要有:幻觉(幻听、幻视、幻嗅等)、妄想(关系妄想、被害妄想、物理影响妄想、夸大妄想、罪恶妄想、疑病妄想、嫉妒妄想、钟情妄想等)、自知力不完整或丧失、兴奋状态、木僵状态等。

4. 神经症的常见症状主要有:精神活动能力下降、烦恼、紧张、焦虑、抑郁、失眠、恐怖、强迫、疑病及各种躯体症状。

5. 精神分裂症病人会出现思维联想速度减慢、思维破裂,使语言交流很难进行;而言语行为增多的病人,尽管语言交流可以进行,但在各种幻觉、妄想的支配下,可以表现为言语增多、所答非所问、自言自语现象。

(刘晓明)

第四节　语言交流的文化与语言学基础

学 习 要 求

1. **掌握**　辅音和元音的概念和发音区别,辅音的发音部位分类和发音方法分类;普通话声母的不同分类方法。
2. **熟悉**　汉字语素、句子的分类,实词、虚词的分类与功能。
3. **了解**　汉藏语系的共同的特点,普通话音节的构成,六种主要的汉语句式,现代汉语中常见的句子变化。

内 容 精 要

一、汉藏语系的共同的特点

一般都有声调而没有词的重音;多用次序、虚词表示语法关系,而不像印欧语系那样用词的内部形态变化;虚词中还有一类特殊的类别词(即量词)。

二、音素

音素是可划分的最小语音单位。音素分为两类:元音和辅音。

1. 元音是发音时共鸣腔的不同形状造成的。
2. 辅音是发音时气流在一定部位受到阻碍,并冲破阻碍而发出的音。
3. 发元音和辅音的主要区别见表1-3。

表 1-3　元音与辅音的发音区别

鉴别点	元音	辅音
气流	畅通无阻	受阻碍并克服阻碍
发音器官	发音器官均衡地保持紧张	阻碍气流的发音器官明显紧张
气流强弱	均匀较弱	气流较强
声带颤动	有颤动	浊音有颤动,清音无颤动
语音延长	可延长	某些可以

三、发音部位及发音方法

1. 辅音发音部位的分类见表 1-4。

表 1-4 辅音发音部位的分类

类别	发音部位	举例
双唇音	上唇与下唇中部形成阻碍	b、p、m
唇齿音	上齿与下唇内侧形成阻碍	f
舌尖前音	舌尖与上齿龈形成阻碍	z、c、s
舌尖中音	舌尖与上齿龈形成阻碍	d、t、n、l
舌尖后音	舌尖与硬腭前端形成阻碍	zh、ch、sh、r
舌面音	舌面中前部与硬腭形成阻碍	j、q、x
舌根音	舌面后部与硬腭后部形成阻碍	g、k、h

2. 发音过程　声母发音的全过程可以划分为成阻、持阻、除阻三个阶段。①成阻:发音的两个部位形成阻碍,力求为发音做好准备的阶段;②持阻:成阻部位保持成阻状态,并蓄积一定的力量和阻力,同时让气息积聚在发音部位的后面,为发音做好最后的准备;③除阻:气流冲破阻碍,最后发出声音的过程。

3. 发音方法　是指发音时形成阻碍和克服阻碍的方式,包括气流的强弱、声带的颤动等。

(1) 根据声母形成阻碍和克服阻碍的方式普通话声母可以分为塞音、擦音、塞擦音、鼻音、边音几类。①塞音:成阻部位完全闭合,持阻并突然除阻,气流冲破阻碍,造成爆发色彩;②擦音:成阻部位靠近,形成缝隙,气流从缝隙中挤出造成摩擦声;③塞擦音:成阻部位开始时完全闭合,当发音时,成阻部位立刻微微打开一条窄缝,让气流从窄缝隙中摩擦挤出,由于这中间有塞和擦的过程,故称之为塞擦音;④鼻音:成阻部位完全闭合堵住气流,发音时,软腭下垂,鼻腔通路打开,让气流向上从鼻腔中通过,发出鼻音;⑤边音:舌尖抬起和上齿因接触形成阻碍,阻塞气流。发音时,气流沿舌的两边流出,同时舌自然落下造成边音。

(2) 根据除阻时气流强弱的不同,普通话声母的发音又可分为送气音和不送气音两种。①送气音:发音时呼出的气流较强;②不送气音:发音时呼出的气流较弱。

(3) 根据声母发音时声带颤动的情况又分清音与浊音。①清音:发音时声带不颤动的为清音;②浊音:发音时声带颤动的为浊音。普通话声母中,只有 m、n、l、r 为浊音,其余的均为清音。

4. 汉语拼音声母表见表 1-5。

表 1-5 汉语拼音声母表

发音部位		上唇 下唇	下齿 下唇	舌尖 上齿背	舌尖 上齿龈	舌尖 前硬腭	舌面 前硬腭	舌根 软腭
塞音	不送气	b			d			g
	送气	p			t			k

续表

发音部位		上唇 下唇	下齿 下唇	舌尖 上齿背	舌尖 上齿龈	舌尖 前硬腭	舌面 前硬腭	舌根 软腭
塞擦音	不送气			z		zh	j	
	送气			c		ch	q	
擦音	清音	f		s		sh	x	h
	浊音					r		
鼻音（浊音）		m			n			
边音（浊音）					l			

四、汉字

1. 汉语语法单位包括:语素、词、短语和句子。

（1）语素:语素是语言中最小的音义结合体,大多数为一个音节即一个语素。语素的分类见表1-6。

表 1-6　语素的分类

分类		说明
从语音形式角度	单音语素	占优势。例如:"喜、欢、弹"等均为此类
	多音语素	主要由古汉语中的联绵词和音译外来词构成。例如:坎坷、喇叭、幽默、沙发等
从语言功能角度,即能否单独构成词	成词语素	即可以直接作为词的语素,例如:好、人、天、走等
	非词语素	不能直接构成词而必须和其他语素相结合才能构成一个词,例如:业、民、务等
从意义、性质角度	词根语素	体现词的基本意义,例如:人、天、老虎、桌子等
	附加语素	由词缀构成的,例如:老虎、作家、第三、阿姨等

（2）词:词是能够独立运用的最小的语言单位,是构成短语和句子的备用单位。根据语素与语素的结合情况,可分为以下几种形式,见表1-7。

（3）句子:句子是由短语或词构成、具有特定的句调、能够表达一个相对完整的意思的语言单位。

按照用途和语气,句子可分为:①陈述句:说明一件事情;②疑问句:提出一个问题;③祈使句:表达请求、命令、劝阻;④感叹句:表达一种感情。

按照结构,句子可分为:①单句:包括主谓句、非主谓句;②复句:包括一重复句,由两个单句构成;多重复句,由两个以上单句构成。

表 1-7　语素与语素的结合

单纯词:由一个语素构成的词	多音单纯词	联绵词,如:蜘蛛、哆嗦、垃圾
		叠音词,如:猩猩、太太
		音译词,如:沙发、安乃近
	单音单纯词	如:人、树、拿
合成词:由两个或两个以上的语素构成的词	重叠式合成词	如:爸爸、星星、花花绿绿等
	附加式合成词	如:老师、老板、第二、初一、鞋子、绿油油等
	复合式合成词	联合型:如:健美、改革、喜欢
		偏正型:如:新潮、雪白
		补充型:如:打倒、搞活
		述宾型:如:投资、美容
		主谓型:如:海啸、胆怯

2. **词类**　词分为实词和虚词两大类。实词包括:名词、动词、形容词、区别词、数词、量词、副词、代词、象声词和叹词十类。虚词包括:介词、连词、助词和语气词四类。

3. **汉语六种主要句式**　连动句、兼语句、存现句、"是"字句、"把"字句、"被"字句。

4. **现代汉语中常见的句子变化**　倒装、省略、紧缩。

习　题

一、名词解释

1. 句子
2. 辅音

二、选择题

【A1 型题】

1. 以下符合元音发音特点的是
   A. 气流受阻碍并克服阻碍　　　　　　　　B. 气流畅通无阻
   C. 阻碍气流的发音器官明显紧张　　　　　D. 气流较强
   E. 浊音声带有颤动,清音无颤动

2. 以下属于唇齿音的辅音是
   A. f　　　　B. z　　　　C. sh　　　　D. s　　　　E. t

3. 以下属于音译词的是
   A. 蜘蛛　　B. 哆嗦　　C. 垃圾　　D. 沙发　　E. 改革

4. **不属于**虚词的是
   A. 介词　　B. 连词　　C. 助词　　D. 语气词　　E. 名词

【A2 型题】

5. 江某,男,58 岁。确诊为 Broca 失语。患者最难自发表述的是以下哪类词汇
   A. 形容词　　　B. 数词　　　C. 代词　　　D. 介词　　　E. 动词

6. 韩某,男,28 岁。经 3 个月语言治疗后,现患者能自发说出"他不去,但我去",故患者现自发语言到哪个句子水平
   A. 陈述句　　　　　　　　　　　　B. 单句
   C. 祈使句　　　　　　　　　　　　D. 一重复句(简单语义)
   E. 多重复句(复杂语义)

【B1 型题】

7~8 题共用备选答案
   A. 双唇音
   B. 唇齿音
   C. 舌尖前音
   D. 舌面音
   E. 舌根音

7. 根据辅音发音部位分类,发音时舌面中前部与硬腭形成阻碍的是

8. 根据发音部位分类,声母"g、k、h"属于

【X 型题】

9. 中国七大方言中与普通话差别最大的是
   A. 官话方言　　B. 湘方言　　C. 客家方言　　D. 粤方言　　E. 闽方言

10. 下列属于实词的是
   A. 名词　　　B. 动词　　　C. 形容词　　　D. 区别词　　　E. 数词

11. 汉语的主要句式包括
   A. 连动句　　B. 兼语句　　C. 存现句　　D. "是"字句　　E. "把"字句

三、简答题

1. 简述汉藏语系的共同特点。
2. 简述声母的发音过程。

参 考 答 案

一、名词解释

1. **句子**:是由短语或词构成,具有特定的句调,能够表达一个相对完整的意思的语言单位。

2. **辅音**:是发音时气流在一定部位受到阻碍,并冲破阻碍而发出的音。

二、选择题

1. B　2. A　3. D　4. E　5. D　6. D　7. D　8. E　9. DE　10. ABCDE　11. ABCDE

三、简答题

1. 汉藏语系的共同特点：一般都有声调而没有词的重音；多用次序、虚词表示语法关系，而不像印欧语系那样用词的内部形态变化；虚词中还有一类特殊的类别词（即量词）。

2. 声母发音的全过程可以划分为成阻、持阻、除阻三个阶段。①成阻：发音的两个部位形成阻碍，力求为发音做好准备的阶段；②持阻：成阻部位保持成阻状态，并蓄积一定的力量和阻力，同时让气息积聚在发音部位的后面，为发音做好最后的准备；③除阻：气流冲破阻碍，最后发出声音的过程。

（陈卓铭）

第五节　语言治疗师教育

学 习 要 求

1. 了解　国内外语言治疗从业人员及教育概况。
2. 了解　国外语言治疗师本科教育课程设置及教学体系。
3. 了解　国内语言治疗师本科教育课程设置。

内 容 精 要

一、国内外语言治疗从业人员及教育概况

在美国、加拿大、澳大利亚、日本、韩国等国家相继建立言语治疗相关专业，培养言语治疗与研究的专业人员。国外或境外从事言语治疗相关专业人员主要包括听力学家及言语 - 语言病理学家，而中国内地语言治疗的发展相对较晚，目前从业人员多为言语或语言治疗师。

1. 2017 年美国听力语言协会（American Speech-Language-Hearing Association, ASHA）网站数据显示，美国平均每 10 万人拥有 ASHA 注册的 SLP 约 48 人，在美国大多数洲的 SLP 须获得语言语音病理学硕士或博士学位，或得到该行业认可的硕士学位，或只认可毕业于某一语言病理学家培养计划，并通过听力学及语言语音病理学术评审局认可的人员。同时，毕业生还需接受临床实践指导。

2. 日本国际医疗福祉大学设立言语听觉治疗学本科、硕士、博士课程，培养的言语／语言治疗师服务对象包括听力及语言障碍、吞咽障碍等患者。

3. 中国台湾地区听力师与语言治疗师（简称听语人员）的培养早期主要为国际人士支持及外出进修等方式，目前已发展为大学系所正规教育培养，并逐渐建立相关法规规范语言治疗师及听力师执业。

4. 我国内地地区目前各级医院语言治疗师队伍普遍为非语言治疗专业毕业人员，且表现为学历结构偏低、从业时间短、专业技术职称低等特点，缺乏相应的国际认证，尚未加入国际言语治疗师联盟，而且隶属于卫生、残联、教育及民政 4 个系统，缺乏统一的准入标准及资格认证

体系。

二、国外语言治疗师教育标准课程设置及教学体系

1. 在美国获取言语治疗师资格,必须完成与其专业相关的课程并获得听力语言专业硕士学位,这些课程大致可以分为:①言语和语言生理解剖课程;②听力学课程;③言语 - 语言病理学课程;④言语学课程;⑤语言、言语评估、诊断课程;⑥研究方法和毕业设计课程等,同时还要完成一定学时的实习课程。其中,交流科学与障碍专业(communication sciences and disorders)由言语病理学与听力学专业更名而来,培养听力学家与言语 - 语言病理学家两类专业人才。美国爱荷华大学(The University of Iowa)、匹兹堡大学(The University of Pittsburgh)等立交流科学与障碍专业或交流沟通科学与障碍系。

2. 爱荷华大学交流科学与障碍专业是美国最早授予语言病理学学位的专业,该专业课程均接受言语语言听力协会(American Speech Language Hearing Association,ASHA)认证。该专业设置本科、硕士、博士课程培养,本科阶段学制 4 年,毕业后获得言语听力科学文科学位,硕士学制两年,博士学制四年,硕士及博士培养分为研究型和专业型两类。

3. 匹兹堡大学,设立交流沟通科学与障碍系(Department of Communication Science and Disorder,CSD),其教育包括 5 个项目:交流科学本科教育(BA in Communication Science)、交流科学与障碍硕士教育(MS/MA in Communication Science and Disorder)、听力学博士教育(Doctor of Audiology,AuD)、医学言语 - 语言病理学临床科学博士教育(Doctor of Clinical Science in Medical Speech-Language Pathology,CScD)、交流科学与障碍哲学博士教育(PhD in Communication Science and Disorder)。

4. 日本国际医疗福祉大学,设立言语听觉治疗学本科、硕士、博士课程。

三、中国香港特别行政区及中国台湾地区语言治疗师本科教育标准课程设置

1. 中国香港地区主要有香港大学设置言语与听觉科学系进行听力言语治疗师本科教育,学制五年,包括一年的实践学习与学位论文写作。毕业后通过相应的从业人员资格考试取得执业资格后方可从业。

2. 中国台湾地区,台湾中山医学大学是台湾最早设立语言治疗与听力学专业大学课程的高校,学制四年,并逐渐开始语言治疗师及听力师专业硕士课程。

四、中国语言治疗师培养现状与展望

目前,我国语言治疗师的培养仍然主要以国家级康复机构或境外高校进修学习、短期培训班等方式进行培养。高校设立听力语言学专业或病理语言学专业进行语言治疗师本科教育尚处于起步及探索阶段,2014 年教育部普通高等学校本科专业设置目录医学技术类特设专业开始设置听力与言语康复学专业(专业代码 101008T),学制 4 年,授予理学学士学位,目前中国大陆已有数所高校设置该专业并进行招生,课程设置与境内外高校言语治疗师专业本科教育课程设置仍有较大差别。此外,语言治疗师从业人员的认定标准尚未确立。

习 题

选择题

【A1 型题】

1. 2017 年美国听力语言协会（American Speech-Language-Hearing Association，ASHA）网站数据显示，美国平均每 10 万人拥有 ASHA 注册的 SLP 约多少人
   A. 4.8　　　　　B. 11　　　　　C. 20　　　　　D. 30　　　　　E. 48

2. 2014 年教育部普通高等学校本科专业设置目录中，医学技术类特设专业开始设置听力与言语康复学专业，其学制与学位描述正确的是
   A. 学制 4 年，医学学位　　　　　　　　B. 学制 4 年，理学学位
   C. 学制 5 年，医学学位　　　　　　　　D. 学制 5 年，理学学位
   E. 以上均不正确

【X 型题】

3. 下列关于中国内地地区目前各级医院语言治疗师队伍特点的描述，正确的是
   A. 学历结构偏低　　　　　　　　　　　B. 从业时间短
   C. 专业技术职称低　　　　　　　　　　D. 多接受听力语言专业本科教育
   E. 具有相应的国际认证资格

4. 下列高校言语 - 语言治疗师培养具有本科、硕士、博士等不同层次，包括
   A. 爱荷华大学交流科学与障碍专业
   B. 匹兹堡大学交流沟通科学与障碍系
   C. 日本国际医疗福祉大学言语听觉治疗学专业
   D. 中国香港大学言语与听觉科学系
   E. 中国台湾中山医学大学语言治疗与听力学专业

5. 在美国获取言语治疗师资格，必须完成与其专业相关的课程并获得听力语言专业硕士学位，这些课程包括
   A. 言语和语言生理解剖课程　　　　　　B. 听力学课程
   C. 言语 - 语言病理学课程　　　　　　　D. 言语学课程
   E. 语言、言语评估、诊断课程

参 考 答 案

选择题

　　1. E　2. B　3. ABC　4. ABC　5. ABCDE

（陈　艳）

第六节 言语残疾评定

学 习 要 求

1. **掌握** 言语残疾的分类发展;言语残疾分级原则;残疾评定工具、操作过程。
2. **熟悉** 言语残疾概念,分级标准及特点。
3. **了解** 言语残疾评定的法规,在言语残疾定级可能遇到的纠纷等。

内 容 精 要

一、言语残疾

1. **言语残疾发展** 我国在 1987 年进行了全国残疾人抽样调查,确定五类残疾分类,其中有:听力语言残疾。2007 年进行了全国第二次残疾人抽样调查,残疾分类修改为六类残疾,分别为:视力残疾、听力残疾、言语残疾、智力残疾、肢体残疾、精神残疾。2011 年颁布并实施了《残疾人残疾分类和分级》国家标准(GB/T26341—2010),《残疾人残疾分类和分级国家标准实施手册》-《言语残疾评定手册》,这一手册指导日常的言语残疾评定。

2. **言语残疾(Speech disability)** 是指由于各种原因导致的不同程度的言语障碍,经治疗一年以上不愈或病程超过两年,而不能或难以进行正常的言语交流活动,以致影响其日常生活和社会参与(注:3 岁以下不定级)。主要引起原因包括:失语、运动性构音障碍、器质性构音障碍、发声障碍、儿童言语发育迟缓、听力障碍所致的言语障碍、口吃等。

3. **言语残疾分级原则** 按各种言语残疾类型的口语表现和程度,脑和发音器官结构、功能损伤程度,活动和参与,环境和支持等因素进行分级。

二、言语残疾分级

1. **言语残疾一级** 脑和(或)发音器官的结构、功能极重度损伤,无任何言语功能或语音清晰度小于或等于 10%,言语表达能力等级测试未达到一级测试水平,不能进行任何言语交流,在参与社会生活方面存在极严重障碍。

2. **言语残疾二级** 脑和(或)发音器官的结构、功能重度损伤,具有一定的发声及言语能力。语音清晰度在 11%~25% 之间,言语表达能力未达到二级测试水平,在参与社会生活方面存在严重障碍。

3. **言语残疾三级** 脑和(或)发音器官的结构、功能中度损伤,可以进行部分言语交流。语音清晰度在 26%~45% 之间,言语表达能力等级测试未达到三级测试水平,在参与社会生活方面存在中度障碍。

4. **言语残疾四级** 脑和(或)发音器官的结构、功能轻度损伤,能进行简单会话,但用较长句或长篇表达困难。语音清晰度在 46%~65% 之间,言语表达能力等级测试未达到四级测试水平,在参与社会生活方面存在轻度障碍。

言语残疾定级指标见表 1-8。

表 1-8 言语残疾定级指标

级别	语音清晰度	言语表达能力
一级	≤10%	未达到一级测试水平
二级	11%~25% 之间	未达到二级测试水平
三级	26%~45% 之间	未达到三级测试水平
四级	46%~65% 之间	未达到四级测试水平

三、言语残疾评定

1. 评定工具

（1）语音清晰度测试工具：测试图片：语音清晰度测试图片 2 组（25 张 / 组），正面是图，背面是词。图片用于 3~14 岁的儿童，词用于 15 岁以上人群或有阅读能力者。

（2）言语能力测试工具：看图说话测试图片：用于 3~14 岁的儿童，（一、二、三级）看图说话测试图片 1 套（15 张 / 套）;（四级）看图说话测试图片 1 套（20 张 / 套）。情景描述图片：用于 15 岁以上人群，情景描述图片 1 套（16 张 / 套）。

（3）辅助工具：数字录音笔；部分玩具（拼图、交通工具和动物模型等玩具，用于年龄小，注意力差和不配合的儿童）。

2. 评定环境 一间隔音室或安静的房间。

3. 评定人员 儿科、内科、神经内科主治医师以上，康复科医师以上或者言语治疗师。经过省级以上言语残疾评定技术培训并取得结业证书。

4. 评定方法

（1）病史询问，14 岁及其以下和 15 岁以上使用测试工具不同。

（2）言语残疾测试方法的选择，确定采用哪种言语测试方法，注意伴随其他残疾的测试方法。

（3）言语残疾测试的具体实施，选择三种中其中一种状态：仅语音清晰度测试、仅言语表达能力测试、语音清晰度测试与言语表达能力同时测试。

（4）言语残疾定级及填写资料，保留并整理言语残疾测试的资料，仔细了解言语残疾定级说明，确定言语残疾定级并填写相关的资料表格。

习 题

一、名词解释

1. 言语残疾
2. 残疾

二、选择题

【A1 型题】

1. 在我国,将残疾分为几类

A. 三　　　　B. 四　　　　C. 五　　　　D. 六　　　　E. 七

2. 下面哪一项**不属于**残疾

  A. 精神残疾　　　　　　B. 视力残疾　　　　　　C. 日常功能残疾

  D. 言语残疾　　　　　　E. 肢体残疾

3. 下面哪一项**不是**影响言语残疾分级的因素

  A. 身高体重　　　　　　B. 口语表现　　　　　　C. 发音器官结构

  D. 环境　　　　　　　　E. 活动和参与

【B1 型题】

  4~5 题共用备选答案

  A. 11%~25% 之间

  B. ≤10%

  C. 46%~65% 之间

  D. 45%~55% 之间

  E. 26%~45% 之间

4. 言语残疾二级的语音清晰度是

5. 言语残疾四级的语音清晰度是

【X 型题】

6. 引起言语残疾的原因主要有

  A. 发声障碍　　　　　　　　　　B. 器质性构音障碍

  C. 儿童言语发育迟缓　　　　　　D. 失语

  E. 口吃

三、简答题

  1. 简述言语残疾二级与三级表现。

  2. 15 岁以上的儿童怎样做言语表达能力测试?

参 考 答 案

一、名词解释

  1. **言语残疾**:是指由于各种原因导致的不同程度的言语障碍,经治疗一年以上不愈或病程超过两年,而不能或难以进行正常的言语交流活动,以致影响其日常生活和社会参与(注:3岁以下不定级)。

  2. **残疾**:为个体能力障碍,也称"活动受限",是由于残损使能力受限或缺乏,以致人不能按正常方式和范围进行日常生活活动,其影响在个体水平上,造成个人活动能力障碍,是个体水平上的残疾,如大小便障碍等。

二、选择题

  1. D　2.C　3.A　4.A　5.C　6.ABCDE

三、简答题

1. 言语残疾二级:脑和(或)发音器官的结构、功能重度损伤,具有一定的发声及言语能力。语音清晰度在 11%~25% 之间,言语表达能力未达到二级测试水平,在参与社会生活方面存在严重障碍。言语残疾三级:脑和(或)发音器官的结构、功能中度损伤,可以进行部分言语交流。语音清晰度在 26%~45% 之间,言语表达能力等级测试未达到三级测试水平,在参与社会生活方面存在中度障碍。

2. 主试者和被测试者面对面坐着:如被测试者不配合,可以让其父母或者照顾者抱着进行测试。如注意力不集中,可以先用玩具吸引孩子注意力,待安静下来以后进行测试。测试时,主试者首先从一级测试题库抽取一张图片向被测试者出示,要求被测试者说出图片的内容和意思,根据其是否能正确理解、表达语意、言语的流畅程度评定能否通过该级测试。如不能正确说出,则另抽取一张图片测试。在每一等级测试中,如有一次通过则认为该级通过,可依次进入下一等级测试。若连续 3 次不能正确理解、表达语意则停止测试,并根据测试结果填写言语表达能力测试记录表。

(陈卓铭)

第七节 特 殊 教 育

学 习 要 求

1. **了解** 特殊教育概述、特殊教育与语言治疗的关系。
2. **掌握** 早期干预,医教结合、综合康复理念。

内 容 精 要

1. **特殊教育概述** 特殊教育是指根据特殊儿童的身心特点和教育需要,采用一般或者特殊的教学方法和手段,最大限度的发挥受教育者的潜能,使他们增长知识,获得技能,拥有良好品德,提高适应能力的一种教育。

目前对于特殊教育对象的界定一般分为狭义和广义之分。

2. **特殊教育与语言治疗的关系** 从特殊教育视角出发,语言发展是特殊儿童接受特殊教育服务的一个重要的方面。大多特殊教育对象都具有语言功能方面的障碍或者问题,换句话说,接受语言治疗的儿童亦需同时接受特殊教育。

智力障碍儿童、听障儿童、脑瘫儿童、自闭症(孤独症)、语言发育迟缓儿童、口吃儿童等偏重语言治疗领域的特殊教育对象,语言发展是其接受全方位特殊教育的一个重要部分。

3. **语言发展关键期与早期干预** 大量的研究与实践证明,早期干预对特殊儿童自身发展具有重要意义。早期干预是指为学龄前(0~6、7 岁)儿童中具有发展缺陷或有发展缺陷可能的儿童及其家庭提供各项专业服务,即早期鉴别、早期发现、早期诊断,并针对其特殊需要提供医疗、保健、康复、教育、社会服务及家长育儿指导等综合性服务。因为儿童语言的发展具有关键期。早期干预对于具有言语语言障碍的儿童来说,尤为重要。

4. 医教结合、综合康复 随着社会的发展、科学的进步,目前特殊教育学校的教育对象已发生了很大的变化,主要体现在以下三种情况:残障类型增多、障碍程度加重、多重残疾儿童增多。"医教结合"成为扭转教育与康复分离模式的必然趋势。要对特殊儿童实施医教结合,综合康复,必须架构起现代康复医学理论与特殊教育学校实践之间的桥梁,根据现代康复医学的理论与障碍儿童的需要,华东师范大学杜晓新教授等人建构了综合康复体系,该体系由 7 个康复功能模块构成,即:①听觉功能评估与训练;②言语功能评估与训练;③语言能力评估与训练;④认知能力评估与训练;⑤情绪行为评估与训练;⑥运动能力评估与训练;⑦学习能力评估与训练。这七个板块涵盖了医学康复、教育康复、心理康复等领域,力求形成教育与康复的合力以促进特殊儿童的最佳发展。

习 题

一、选择题

【A1 型题】

1. 狭义的特殊教育对象包括

  A. 言语残疾   B. 学习困难   C. 情绪问题   D. 超常儿童   E. 行为问题

【X 型题】

2. 可能伴有言语、语言障碍的儿童有

  A. 智力障碍儿童   B. 听力障碍儿童   C. 脑瘫儿童

  D. 语言发育迟缓儿童   E. 口吃儿童

二、填空题

特殊教育是指根据特殊儿童的_____和_____,采用一般或者特殊的教学方法和手段,最大限度的发挥受教育者的_____,使他们增长知识,获得技能,拥有良好品德,提高适应能力的一种教育。

三、名词解释

早期干预

四、简答题

综合康复体系

参 考 答 案

一、选择题

  1. A   2. ABCDE

二、填空题

身心特点　教育需要　潜能

三、名词解释

早期干预：指为学龄前（0~6、7岁）儿童中具有发展缺陷或有发展缺陷可能的儿童及其家庭提供各项专业服务，即早期鉴别、早期发现、早期诊断，并针对其特殊需要提供医疗、保健、康复、教育、社会服务及家长育儿指导等综合性服务。

四、简答题

综合康复体系：在特殊教育实践教学过程中，我们经常会遇到同类残疾儿童伴有多重障碍、多重残疾儿童一定表现出多重障碍的情况。因此，对有多重残疾与多重障碍的儿童必须进行多重干预，即综合康复。要对特殊儿童实施综合康复，必须架构起现代康复医学理论与特殊教育学校实践之间的桥梁，根据现代康复医学的理论与障碍儿童的需要，华东师范大学杜晓新教授等人建构了综合康复体系，该体系由7个康复功能模块构成，即：①听觉功能评估与训练；②言语功能评估与训练；③语言能力评估与训练；④认知能力评估与训练；⑤情绪行为评估与训练；⑥运动能力评估与训练；⑦学习能力评估与训练。这七个板块涵盖了医学康复、教育康复、心理康复等领域，力求形成教育与康复的合力以促进特殊儿童的最佳发展。

（刘晓明）

第二章
语言治疗的方法

第一节　语言与言语

学 习 要 求

1. **掌握**　语言与言语的定义和区别。
2. **熟悉**　语言与言语的区别意义。
3. **了解**　代表性的语言障碍和言语障碍。

内 容 精 要

语言（language）或言语（speech）是人类交流思想的工具，从语言病理学的角度，在它们的定义上往往有所区别，语言（language）是指人类社会中约定俗成的符号系统。人们通过应用这些符号达到交流的目的。包括对符号的运用（表达）和接受（理解）的能力，也包括对文字语言符号的运用（书写）、接受（阅读）以及姿势语言和哑语。语言障碍是指在上下文中口语和非口语的过程中词语应用出现障碍。代表性的语言障碍是脑卒中和脑外伤所致的失语症和大脑功能发育不全所致的语言发育迟缓。从临床的角度，语言障碍往往涉及多种语言模式，影响到语言在大脑的加工和产生，所以语言障碍对人们生活和工作的影响更大，致残率也较高。

言语（speech）是音声语言（口语）形成的机械过程。为使口语表达声音响亮、发音清晰，需要有正常的构音器官结构和言语产生有关的神经和肌肉的活动。言语障碍是指言语发音困难，嗓音产生困难，气流中断或者言语韵律出现困难。代表性的言语障碍为构音障碍，临床上最多见的构音障碍是脑卒中、脑外伤、脑瘫、帕金森病等疾病所致的运动性构音障碍，另外临床上比较常见的是由于构音器官形态结构异常所致的器质性构音障碍。其代表为腭裂。

"语言"和"言语"的区分主要是为了语言治疗人员能够对各种语言和言语障碍正确理解和准确地制订康复治疗计划。为书中用词的简化，在本教材中用语言一词代表"语言"和"言语"。

习 题

一、名词解释

1. 语言

2. 言语

二、选择题

【A1 型题】

典型的语言障碍是

A. 运动性构音障碍　　　　　B. 发声障碍　　　　　C. 言语错乱

D. 失语症　　　　　　　　　E. 言语失用

三、简答题

为何要区分语言和言语?

参 考 答 案

一、名词解释

1. **语言**:是指人类社会中约定俗成的符号系统。人们通过应用这些符号达到交流的目的。

2. **言语**:是音声语言(口语)形成的机械过程。

二、选择题

D

三、简答题

"语言"和"言语"的区分主要是为了语言治疗人员能够对各种语言和言语障碍正确理解和准确地制订康复治疗计划。

(李胜利)

第二节　语言治疗的途径和原则

学 习 要 求

1. **掌握**　语言治疗中训练课题的设定和训练程序的制定。
2. **熟悉**　语言治疗的途径。
3. **了解**　语言治疗的刺激与反应,强化与反馈,升级与降级。

内 容 精 要

一、语言评价

语言评价是语言治疗师重要的工作内容,也是语言治疗和训练制订计划的依据和前提,在语言障碍评价的流程方面,除了要了解患者语言障碍的表现以及相关病因、病史,还要了解患者的语言治疗和训练情况;相关专业的评价情况和结果,比如患者的情绪变化,行为异常,注意力的评价情况,另外很重要的方面是根据不同的语言障碍选择正确的评价方法。

二、治疗途径

1. **言语治疗和训练** 是言语治疗的核心,首先要依据评价的结果制定康复目标和治疗训练计划,也包括治疗后的再次评价和计划的必要调整。在治疗和训练方面包括:言语听理解的训练、口语表达训练、阅读理解和朗读训练、书写训练、呼吸训练、构音器官运动训练(必要的口面肌肉的运动训练)、语音清晰度训练、言语交流辅助替代系统的应用训练、电脑语言训练系统应用、与语言相关的基础概念和认知训练等言语治疗。另外还包括吞咽障碍的治疗和训练。

2. **指导** 主要包括患者的家属进行指导,重度言语障碍的成人患者首先要对患者的家属进行训练方法的指导以及如何与患者进行沟通。对中度和轻度的成人患者可以直接对本人进行指导,使他们能充分配合治疗师的训练。对重度言语障碍患儿的父母进行指导和必要的培训,使他们了解他们孩子的语言障碍并建立信心,正确选择康复的方法。对口吃的儿童还包括对幼儿园和学校老师的指导,这一点非常重要,让老师能够正确掌握口吃的儿童平时的学习和交流方法。

3. **手法介入** 对一些言语障碍的患者可以利用现代以及传统医学的手法帮助改善言语产生有关运动功能受限,此方法不仅适合用于成人运动性构音障碍患者,也适合儿童的各种构音障碍,特别是重症患者非常必要。也适用于重度神经性吞咽障碍的患者。

4. **辅助具** 为了补偿功能受限,有时需要装配辅助具,如听力障碍需要装配助听器,重度运动性构音障碍腭咽肌闭合不全时,可以给患者戴上腭托,见主教材图 2-1,以改善鼻音化构音。

5. **替代方式** 当重度言语障碍很难达到正常的交流水平时,例如部分完全性失语患者、重度脑瘫儿童运动性构音障碍不能获得有效的交流语言,就要考虑使用替代交流方式,最简单易行是交流图册和文字交流板,也可以使用高科技的言语交流系统,见主教材图 2-2 等。

三、治疗原则

语言治疗是促进交流能力的获得或再获得的手段,就是治疗人员给予某种刺激,使患者作出反应,正确的反应要强化(正强化),错误的反应要加以更正(负强化),反复进行可以形成正确反应,纠正错误反应。

1. 设定训练课题 按特定的目标来选择训练材料并按规定顺序实施训练的具体过程称为训练课题。设定训练课题之前,首先要对患者的语言障碍进行正确的评估和分型,了解语言障碍的各个侧面和语言障碍的程度。在此基础上,针对语言症状的各个方面,设定能使语言功能改善的训练课题。

2. 制定训练程序 明确了训练课题后,还要制定训练程序,也就是把训练课题分解成数个小步骤。训练程序制定正确与否会明显影响语言训练效果,因此要认真进行训练程序的制定。训练程序制定的相关因素,请参见本套教材表 2-1。

3. 刺激与反应。

4. 强化与反馈。

5. 升级与降级　在刺激 - 反应进行过程中,正反应会逐渐增加,当正反应能固定下来时,就可以考虑将训练上升一个阶段。当顺利达到预期训练目标时,训练即可结束。但语言训练过程中有时患者的错误反应反而会增加,这大多是由于训练难度超出患者现阶段的语言能力水平所致,此时反而要降级。当患者正确率达到 100% 时,要把训练上升一个阶段,一般情况是在正确率达到 70%~80% 时,就可以考虑升级。

习　题

一、名词解释

负强化

二、选择题

【A1 型题】

1. 下列哪一项**不是**语言治疗的内容
   A. 手术治疗　　　　　B. 手法介入　　　　　C. 辅助具
   D. 失语症　　　　　　E. 训练和指导
2. 腭托用于
   A. 听力障碍　　　　　B. 腭裂　　　　　　　C. 全失语
   D. 语言发育迟缓　　　E. 运动性构音障碍
3. 语言训练中正确率达到多少时可以升级
   A. 30%~40%　　　　　B. 40%~50%　　　　　C. 50%~60%
   D. 70%~80%　　　　　E. 60%~100%

三、简答题

语言治疗过程中如何设定训练课题?

参 考 答 案

一、名词解释

负强化:是指治疗人员在给患者进行语言治疗的过程中给予某种刺激,使患者作出反应,当患者作出错误的反应要加以更正,反复进行可以形成正确反应,纠正错误反应。

二、选择题

1. D　2.E　3.D

三、简答题

按特定的目标而选择训练材料和规定顺序所实施的具体过程称为训练课题。设定训练课题之前,首先要对患者的语言障碍进行正确的评价和分型,了解语言障碍的各个侧面和程度,此基础上,针对语言症状的各个方面,设定能使之改善的训练课题。

(李胜利)

第三节 治疗的要求和注意事项

学 习 要 求

本节主要讲述语言治疗治疗的要求和语言治疗的注意事项。

1. **了解** 语言治疗时家属指导及自我训练。

2. **熟悉** 语言治疗的场所选择、治疗形式及时间。

3. **掌握** 语言治疗的注意事项:包括反馈的重要性,确保交流手段,重视患者本人的训练,注意观察患者的异常反应,让患者对自身的障碍有正确的认识,要增强患者的自信心,注意脑损伤患者在检查和训练中可能发生的异常情况,要重视心理治疗。

内 容 精 要

一、语言治疗的注意事项

1. **反馈的重要性** 一是对自己所进行的活动有意识客观地把握,二是能认识到反应正确与否。

2. **确保交流手段** 语言是交流的工具,对于重症患者,首先要用手势、画图、交流板、语言电脑治疗机等交流工具建立非语言的交流。

3. **要重视患者本人的训练** 一般来说训练效果与训练时间成正比,因此,要充分调动患者和其家属的积极性,配合训练。

4. **注意观察患者的异常反应** 治疗前要了解患者原发病及合并症方面的资料以及可能出现的意外情况。另外要经常注意患者的身体情况、病房人员的介入量、运动疗法、作业疗法训练内容等,特别要注意患者的疲劳表情。训练时如发现与平时状态不同,绝不要勉强训练。

5. **要让患者对自身的障碍有正确的认识**,根据患者不同的理解力和承受力,适当地直言相告,以利尽早正视事实,接受自己。

6. **要增强患者的自信心,提高训练欲望** 当患者强调自己的错误时,应在淡化其失败感的同时,努力向克服障碍的决心方面引导。

二、语言治疗的场所选择、治疗形式及时间

1. **场所** 急性期患者病情稳定可在床头进行治疗,当病人可以借助轮椅活动时,可到训练室进行治疗。要避开视觉和听觉上的干扰,最理想的是在有隔音设施的房间内进行,一般 $10m^2$ 即可,要能放下语言训练治疗机,一张床,教材柜子,能进去轮椅即可。

2. **治疗形式** 原则上以一对一训练为主,有时要进行集体训练。

3. **训练时间** 至少应保证 0.5~1 小时,幼儿可以是 20 分钟,住院患者一日一次,门诊的

患者可以间隔长一些时间,最好在上午尤其是检查。

习　题

一、选择题

【A1 型题】

1. 语言治疗患者训练原则上

　　A. 一对一训练　　　　　　　B. 二对一训练　　　　　　　C. 三对一训练

　　D. 多对一训练　　　　　　　E. 以上都可以

【X 型题】

2. 非语言交流方式的训练包括

　　A. 手势语　　　　　　　　　B. 听觉认知　　　　　　　　C. 画图

　　D. 语言障碍诊治仪　　　　　　E. 交流板

二、简答题

　　语言治疗的注意事项。

参 考 答 案

一、选择题

　　1. A　2. ACDE

二、简答题

　　①反馈的重要性;②确保交流手段;③要重视患者本人的训练;④注意观察患者的异常反应;⑤必须充分理解患者,认真、耐心的态度帮助患者改善,与患者建立充分的信赖关系,是将治疗引向成功的第一步;⑥要增强患者的自信心,提高训练欲望;⑦注意脑损伤患者在检查和训练中可能发生的异常情况,如癫痫发作等,要时常询问或观察患者的身心疲劳情况。

　　　　　　　　　　　　　　　　　　　　　　　　　　　　　　　　　　　(陈慧娟)

第四节　语言障碍患者的辅助交流设备

学 习 要 求

1. **掌握**　语言障碍的辅助康复设备的种类及训练点。

2. **熟悉**　语言障碍的辅助诊断设备的筛查优点。

3. **了解**　语言障碍患者的辅助交流器具和电子媒介对语言的影响;专家系统的两种模式

的原理。

内 容 精 要

一、计算机辅助语言障碍诊断的筛查优势

1. 初步筛选出语音信号,结合语言其他能力区分语言获得前后的听觉障碍。
2. 能直接分析出各种语音参数的差异,推测构音障碍的轻重。
3. 通过语言和认知能力的题目设计,协助失语和智能障碍的区分。
4. 进行语言能力分级,有利于各类型失语症的分类。

二、计算机辅助诊断专家系统有两种模式

基于宏观功能模拟的专家系统,是建立在心理学基础上的模式;基于神经网络的专家系统,是建立在仿生学基础上的模式。

1. 宏观功能模拟的专家系统设计过程包括 ①输入足够多的病例资料;②选用数字模型,确立参数和运算规则;③编制诊断程序;④患者的检测结果输入计算机不断调试,最后投入临床使用。
2. 神经网络模拟的专家系统是计算机模拟人脑思维活动,抽象为神经网络模拟学习分析的快慢两过程。快过程对应人脑的计算过程,以计算机运算来模拟;慢过程对应人脑的学习过程,以计算机的存储来模拟。其最大的特点是模仿人类"干中学,学中干"的特点。

三、语言障碍的辅助康复设备

1. 发声障碍的患者,利用特定的语音处理技术将语音信号转化为不同的动画形式显示在电脑屏幕上。
2. 构音障碍需要辅助交流的患者,可利用语言障碍诊治仪、便携式训练设备等,通过键盘输入文字指令,键盘的传声器发声,作为辅助交流的设备。
3. 构音障碍训练的患者,通过计算机辅助设备录音,可反复地进行发音模仿和纠正训练。
4. 命名障碍的患者,通过设计语音处理技术将语音信号转化为不同的动画形式显示在电脑屏幕上。
5. 利用认知障碍诊治仪等对伴有认知障碍的语言障碍患者进行训练。

典 型 案 例

一、病例简介

患者陈某,男,45岁。因"脑卒中后,语言不清"入住我院康复中心。

语言病史:患者说话时语量较少,但多为实质词,句子语序基本保留,交谈时可基本达意。命名有困难,患者能指认物体却无法说出名称,但可接受语音提示,语言复述较困难,特别是对音节数较长的句子复述困难。发音和语调障碍,为音韵性错语,口语理解较好,可以理解简单句子,复杂句子理解较困难。

二、训练前评定

1. 语言障碍诊治仪检测

（1）听：简单指令（93.75 分），复杂指令（40 分），听是否（20 分）。

（2）说：表达语音（40 分），表达语义（37.5 分），命名（50 分），复述语音（60 分），复述语义（50 分）。

（3）读：视简单理解（90 分），复杂理解（66.67 分），匹配（87.5 分），记忆（20 分）。

（4）其他：简单常识（64.71 分），复杂常识（57.14 分），定向力（66.67 分），比较（0 分）。

注：在检测过程中患者配合较好，注意力集中。系统语言功能评估为：经皮质运动性失语症。

2. 认知障碍诊治仪检测 定向能力（49 分），注意能力（37 分），语言表达（0 分），听理解（76 分），视理解（56 分），命名（32 分），执行能力（41 分），记忆能力（10 分），计算能力（12 分），日常知识（69 分），推理能力（30 分）；总平均时间为 9.3222 秒；总评测时间：839 秒。

注：在测试过程中患者注意力集中，检测过程中患者合作性较好。系统认知功能评估为：认知能力重度受损。

3. 汉语失语检查（ABC）

（1）口语表达：信息量（60%），流利性（50%），系列语言（50%），复述（39%），命名（56%）。

（2）听理解：听是否（70.3%），听辨认（86.7%），口头指令（48.8%）。

（3）阅读：视读（0），听字辨认（50%），字画匹配（朗读 10%；配画 80%），读指令执行（10%），填空（13.3%）。

（4）书写：姓名地址（30%），抄写（0），听写（0），系列书写（45%），看图书写（0），自发书写（0）。

（5）其他：结构与视空间（照画图 40%；摆方块 100%），运用（70%），计算（33.3%）。

在测试过程中患者注意力尚可，能较好配合完成检测。根据失语症 ABC 评定数据进行分析，结果表明：患者为经皮质运动性失语症，伴有形、音失读症和非流畅性失语性失写。

综合评定：电脑系统辅助诊断与失语症 ABC 评定诊断一致，患者诊断为经皮质运动性失语症。

三、治疗经过

第一阶段治疗经过如下：

（1）训练方法：①语言障碍诊治仪治疗程序；②运用实物训练；③运用卡片训练。

（2）训练内容（下面以评定后第一周的训练项目及训练内容为范例）：名词 30 个（日常生活用品 12 个、食物 12 个、区别词 6 个），动词 10 个（及物动词 5 个，不及物动词 5 个）。①（20 分钟）复述训练：三词句复述（主语＋谓语＋宾语或动词＋区别词＋名词）；②（15 分钟）事物描述：以三词句描述简单的图片；③（20 分钟）命名训练：名词 30 个、动词 10 个；④（15 分钟）日常生活话题的交谈：围绕训练内容提出交谈话题并引导患者进行交流。

四、治疗效果（经过两个月的治疗）

1. 语言障碍诊治仪检测

（1）听：简单指令（100 分），复杂指令（65 分），听是否（80 分）。

（2）说：表达语音（50分），表达语义（41.67分），命名（50分），复述语音（80分），复述语义（50分）。

（3）读：视简单理解（100分），复杂理解（22.22分），匹配（100分），记忆（10分）。

（4）其他：简单常识（88.24分），复杂常识（64.29分），定向力（86.67分），比较（55.56分）。

注：在检测过程中患者配合较好，注意力集中。

与初期评估相比：除了复杂理解和记忆之外，其他语言能力均有很大进步。

2. 认知障碍诊治仪检测 定向能力（66分），注意能力（58分），语言表达（57）分，听理解（78分），视理解（81分），命名（81分），执行能力（51分），记忆能力（34分），计算能力（32分），日常知识（81分），推理能力（62分）。

总平均时间：10.622秒；总评测时间：956秒。

注：在测试过程中患者注意力集中，检测过程中患者合作性较好。系统认知功能评估为：认知能力中度受损。

与初期评估相比：患者各项认知能力均有很明显进步，其中语言表达、命名和推理能力进步最大。

3. 汉语失语检查（ABC）

（1）口语表达：信息量（60%），流利性（50%），系列语言（66%），复述（63%），命名（60%）。

（2）听理解：听是否（80%），听辨认（88%），口头指令（15%）。

（3）阅读：视读（20%），听字辨认（90%），字画匹配（朗读50%；配画95%），读指令执行（10%），填空（13.3%）。

（4）书写：姓名地址（30%），抄写（0），听写（0），系列书写（45%），看图书写（0），自发书写（0）。

（5）其他：结构与视空间（照画图40%；摆方块100%），运用（70%），计算（33.3%）。

注：在测试过程中患者注意力尚可，能较好配合完成检测。

与初期评估相比：除了书写能力，其余各项能力均有明显进步，以"听理解"和"阅读"进步最大。

习 题

一、选择题

【A1 型题】

1. 目前语言障碍诊治仪等计算机辅助语言障碍的诊断设备的发展阶段处于
   A. 初期发展阶段　　　　　B. 中期发展阶段　　　　　C. 高级发展阶段
   D. 完备成熟阶段　　　　　E. 萌芽阶段

2. 下列对电视的影响说法<u>不正确</u>的是
   A. 阻止交谈、游戏、家庭庆祝和争论　　　B. 影响儿童形成自己的语言能力
   C. 影响了儿童语言训练的时间　　　　　　D. 对儿童没有不良影响
   E. 提供广泛的听、视觉素材

3. 语言障碍的专家诊治系统的核心部分是
   A. 病历管理　　B. 诊断系统　　C. 康复训练　　D. 系统介绍　　E. 远程学习

【A2 型题】

4. 龚某,男,38 岁。外伤后导致视力残疾。现需给患者进行盲文书写训练,最需要以下哪个辅助设备
   A. 折叠盲杖　　　　　　　　B. 盲人地图　　　　　　　　C. 盲文读物
   D. 文字——语音转换设备　　E. 盲文笔与盲文写字板

5. 王某,男,68 岁。大学学历,因喉癌行全喉切除术。现需与患者进行交流,最需要以下哪个辅助设备
   A. 盲人文具　　　　　　　　B. 助听器　　　　　　　　C. 语言沟通辅助器
   D. 盲文打字机　　　　　　　E. 闪光门铃

【X 型题】

6. 宏观功能模拟的专家系统,其设计过程包括
   A. 输入足够多的病例资料
   B. 选用数字模型,确立参数和运算规则
   C. 编制诊断程序
   D. 检测结果不断调试后投入临床使用
   E. 模仿人类"干中学,学中干"

7. 目前的语言障碍的专家诊治系统一般包括哪些模块
   A. 病历管理　　B. 诊断系统　　C. 康复训练　　D. 系统介绍　　E. 远程学习

8. 计算机辅助语言障碍诊断的筛查优势点有
   A. 能较好的促进人与人的交流　　　　　B. 推测构音障碍的轻重
   C. 协助失语和智能障碍的区分　　　　　D. 进行语言能力分级
   E. 能区分语言获得前后的听觉障碍

9. 某成年患者因病导致听力完全丧失,以下辅助器具对其有帮助的有
   A. 助听器　　　　　　　　B. 闪光门铃　　　　　　　　C. 振动闹钟
   D. 折叠盲杖　　　　　　　E. 电子助视器

二、简答题

1. 某男性患者,诊断为构音障碍,他想外出活动及自行训练,请问是否有相应的辅助设备及如何应用?

2. 请简述如何针对命名障碍患者进行辅助康复设备训练。

参 考 答 案

一、选择题

1. A 2. D 3. B 4. E 5. C 6. ABCD 7. ABCD 8. BCDE 9. ABC

二、简答题

1. 有,该患者为构音障碍,需要辅助交流的设备,如可利用便携式键盘,通过键盘输入文字指令,键盘的传声器发声,作为辅助交流的设备;需要构音障碍训练,可通过计算机辅助设备

录音,可反复地进行发音模仿和纠正训练。

2. 命名障碍的患者,由于物品的视觉形象与物品的知识、语音之间的联系中断导致了命名障碍,通过设计语音处理技术将语音信号转化为不同的动画形式显示在电脑屏幕上,如可显示不同的场景,如飞机场、超级市场、图书馆、银行、商店等,患者只要轻点鼠标即会相应显示画面中物品、动物及人物的名称,听见物品名称和物品的定义,同时患者可做字词朗读,这样通过听、视两个通道互相反馈、互相强化达到康复的目的。

(陈卓铭)

第五节　语言障碍的相关药物治疗

学 习 要 求

了解　代表性的语言障碍的相关药物。

内 容 精 要

1. **钙通道阻断药**　常用的钙通道阻断药如尼莫地平,该药可降低脑细胞内钙离子水平,改善脑功能障碍。

2. **脑激活剂类**

(1)胆碱能药物:石杉碱甲能改善记忆、认知和日常生活能力;多奈哌齐适用于轻中度阿尔茨海默病引起的语言认知功能障碍。

(2)多巴胺能药物:多巴胺能药物最早用于治疗失语症,溴隐亭改善非流利性失语患者的词语检索困难现象。

(3)5-羟色胺重摄取抑制剂:氟伏沙明能提高失语患者的命名能力,对于语言持续现象及患者的情绪均有改善。

(4)非竞争性 NMDA 受体拮抗剂:美金刚对慢性失语患者的语言能力有改善作用,对急性脑卒中失语患者的自发语言、复述、命名能力均有改善。

(5)氨基酸类神经递质药物:吡拉西坦可用于治疗语言和认知障碍,对急性期和慢性期卒中后失语症患者均有效。

(6)儿茶酚胺类:去甲肾上腺素和多巴胺可以治疗老年痴呆症和早老性痴呆症以及老年性记忆障碍。

(7)神经肽:对中、重度痴呆患者引起的语言认知功能障碍有疗效。

(8)神经营养因子:可用于脑损伤继发的语言障碍,远期疗效仍有待观察。

(9)胞磷胆碱钠:可用于颅脑外伤等急性损伤引起的语言认知功能障碍和意识障碍。

(10)氧合剂:临床用于脑血管病,脑动脉粥样硬化引起的语言障碍。

3. **中药类**　人参等强壮滋补类中药临床研究认为可提高学习记忆能力。丹参等活血化淤类药物能改善由于脑缺血或脑损伤所致的学习记忆缺陷。

习 题

一、选择题

【A1 型题】

1. 改善脑功能障碍的钙通道阻断药

    A. 尼莫地平   B. 溴隐亭   C. 美金刚   D. 丹参   E. 多奈哌齐

【X 型题】

2. 改善患者命名的方法有哪一些

    A. 找词训练   B. 氟伏沙明   C. 美金刚

    D. 去甲肾上腺素   E. 氧化剂

二、简答题

改善语言功能的脑激活剂有哪一些?

参 考 答 案

一、选择题

    1. A   2. ABC

二、简答题

改善语言功能的脑激活剂包括以下方面:

(1)胆碱能药物:石杉碱甲能选择性地抑制乙酰胆碱酯酶,使病人的记忆、认知和日常生活能力都有改善;多奈哌齐为特异的可逆乙酰胆碱酯酶抑制剂,适用于轻中度阿尔茨海默病引起的语言认知功能障碍;重酒石酸卡巴拉汀通过抑制乙酰胆碱酯酶在神经元的突触处对乙酰胆碱的分解破坏,从而增加脑中释放胆碱能的神经元的功能。

(2)多巴胺能药物:多巴胺能药物最早用于治疗失语症,溴隐亭是一种特异性下丘脑和垂体的多巴胺受体激动剂,能改善帕金森病的运动障碍,也被认为能作用于语言的输出通路。在少量病例报道中表明溴隐亭能够改善非流利性失语患者的词语检索困难现象。

(3)5-羟色胺重摄取抑制剂:氟伏沙明能提高失语患者的命名能力,对于语言持续现象及患者的情绪均有改善。

(4)非竞争性 NMDA 受体拮抗剂:美金刚对慢性失语患者的语言能力有改善作用,对急性脑卒中失语患者的自发语言、复述、命名能力均有改善。

(5)氨基酸类神经递质药物:吡拉西坦可用于治疗语言和认知障碍,对急性期和慢性期卒中后失语症患者均有效。

(6)儿茶酚胺类:去甲肾上腺素和多巴胺可以治疗老年痴呆症和早老性痴呆症以及老年性记忆障碍。

(7)神经肽:对中、重度痴呆患者引起的语言认知功能障碍有疗效。

（8）神经营养因子：可用于脑损伤继发的语言障碍，远期疗效仍有待观察。

（9）胞磷胆碱钠：可用于颅脑外伤等急性损伤引起的语言认知功能障碍和意识障碍。

（10）氧合剂：临床用于脑血管病，脑动脉粥样硬化引起的语言障碍。

（陈卓铭）

第三章
与语言障碍相关的神经影像学与神经电生理学

第一节 概 述

学 习 要 求

1. **掌握** 语言障碍的常见类型及头部 CT、MRI 图像的特点。
2. **熟悉** 语言障碍患者神经影像学检查的方法及临床意义。
3. **了解** 语言检测的方法及意义。

内 容 精 要

语言障碍是指通过口语、书面等形式来表达个人思想、感情、意见的能力出现缺陷,表现为听、说、读、写四个方面的各功能环节单独受损或两个以上环节共同受损。正常的语言有赖于感觉、运动功能的相互协调、语言符号的联系以及习惯句子模式的产生,当与这些有关的脑组织受损时,就会出现相应的语言障碍。

语言障碍常见类型:①失语症是由于大脑功能受损所引起的语言功能丧失或受损。失语症常见病因有脑血管病、脑外伤、脑肿瘤、感染等,脑血管病是其最常见的病因。可表现为 Broca 失语、Wernicke 失语、传导性失语及混合性失语等。②构音障碍是指由于构音器官先天性和后天性的结构异常,神经、肌肉功能障碍所致的发音障碍以及虽不存在任何结构、神经、肌肉、听力障碍所致的言语障碍,主要表现可能为完全不能说话、发声异常、构音异常、音调和音量异常和吐字不清,不包括由于失语症、儿童语言发育迟缓、听力障碍所致的发音异常。常见有运动性构音障碍、器官结构异常所致的构音障碍和功能性构音障碍。③小儿语言发育迟缓是指语言发育没有达到发育年龄应有的水平。常见于智能发育迟缓,自闭症,构音器官异常,脑损伤以及语言环境的脱离。

语言检测从静态走向动态功能检测,传统的影像技术检测语言障碍患者主要针对病变部位及病因,主要技术有头部 CT、MRI、脑电图、单光子发射计算机断层成像(single photon emission computed tomography,SPECT)等。近几年影像技术飞速发展,逐渐对毫秒时间段的语言思维过程给予显影,涉及语言功能刺激下的心理反应,其中语言定位技术的代表是功能性磁共振成像(functional magnetic resonance imaging,fMRI),语言反应时间检测的代表是事件相关电位（event related potential，ERP）中的 N400 和 P600 检测。

习 题

一、名词解释

1. 语言障碍
2. 失语症
3. 构音障碍

二、选择题

【A1 型题】

1. 失语症最常见的病因是
   A. 脑外伤 　　 B. 脑血管病 　　 C. 脑肿瘤 　　 D. 感染 　　 E. 痴呆
2. 语言定位技术的代表是
   A. CT 　　 B. MRI 　　 C. fMRI 　　 D. PET 　　 E. MEG

【X 型题】

3. 失语症的分类包括下列哪些
   A. Broca 失语 　　　　　 B. 传导性失语 　　　　　 C. Wernicke 失语
   D. 构音异常 　　　　　 E. 混合性失语
4. 构音障碍主要表现为
   A. 发声异常 　　　　　 B. 传导性失语 　　　　　 C. 吐字不清
   D. 构音异常 　　　　　 E. 音调和音量异常
5. 小儿语言发育迟缓常见原因为
   A. 自闭症 　　　　　 B. 构音器官异常 　　　　　 C. 智能发育迟缓
   D. 脑损伤 　　　　　 E. 语言环境的脱离

三、简答题

1. 简述语言障碍常见类型及特点。
2. 简述现代神经影像学技术对语言障碍患者的检查的方法。

参 考 答 案

一、名词解释

1. **语言障碍**：是指通过口语、书面等形式来表达个人思想、感情、意见的能力出现缺陷，表现为听、说、读、写四个方面的各功能环节单独受损或两个以上环节共同受损。

2. **失语症**：是由于大脑功能受损所引起的语言功能丧失或受损。

3. **构音障碍**：是指由于构音器官先天性和后天性的结构异常，神经、肌肉功能障碍所致的发音障碍以及虽不存在任何结构、神经、肌肉、听力障碍所致的言语障碍，主要表现可能为完全不能说话、发声异常、构音异常、音调和音量异常和吐字不清,不包括由于失语症、儿童语言发育迟缓、听力障碍所致的发音异常。

二、选择题

1. B   2. C   3. ABCE   4. ACDE   5. ABCDE

三、简答题

1. 语言障碍常见类型:①失语症是由于大脑功能受损所引起的语言功能丧失或受损,可表现为 Broca 失语、Wernicke 失语、传导性失语及混合性失语等;②构音障碍是指由于构音器官先天性和后天性的结构异常,神经、肌肉功能障碍所致的发音障碍以及虽不存在任何结构、神经、肌肉、听力障碍所致的言语障碍,主要表现可能为完全不能说话、发声异常、构音异常、音调和音量异常和吐字不清,不包括由于失语症、儿童语言发育迟缓、听力障碍所致的发音异常;③小儿语言发育迟缓:是指语言发育没有达到发育年龄应有的水平。

2. 语言检测从静态走向动态功能检测,传统的影像技术检测语言障碍患者主要针对病变部位及病因,主要技术有头部 CT、MRI、脑电图、单光子发射计算机断层成像(single photon emission computed tomography,SPECT)等。近几年影像技术飞速发展,逐渐对毫秒时间段的语言思维过程给予显影,涉及语言功能刺激下的心理反应,其中语言定位技术的代表是功能性磁共振成像(functional magnetic resonance imaging,fMRI),语言反应时间检测的代表是事件相关电位(event related potential,ERP)中的 N400 和 P600 检测。

第二节 大脑语言区的功能解剖学

学 习 要 求

1. **掌握** 大脑半球语言区的组成及其功能。
2. **熟悉** Broca 区、Wernicke 区的功能解剖结构。
3. **了解** 基底神经节与背侧丘脑的功能解剖结构。

内 容 精 要

语言区是人类大脑皮质所特有的区域。大脑语言区主要位于大脑半球的额叶、颞叶和顶叶,依其位置和在处理语言功能中作用的不同分为不同语言中枢。从 Broca 证明脑与语言的联系以后,产生了言语定位学派,认为每一种语言行为模式都可以被定位于特定的脑区,不同大脑部位的病变是产生不同语言障碍的基础。

1. **Broca 区** 又称运动性语言中枢,位于 Brodmann 44 区及 45 区,紧靠中央前回下部,额下回后 1/3 处。用于计划和执行说话,此区受损的患者,能理解他人的语言,而且与发音有关的肌肉未瘫痪,但丧失了说话的能力,临床上称之为 Broca 失语,主要表现为口语表达障碍。

2. **Wernicke 区** 是指优势半球颞上回后部,位于 Brodmann 22 区、40 区。Wernicke 区与躯体感觉(Brodmann5、7 区)、听(Brodmann41、42 区)和视(Brodmann18、19 区)皮质有着丰富

的联系,用于分析和识别语言的感觉刺激。该区病变产生感觉性失语(Wernicke 失语),表现为患者的语声调和语调均正常,与人交谈时不能理解别人说的话,答话语无伦次或答非所问,听者难于理解。

3. 弓状纤维 弓状纤维是大脑半球内短的联络纤维。是一束将 Wernicke 区和 Broca 区相连的白色纤维,将信息从 Wernicke 区传向 Broca 区。该部位损伤易产生传导性失语,主要临床特点口语为流利型,听理解相对保留,复述不成比例。

4. 外侧裂周区 目前公认的语言区大多数位于左侧半球外侧裂周围。主要包括 Broca 区、弓状纤维和 Wernicke 区。

5. 交界区或分水岭区 大脑中动脉与大脑后动脉分布交界区,或者大脑中动脉与大脑前动脉分布交界区,此区受损可以引起经皮层性失语,经皮层性失语的共同特点是复述不受损,因为 Wernicke 区仍然与 Broca 区保持联系。

6. 角回和缘上回 视觉性语言中枢(阅读中枢)位于角回(Brodmann 39 区)。此区受损,患者的视觉正常,但不能理解文字符号的意义,称失读症。角回和缘上回构成顶叶的前下部,位于听觉、躯体感觉和视觉联合皮层的交界区使三个区域的联合皮层相互联系。当给予视觉信号时,角回和缘上回能够扫描 Wernicke 区,且能够激发与视觉资料相匹配的听觉信息,同样,当给患者提供听觉信息的时候,他们也可以扫描视觉联合皮层。

7. 视觉联合皮层 位于初级视觉皮层前,枕叶和顶叶的 18 和 19 区对初级视觉信号进行分析。

8. 胼胝体 胼胝体位于大脑纵裂底,包括嘴、膝、干、压四部分,由联合左、右半球新皮质的纤维构成。有认为胼胝体前 1/3 的纤维连接运动性语言中枢,后 1/3 的一部分纤维联系着一侧感觉性语言区,另一部分纤维联系着一侧感觉性语言区及对侧的运动性语言区。

9. 基底神经节 基底神经节主要由位于皮质下的壳核、尾状核、苍白球等神经核团组成,不只是一种纯运动结构,而且接受感觉和大脑皮质边缘区的传入,是一个高级整合机构。损害可导致语言功能障碍,称之为基底节失语。在皮质 - 纹状体 - 苍白球 - 背侧丘脑 - 皮质的环路中,基底神经节与额叶保持着密切的联系:尾状核、壳核发出纤维到苍白球,后者又发出纤维到背侧丘脑的腹前核与腹外侧核,最后经内囊达 Brodmann 4 区、6 区。病变损害该环路中的任何环节均可导致失语,其主要表现为自发性言语受限,且音量小,语调低。

10. 背侧丘脑 依据临床观察、手术和电刺激结果,目前认为背侧丘脑腹外侧核、腹前核、丘脑枕与语言有关。腹外侧核与腹前核与运动区、辅助运动区及 Broca 区有丰富的双向联系。丘脑枕和颞叶及大脑后部皮质间有密切联系。丘脑性失语多表现为音量小、语调低、表情淡漠、不主动讲话、找词困难,听理解及阅读理解轻度障碍,复述可正常,命名轻度障碍。

习　题

一、名词解释

1. Broca 区
2. Wernicke 区
3. 弓状纤维
4. 外侧裂周区

5. 基底神经节

6. 背侧丘脑

二、选择题

【A1 型题】

1. 大脑半球语言区主要位于

    A. 颞叶
    B. 额叶
    C. 额叶、颞叶和顶叶
    D. 枕叶
    E. 顶叶

2. Broca 区又称

    A. 阅读中枢
    B. 运动性语言中枢
    C. 书写中枢
    D. 感觉性语言中枢
    E. 视觉中枢

3. Broca 区位于

    A. Brodmann 4 区
    B. Brodmann 6 区
    C. Brodmann 22 区
    D. Brodmann 45 区
    E. Brodmann 44 区及 45 区

4. Wernicke 区位于

    A. Brodmann 45 区
    B. Brodmann 44 区、45 区
    C. Brodmann 22 区
    D. Brodmann 22 区、40 区
    E. Brodmann 40 区

5. 弓状纤维损伤引起

    A. 命名性失语
    B. 运动性失语
    C. 传导性失语
    D. 经皮感觉性失语
    E. Wernicke 失语

6. Wernicke 区位于

    A. 颞上回前部
    B. 颞中回后部
    C. 颞下回后部
    D. 颞上回后部
    E. 颞下回前部

7. 分水岭区受损可引起

    A. 经皮层性失语
    B. 传导性失语
    C. 命名性失语
    D. 丘脑性失语
    E. Broca 失语

8. 视觉性语言中枢位于

    A. Brodmann 22 区
    B. Brodmann 39 区
    C. Brodmann 44 区
    D. Brodmann 40 区
    E. Brodmann 41 区

9. 角回损伤可引起

    A. 传导性失语
    B. 运动性失语
    C. 感觉性失语
    D. 失读症
    E. 失写症

【X 型题】

10. 大脑半球语言区主要位于

    A. 颞叶   B. 额叶   C. 丘脑   D. 枕叶   E. 顶叶

11. 基底神经节的主要组成是

    A. 壳核   B. 丘脑   C. 尾状核   D. 苍白球   E. 内囊

12. 背侧丘脑与语言有关的结构是
   A. 上丘   B. 腹前核   C. 下丘
   D. 丘脑枕   E. 腹外侧核

三、简答题

1. 简述 Wernicke 区的组成及功能。
2. 简述基底神经节的组成及功能。

参 考 答 案

一、名词解释

1. **Broca 区**：又称运动性语言中枢，位于 Brodmann 44 区及 45 区，紧靠中央前回下部，额下回后 1/3 处。此区病变产生 Broca 失语，主要表现为口语表达障碍。

2. **Wernicke 区**：是指优势半球颞上回后部，位于 Brodmann 22 区、40 区。该区病变产生感觉性失语（Wernicke 失语）。

3. **弓状纤维**：是大脑半球内短的联络纤维。一束将 Wernicke 区和 Broca 区相连的白色纤维将信息从 Wernicke 区传向 Broca 区。该部位损伤易产生传导性失语，主要临床特点口语为流利型，听理解相对保留，复述不成比例。

4. **外侧裂周区**：是指目前公认的语言区大多数位于左侧半球外侧裂周围。主要包括 Broca 区、弓状纤维和 Wernicke 区。

5. **基底神经节**：主要由位于皮质下的壳核、尾状核、苍白球等神经核团组成，损害可导致语言功能障碍，称之为基底节失语。

6. **背侧丘脑**：背侧丘脑又称丘脑，为两个卵圆形的灰质团块，中夹第三脑室。核团有前核群、内侧核群、外侧核群、髓板内核群、后侧核群。目前认为背侧丘脑腹外侧核、腹前核、丘脑枕与语言有关，病变产生丘脑性失语。

二、选择题

1. C   2. B   3. E   4. D   5. C   6. D   7. A   8. B   9. D   10. ABE   11. ACD   12. BDE

三、简答题

1. Wernicke 区是指优势半球颞上回后部，位于 Brodmann 22 区、40 区。Wernicke 区与躯体感觉（Brodmann 5、7 区）、听（Brodmann 41、42 区）和视（Brodmann 18、19 区）皮质有着丰富的联系，用于分析和识别语言的感觉刺激。该区病变产生感觉性失语（Wernicke 失语），表现为患者的语声调和语调均正常，与人交谈时不能理解别人说的话，答话语无伦次或答非所问，听者难于理解。

2. 基底神经节主要由位于皮质下的壳核、尾状核、苍白球等神经核团组成，不只是一种纯运动结构，而且接受感觉和大脑皮质边缘区的传入，是一个高级整合机构。在皮质 - 纹状体 - 苍白球 - 背侧丘脑 - 皮质的环路中，基底神经节与额叶保持着密切的联系：尾状核、壳核发出纤维到苍白球，后者又发出纤维到背侧丘脑的腹前核与腹外侧核，最后经内囊达 Brodmann 4

区、6区。病变损害该环路中的任何环节均可导致基底性失语,其主要表现为自发性言语受限,且音量小,语调低。

第三节 语言障碍的非量表检测技术

学 习 要 求

1. **掌握** CT、MRI 的诊断的特点及临床应用。体感、脑干听觉、视觉、运动诱发电位的特点及临床意义。
2. **熟悉** CT、MRI 的基本原理。正常、异常脑电图波形的特点及临床意义。
3. **了解** fMRI 在人脑中的功能定位的作用。N400、LAN 和 P600 在语言障碍中的作用。

内 容 精 要

一、电子计算机体层扫描

电子计算机体层扫描(computed tomography,CT)是利用 X 线和电子计算机技术成像的新诊断技术,直接显示脑组织,为真正的脑成像技术。CT 诊断的原理是利用各种组织对 X 线的不同吸收系数,通过电子计算机处理得到图像。CT 属无创伤检查方法,密度分辨率高,显示钙化敏感,且空间分辨率较高,扫描速度快,检查方便。颅脑 CT 广泛应用于脑血管病、颅脑外伤、颅脑肿瘤、颅内感染、脑白质病、颅脑先天发育畸形、脑积水等疾病的诊断。

在脑梗死发生的当时,CT 平扫检查可能是阴性的,大部分的患者在 24 小时后 CT 才能有阳性的发现。第 1 周内梗死区见明显的低密度区,多为三角形或扇形,底边向外,边界清楚,但密度不均匀。由于存在诸如水肿这样的因素,使得观察到的病灶可能要比真实的病灶范围要大。第 2 周低密度区边界更清楚,密度更均匀。第 2、3 周部分病例由于梗死区脑水肿消退和吞噬细胞浸润,周围侧支循环的恢复,使低密度区恰好演变为等密度区,CT 呈现"模糊效应"。此时如是首次 CT 扫描的患者,则易于误诊,应进行增强检查才能显示出梗死病灶,病灶区域出现边缘脑回状强化表现,反映病变区域血脑屏障破坏、新生毛细血管和血流灌注过度。在脑梗死后期(2 个月后),坏死组织清除,可形成液性囊腔,CT 显示为边界清楚的低密度软化病灶。

CT 血管造影(computed tomography angiography,CTA)指静脉注射含碘造影剂后,经计算机对图像进行处理,可以三维显示颅内血管系统,可以取代部分 DSA 检查。对闭塞性血管病变可提供重要的诊断依据,可以明确血管狭窄的程度,清晰显示动脉粥样硬化斑块以及是否存在钙化。与 DSA 相比,CTA 不需要动脉插管,操作简便快捷,但不能显示小血管分支的病变。

CT 灌注成像可以在注射对比剂后显示局部脑血容量(rCBV)、局部脑血流量(rCBF)和平均通过时间(MTT)等,能够反映组织的血管化程度,并能动态反映脑组织的血流灌注情况,属于功能成像的范畴。主要应用于急性脑缺血患者的早期诊断。

二、磁共振成像

磁共振成像(magnetic resonance imaging,MRI)是一种新的生物磁学核自旋成像技术,于

20世纪70年代中期发明,20世纪80年代技术得到完善,成为医学影像诊断的重要工具。能够提供传统的X线和CT不能提供的信息,是诊断颅内和脊髓病变最重要的检查手段,目前在我国已普遍应用。

1. **MRI的基本原理** MRI主要是利用人体内的氢质子在主磁场和射频场中被激发产生的共振信号,经计算机放大、图像处理与重建后得到的磁共振影像。人体接受MRI检查时,被置于磁场中接受一系列脉冲后,打乱了组织内质子运动,脉冲停止后质子的能级和相位恢复到激发前状态,这一过程称为核磁弛豫。弛豫分为纵向弛豫(简称T1)和横向弛豫(简称T2)。T1图像可清晰显示解剖细节,T2图像有利于显示病变。心脏、血管内的血液由于迅速流动,使发射MR信号的氢原子核居于接收范围之外,所以测不到MR信号,在T1或T2加权像中均呈黑影,这就是流空效应。

2. **MRI的优势及临床应用** 与CT比较,MRI能提供多方位和多层面的解剖学信息,图像清晰度高,没有电离辐射,对人体无放射性损害;无颅骨的伪影;不需要造影剂即可清楚地显示出冠状、矢状和横轴三位像;可清晰地观察到脑干及后颅窝病变的形态、位置、大小及其与周围组织结构的关系;对脑灰质与脑白质可以产生明显的对比度。但对于急性颅脑损伤、颅骨骨折、钙化病灶及出血性病变急性期等MRI检查不如CT敏感。装有心脏起搏器、眼球内金属异物、义齿、动脉瘤银夹等严禁做MRI检查。另外由于MRI检查所需时间较长,危重或不能配合的患者往往难以进行检查,而头颅CT检查快速简便,在这种情况下具有一定优势。

MRI广泛用于脑梗死、脑肿瘤、脑外伤、颅脑发育异常、脑萎缩、脑炎、脑变性疾病、脑白质病变等脑部疾病。对于脊髓病变有较高的诊断价值。

(1)磁共振血管造影(magnetic resonance angiography,MRA):是对血管和血流信号特征显示的一种技术。MRA不但能显示血管解剖腔,且可以反映出血流方式和速度等血管功能方面的信息。MRA使用方便,是无损伤性检查,脑血管MRA往往不需造影剂。MRA对颅脑及颈部的大血管显示效果好,主要用于颅内动脉瘤、动静脉畸形、大血管闭塞性疾病及静脉闭塞等。MRA可检出90%~95%的颅内动脉瘤,但对<5mm的动脉瘤漏诊率高。MRA的优点是:不需插管、方便省时、无放射损伤及无创性。缺点是:空间分辨率差,不及CTA和DSA;信号变化复杂,易产生伪影;对细小血管显示差。临床在诊断动脉瘤、血管畸形时主要用于筛查,确诊和干预时仍需DSA。

(2)磁共振弥散加权成像(diffusion weighted imaging,DWI):是利用磁共振成像观察活体组织中水分子的微观扩散运动的一种成像方法。水分子扩散快慢可用表观扩散系数(ADC)和DWI两种方式表示。主要用于缺血性脑血管疾病的早期诊断,发病2小时即可显示缺血性改变。在早期这种弥散变化是可逆的,为早期治疗提供了重要的信息。弥散加权成像可用于辅助区分新旧脑梗死病灶。可以敏感地显示各种原因导致的细胞毒性水肿。DWI不需要注射造影剂。

(3)磁共振灌注加权成像(perfusion weighted imaging,PWI):快速静脉推注有机碘对比剂后,在对比剂首次通过受检脑组织时进行快速动态扫描,并重组脑实质血流灌注参数图像。它反映脑实质的微循环和血流灌注情况。灌注测定对于脑缺血的诊断及治疗均具有重要意义。PWI能够早期发现脑缺血区及其血流动力学改变,并对其进行诊断。当rCBV减少和平均通过时间(MTT)增加时,为灌注不足;rCBV增加和MTT增加时,为侧支循环的表现;rCBV增加和MTT减少或正常时为再灌注表现;而当rCBV明显增加时,表示过度灌注。DWI联合PWI对缺血性脑血管病的半暗带进行评价与治疗指导。

（4）脑功能性磁共振成像（functional MRI, fMRI）：是以脱氧血红蛋白的敏感效应为基础，对皮层功能进行定位成像。成像基于脑功能活动中的生理学行为，大脑皮层某一区域兴奋时，局部小动脉扩张，血流量增加，但耗氧量仅仅轻度增加，故局部氧合血红蛋白含量增加，在T1和T2加权像上信号强度增高。信号强度的变化反映了该区灌注的变化，利用该原理可进行皮层功能定位。

对语言功能的神经影像学检测主要利用脑功能成像fMRI技术，具体机制是：当大脑皮质某些区域被语言等任务激活时，局部皮质兴奋区血流量增加，而局部脑耗氧量增加不明显，这种局部氧耗量和脑血流量失匹配性可导致局部磁场改变，这种磁共振信号通过计算机处理而形成图像。临床上通过对患者语言输入（听觉或视觉输入）和语言输出（指文字、说话等）患者在完成这些任务时，相应脑区被激活，引起磁共振信号的改变，这时获取功能区的成像图，可得到相应的语言脑功能区定位。如一例右利手脑卒中阅读障碍患者治疗前后阅读时fMRI检测，发现治疗前主要活动区是左侧角回，而治疗后则位于右侧角回，这提示治疗后皮层生理功能的改变，神经通路的联合及功能重组。

fMRI可以检测出人类不同的语言任务在人脑中的功能定位。如给予Broca失语的患者听理解任务刺激，fMRI显示患者听理解区域被激活，给予言语表达任务刺激，Broca区（可能是病灶区）则不被激活。fMRI可应用于语言功能恢复的脑结构和功能改变的研究，探讨语言功能康复的机制。

fMRI还可应用于语言功能区附近肿瘤的术前定位，陈卓铭等对一例中英双语的脑肿瘤患者进行手术前言语评估，fMRI显示患者在使用母语（汉语）时激活的皮层区域明显小于使用英语时激活的皮层区域，汉字与英文激活左侧顶叶的具体位置不一样，且汉字激活左顶叶的面积要明显小于英文，反映了汉字和英文字在空间排列上的差异，英文字的识别需要更多的空间排列。通过设计受损语言功能的刺激，呈现刺激激活相关脑区，可更精确的显示肿瘤与语言功能区的关系，指导最佳手术径路，避免对语言区功能的进一步损害及有利于术后语言功能的恢复。

三、单光子发射计算机断层扫描

单光子发射计算机断层扫描（single photon emission computed tomography, SPECT）是利用发射γ光子核素成像的放射性核素断层显像技术。主要是了解脑血流和脑代谢。对颅内占位性病变诊断的阳性率一般为80%左右，尤其是脑膜瘤及血管丰富的或恶性度高的脑瘤，阳性率可以达到90%以上。该检查对急性脑血管病、癫痫、帕金森病、痴呆分型及脑生理功能的研究也有重要的价值。因价格较PET明显低廉，较易被临床接受和推广。

近年来，SPECT脑血流灌注显像等已逐渐用于失语症的研究中，并取得了一些进展。与CT、MRI相比，脑SPECT血流灌注检查不仅能反映脑结构的变化，亦能反映脑功能的变化。近年来已逐渐应用于语言、认知、记忆等脑功能的研究。SPECT脑血流灌注显像检查对失语症患者Broca和Wernicke区的异常病损检出率明显高于CT、MRI检查的异常检出率，它与临床WAB评定结果相似，这说明SPECT对失语症患者语言区的病损诊断价值明显高于CT、MRI，与临床WAB评定价值相似。

四、正电子发射体层摄影

正电子发射体层摄影又称正电子发射断层显像（positron emission tomography, PET），是一种利用放射性核素和计算机实现的断层显像技术,是一种具有高特异性的、基于电子准直技术的功能显像和分子显像。PET 所用的示踪药物是用回旋或线形加速器产生的正电子发射核素,主要有 18F-2- 脱氧葡萄糖(18F-FDG)等短寿命正电子核素,其参与脑代谢并发出 γ 射线,因此能在分子水平上提供有关脏器及其病变的功能信息,可进行早期诊断。

PET 检查的临床意义:①脑梗死早期诊断,有助于可逆性脑缺血和不可逆组织损伤的鉴别;②各种痴呆的鉴别,特别对血管性痴呆和阿尔茨海默病的鉴别更有意义;③帕金森病早期诊断,有助于与帕金森综合征的鉴别诊断;④癫痫病灶的定位,癫痫发作期表现为癫痫灶的代谢增加,而在癫痫发作间歇期表现为代谢降低,其中可达到 80%,明显高于 CT 和 MRI 检查,对于术前原发性癫痫的病灶定位具有重要的意义;⑤用于脑肿瘤的分级、预后判断、肿瘤组织与放射性坏死组织的鉴别。

五、脑电图

脑电图(electroencephalogram,EEG)是脑生物电活动的检查技术,通过测定自发的有规律的生物电活动以了解脑功能状态。EEG 是对大脑皮层的一项非创伤性、功能性检查,结合临床资料,间接诊断脑内各种疾病。

1. **正常成人脑电图** 清醒期 EEG:正常在觉醒、安静闭目时,由 α 波和快波构成,有少量 θ 波散在出现,不出现明显的 θ 波和 δ 波。基本节律为 8~12Hz 的 α 节律,波幅为 20~100μV,主要分布在枕部和顶部;β 活动的频率为 13~15Hz,波幅 5~20μV,主要分布在额叶和颞叶;部分正常人在大脑半球前部可见少量 4~7Hz θ,α 波对于睁眼、感觉刺激、精神活动等有抑制反应。α 波和快波不显示异常的高波幅。不出现尖波、棘波等爆发性异常波。

α 波泛化:α 波不仅在枕部,而且在额、中央、顶、颞部等全导联部位都持续出现。多见于脑外伤后遗症、脑动脉硬化患者,提示存在有脑的广泛性轻度功能低下。

睡眠期 EEG:1 期睡眠(思睡期),α 波逐渐解体,慢波渐增多,双侧顶部出现顶尖波。2 期睡眠(浅睡期),睡眠纺锤波(14Hz 左右)与 K 复合波显著,可见低幅 θ 波、δ 波。3 期睡眠(中度睡眠期)。4 期睡眠(深睡眠期),2Hz 以下、波幅在 75μV 以上的慢波增多。纺锤波时出现,时不出现。3 期和 4 期睡眠合称为慢波睡眠。

儿童脑电图以慢波为主,随年龄增加,其慢波逐渐减少,α 波逐渐增加,4~6 岁时 α 节律已较多,一般至 14~18 岁接近成人脑波。

2. **异常脑电主要波形** 尖波:时限为 1/14~1/5s(70~200ms),波幅高而尖锐,区别于背景脑电。

棘波:时限为 1/50~1/14s(20~70ms),波幅高而尖锐,区别于背景脑电。向上的波峰为负相,向下的波峰为正相。

棘慢波:在棘波之后跟随一个 300ms 左右的慢波。

多棘慢波:棘慢波中的棘波成分为多棘波。

尖慢波:慢波接着尖波后形成的复合波。

3. **脑电图是目前监测脑功能较为敏感的指标** 主要用于癫痫、脑外伤、肿瘤等疾病的诊断。脑血管病的脑电图,尽管无特异性改变,但对诊断和预后的判断仍十分有意义。脑血管病急性期 90% 脑电图出现异常,主要是慢波增多,尤其是病灶侧更明显。脑出血时常伴有意识障碍、脑水肿和脑室出血,只有部分轻症患者表现轻度局限性异常。急性脑梗死发生后,数小时就可有局灶性慢波出现,这种改变常在数周后改善或消失,以大脑中动脉为最多见,故局灶性改变主要在颞叶。如果是短暂性脑缺血发作,在发作间期脑电图可无异常。在发作期一部分脑电图可能出现异常,这类患者较易发生脑梗死。

六、诱发电位

1. **体感诱发电位**(somatosensory evoked potential,SEP) 是指对躯体感觉系统的任一点给予适当的刺激后较短时间内,在该系统特定通路上的任何部位能检出的电反应。多是自中枢神经系统的体表投射部位记录而得。临床主要用于吉兰-巴雷综合征(GBS)、颈椎病、后侧索硬化综合征、多发性硬化(MS)及脑血管病等感觉通路受累的诊断和客观评价。还可用于脑死亡的判断和脊髓手术的监护等。

2. **脑干听觉诱发电位**(brainstem auditory evoked potential,BAEP) 是用耳机传出重复声音,刺激听觉传导通路时在头顶记录到的电位。它不需要受检者对声音信号作主观判断和反应,不受主观意识和神志状态的影响,可用于婴幼儿和昏迷等不能配合检查的对象。BAEP的临床适应证:①客观评价听力:特别是对听力检查不合作者、癔症和婴儿、重症患者、意识障碍及使用氨基糖苷类的患者可以帮助判断听力障碍的程度,还可用于监测耳毒性药物对听力的影响;②脑桥小脑肿瘤;③多发性硬化和脑桥中央髓鞘溶解症等;④脑死亡的判断;⑤后颅凹手术的监护。

3. **视觉诱发电位**(visual evoked potential,VEP) 是通过头皮电极记录的枕叶皮质对视觉刺激产生的电活动,其传入途径为视网膜感受器、视神经、视交叉、视束、外侧膝状体、视放射和枕叶视区。临床常用的有闪光式视觉诱发电位和模式翻转视觉诱发电位(PRVEP)。前者波形、潜伏期变化较大,阳性率低,一般应用于不能合作或不愿意合作者,仅须了解视网膜到枕叶通道是否完整。后者的波形成分较简单,记录较容易,疾病时异常的检出率(发生率)高,无创伤性,临床意义大。VEP主要应用于视网膜病变、视神经、视交叉等视觉通路病变,尤其是对脱髓鞘疾病,如多发性硬化(MS)、球后视神经炎、视神经脊髓炎等可提供早期神经损害依据。另外可用于客观评定视觉功能、手术监护等。

4. **运动诱发电位**(moto evoked potentials,MEP) 是用电或磁刺激脑运动区或其传出通路,在刺激点以下的传出径路或(及)效应器肌肉所记录到的电反应。MEP主要用于运动通路病变诊断,如多发性硬化、脑血管病、脊髓型颈椎病和肌萎缩侧索硬化等,后者可发现亚临床损害。

5. **事件相关电位**(event related evoked potential,ERP) 在诱发电位检测中用听或视语言等人为事件刺激,所检测到的电位变化与该事件相关,称事件相关电位(ERP),事件相关电位反映人脑处理语言文字等高级功能活动,一般检测的潜伏期较长,又称为长潜伏期电位,对刺激-脑电反应的时间非常短,显示出几微秒的反应,刺激反应的时间分辨率高。

N400是指在400ms潜伏期附近有一负相的事件相关电位波,该电位变化提示大脑对语言的加工,通俗地说:检测人脑想说什么? 如在检测屏幕中逐字显示句子"她在咖啡中加入了一些牛奶和?"。当"?"区域出现"糖"字为正常电位变化;当"?"区域出现"狗"字时在大脑即测出ERP的N400波,这时通过对大脑ERP的检测知道该字在此句中不合适。在临床检测研究中,如对于Broca失语患者,听先后呈现的成对单词,若两个词的词义相关,则后一个词诱发的N400较小;若两个词的词义无关,则后一个词诱发的N400较大。这就是说,Broca区损伤时脑对语言仍有加工,仅仅是无法表达出来。对Wernicke失语患者来说,则无论成对的两个单词是否相关,所诱发的N400没有差异。这就是说,Wernicke区损伤使大脑对这些单词的加工受到损伤,表现出患者不理解单词的意义,而无法完成语言交流。另外 N400 的研究还可提示脑损伤后的功能代偿是怎样发生的,可以用 N400 衡量左右半球语言加工开始的早晚时间与加工程度深浅定量,这些检测对康复设计有帮助。

LAN 和 P600 是与句法加工密切相关的 ERPs 成分:LAN(left anterior negativity)是一种为较早出现的负波,P600 是一种为较晚出现的正波。有研究显示 LAN 这种负波不同于 N400,其峰值更靠前。它一般在刺激后 300~500ms 后出现,并且左半球的 LAN 大于右半球,与句法干扰有关。但这一负波有时在 100~300ms 这一更早的时间窗出现,目前认为这一 ERP 成分属于早期 LAN 效应(early left anterior negativity,ELAN),反映了早期句法加工过程,与词分类干扰有关。P600 是出现在 500~1000ms 之间的晚期正向波,主要分布在中央顶区。它与直接句法干扰和句法的非特指结构相关,反映了次级句法分析过程或对于错误句法的修复过程。这两种成分反映了句法分析加工的不同阶段。

七、脑磁图

脑磁图(magneto encephalography,MEG)是研究脑磁场信号的脑功能图像技术。它是记录头皮上由神经活动电流产生的磁场的方法。其时间分辨率为毫秒数量级,空间分辨率可达1~2mm。与其他脑成像技术相比,MEG 提供了脑生理活动反应的最佳空间灵敏度和时间灵敏度的平衡,是对大脑皮质活动的直接反映,可以用它来进行人脑的动态行为比如诱发刺激反应的脑功能研究。MEG 研究的临床价值:脑磁图是一种完全无侵袭、无损伤、无接触的脑功能检测技术,具有毫秒级的时间分辨率,可以对脑生理活动进行真正的实时观察,能对患者重复多次测量,被广泛地用于大脑功能的开发研究和临床脑疾病诊断。

这项技术已开始被应用于语言认知的研究。比如用于探查听觉诱发电位和躯体感觉诱发电位的起源;记录正常人执行语音判断任务与字形判断任务时脑神经元激活的时间源等。

习　题

一、名词解释

1. CTA
2. CT 灌注成像
3. 模糊效应
4. 流空效应
5. MRA
6. 功能性磁共振(fMRI)
7. DWI
8. PWI
9. PET
10. 脑电图
11. 诱发电位
12. 体感诱发电位
13. 脑干听觉诱发电位

14. 视觉诱发电位

15. 运动诱发电位

16. 事件相关电位

17. 脑磁图

二、选择题

【A1 型题】

1. 以下 CT 优于 MRI 检查的是
   A. 软组织分辨率高
   B. 显示钙化灶
   C. 多参数成像
   D. 多切层成像
   E. 无需血管造影剂即可显示血管

2. 有关头颅 CT 扫描图像特点,以下描述**错误**的是
   A. CT 图像是数字化模拟图像
   B. CT 图像以灰度来表示密度
   C. CT 图像具有高空间分辨力
   D. CT 图像常规为断层图像
   E. CT 图像能进行密度量化分析

3. 第一台头颅 CT 问世时间是
   A. 1969 年　　B. 1971 年　　C. 1973 年　　D. 1972 年　　E. 1970 年

4. 横向弛豫时间用下面哪个符号表示
   A. T1　　B. T2　　C. P　　D. TR　　E. TE

5. 关于 MRI 检查安全性论述,**错误**的是
   A. 体内有金属异物、人工铁磁性关节等不应行 MRI 检查
   B. 戴有心脏起搏器患者禁止 MRI 检查
   C. 幽闭症患者不宜做 MRI 检查
   D. 正在进行生命监护的危重患者不能进行 MRI 检查
   E. 早期妊娠妇女接受 MRI 检查肯定是安全的

6. 哪一项**不是** MRI 的优点与特点
   A. 多切层多参数成像
   B. 无电离辐射
   C. 软组织分辨率高
   D. 可显示钙化灶
   E. 无需血管造影剂即可显示血管

7. 下列哪类患者适合数字减影血管造影
   A. 严重心功不全者
   B. 自主运动不能控制者
   C. 有中、重度肾功能不全者
   D. 动脉狭窄者
   E. 对碘剂过敏者

8. 临床疑为超急性脑梗死时,影像检查的最佳显示和诊断方法是
   A. 常规 CT　　B. 常规 MRI　　C. DWI
   D. MRI 成像　　E. CTA

9. 在清醒、安静和闭眼放松状态下,正常成人脑电图的基本节律是
   A. 8~12Hz 的 α 节律
   B. 8~12Hz 的 β 节律
   C. 4~7Hz 的 θ 节律
   D. 4Hz 以下的 δ 节律
   E. 以上都是

10. 异常脑电图主要波形是

    A. 快波　　　　B. θ 波　　　　C. 棘波　　　　D. α 波　　　　E. β 波

11. 脑电图 α 波主要分布在哪些部位

    A. 枕叶、额叶　　　　　　B. 顶叶、额叶、颞叶　　　　　　C. 枕叶、顶叶

    D. 枕叶、颞叶　　　　　　E. 额叶、颞叶

12. 视觉诱发电位对下列哪种疾病的早期临床诊断有价值

    A. 脑血管病　　　　　　　　　　　　B. 颈椎病

    C. 多发性硬化（MS）　　　　　　　　D. 脊髓术中监护

    E. 吉兰 - 巴雷综合征

13. 下列哪项**不属于**诱发电位

    A. 体感诱发电位　　　　　B. 脑干听觉诱发电位　　　　　C. 视觉诱发电位

    D. 运动单位动作电位　　　E. 事件相关电位

14. 运动诱发电位临床适用于下列哪些疾病的辅助诊断

    A. 感觉通路病变　　　　　B. 视觉通路病变　　　　　C. 听觉通路病变

    D. 运动通路病变　　　　　E. 脑干听觉通路病变

【 X 型题 】

15. MRI 图像的特点包括

    A. 多参数的灰阶成像　　　　　　　　B. 单参数的灰阶成像

    C. 血管成像　　　　　　　　　　　　D. 三维成像

    E. 质子弛豫增强效应

16. 与 CT 相比，MRI 图像有哪些优势

    A. 多参数成像，信息丰富

    B. 软组织分辨力高于 CT

    C. 对骨和钙化的显示优于 CT

    D. 三维成像，有利于病变的三维定位

    E. MRI 对小脑、脑干显示比 CT 清晰

17. 头颅 CT 检查有诸多特点，以下描述正确的是

    A. 属无创伤检查方法　　　　　　　　B. 密度分辨率高

    C. 显示钙化敏感　　　　　　　　　　D. 空间分辨率较高

    E. 扫描速度快，检查方便

18. CT 检查的主要优点为

    A. CT 图像清晰，密度分辨率高　　　　B. CT 能显示真正的断面图像

    C. CT 能进行密度量化分析　　　　　　D. CT 检查的操作简单安全

    E. CT 无电离辐射

19. 以下关于头颅 MRI 扫描图像特点的描述中，正确的是

    A. MRI 是数字化模拟灰度图像

    B. MRI 具有多个成像参数

    C. MRI 有多种成像序列

    D. MRI 可直接获取的多方位断层图像

    E. 具有高的组织分辨力

20. MRI 检查的禁忌证包括
    A. 有碘过敏史　　　　　　　　　　　　B. 戴有心脏起搏器患者
    C. 危重患者带生命体征监测器　　　　　D. 老年人
    E. 体内有顺磁性金属假体

21. 躯体感觉诱发电位临床的主要适应证是
    A. 吉兰 - 巴雷综合征　　　　B. 后侧索硬化综合征　　　　C. 多发性硬化
    D. 脑死亡判断　　　　　　　E. 脊髓手术监护

22. 脑电图出现 α 波泛化,多见于下列哪些疾病
    A. 急性脑梗死　　　　　　　B. 脑动脉硬化患者　　　　　C. 脑外伤后遗症
    D. 局灶性硬膜下血肿　　　　E. 脑脓肿

23. 异常脑电图主要波形有
    A. 棘慢波　　B. 尖慢波　　C. 棘波　　D. 尖波　　E. 多棘慢波

24. 脑干听觉诱发电位临床适应证有
    A. 脑死亡的判断
    B. 脑桥小脑肿瘤
    C. 多发性硬化
    D. 后颅凹手术的监护
    E. 客观评价癔症和婴儿、重症患者听力

三、简答题

1. 何为 T1 加权像? 在 T1WI 上 T1 长短与 MRI 信号之间关系如何?
2. 何为是 T2 加权像? 在 T2WI 上,T2 长短与 MRI 信号之间关系如何?
3. 简述脑 fMRI 的原理及临床应用。
4. 简述与 X 线图像相比较,CT 图像具有的特点。
5. 简述 MRI 的成像的优势。
6. 简述清醒期脑电图的特点。
7. 简述脑干听觉诱发电位的临床适应证。

参 考 答 案

一、名词解释

1. **CTA:**指静脉注射含碘造影剂后,经计算机对图像进行处理,可以三维显示颅内血管系统,可以取代部分 DSA 检查。与 DSA 相比,CTA 不需要动脉插管,操作简便快捷,但不能显示小血管分支的病变。

2. **CT 灌注成像:**可以在注射对比剂后显示局部脑血容量(rCBV)、局部脑血流量(rCBF)和平均通过时间(MTT)等,能够反映组织的血管化程度,并能动态反映脑组织的血流灌注情况,属于功能成像的范畴。主要应用于急性脑缺血患者的早期诊断。

3. **模糊效应:**为脑梗死第 2、3 周部分患者由于梗死区脑水肿消退和吞噬细胞浸润,周围侧支循环恢复,使低密度区恰好演变为等密度区,CT 呈现的"模糊效应"。易于误诊,应进行增

强检查才能显示出梗死病灶。

4. **流空效应**：是指心腔和大血管由于血流极快，使发出脉冲至接收信号时，被激发的血液已从原部位流走，信号不复存在，因此，心腔及大血管在 T1 和 T2 加权图像上均呈黑色，此现象称流空效应。

5. **MRA**：即磁共振血管成像，是对血管和血流信号特征显示的一种技术。MRA 不但对血管解剖腔简单描绘，而且可以反映血流方式和速度的血管功能方面的信息，故又称磁共振血流成像。

6. **功能性磁共振**：为可反映人体功能方面信息以及病变导致的功能变化，它的应用使得在活体上观察脑功能区活动成为可能。

7. **DWI**：即磁共振弥散加权成像（diffusion weighted imaging），是利用磁共振成像观察活体组织中水分子的微观扩散运动的一种成像方法。水分子扩散快慢可用表观扩散系数（ADC）和 DWI 两种方式表示。

8. **PWI**：即磁共振灌注加权成像，快速静脉推注有机碘对比剂后，在对比剂首次通过受检脑组织时进行快速动态扫描，并重组脑实质血流灌注参数图像。它反映脑实质的微循环和血流灌注情况。

9. **PET**：即正电子发射体层摄影，又称正电子发射断层显像（positron emission tomography），是一种利用放射性核素和计算机实现的断层显像技术，是一种具有高特异性的、基于电子准直技术的功能显像和分子显像。

10. **脑电图**：是脑生物电活动的检查技术，通过测定自发的有规律的生物电活动以了解脑功能状态。EEG 是对大脑皮层的一项非创伤性、功能性检查，结合临床资料，间接诊断脑内各种疾病。

11. **诱发电位**：是神经系统在感受外在或内在刺激过程中产生的生物电活动，可以了解脑的功能状态。目前不仅能对躯体感觉、听觉和视觉等感觉通路的刺激进行检测，还可以对运动通路及认知功能进行测定。

12. **体感诱发电位**：是指对躯体感觉系统的任一点给予适当的刺激后较短时间内，在该系统特定通路上的任何部位能检出的电反应。多是自中枢神经系统的体表投射部位记录而得。

13. **脑干听觉诱发电位**：是用耳机传出重复声音，刺激听觉传导通路时在头顶记录到的电位。它不需要受检者对声音信号作主观判断和反应，不受主观意识和神志状态的影响，可用于婴幼儿和昏迷等不能配合检查的对象。

14. **视觉诱发电位**：是通过头皮电极记录的枕叶皮质对视觉刺激产生的电活动，其传入途径为视网膜感受器、视神经、视交叉、视束、外侧膝状体、视放射和枕叶视区。

15. **运动诱发电位**：是用电或磁刺激脑运动区或其传出通路，在刺激点以下的传出径路或（及）效应器肌肉所记录到的电反应。

16. **事件相关电位**：在诱发电位检测中用听或视语言等人为事件刺激，所检测到的电位变化。

17. **脑磁图**：是研究脑磁场信号的脑功能图像技术。它是记录头皮上由神经活动电流产生的磁场的方法。

二、选择题

1. B　2. C　3. D　4. B　5. E　6. D　7. D　8. C　9. A　10. C　11. C　12. C　13. D

14. D 15. ACDE 16. ABDE 17. ABCDE 18. ABCD 19. ABCDE 20. BCE 21. ABCDE 22. BC 23. ABCDE 24. ABCDE

三、简答题

1. 在 MRI 成像中,两种组织间信号强度的差别主要取决于 T1 弛豫时间的不同,所得图像为 T1 加权像(T1WI),它反映的是组织间 T1 的差别。在 T1WI 图像上,T1 短,则 MRI 信号强,影像呈白色;T1 长则 MRI 信号弱,影像呈黑色。

2. 两种组织间信号强度的差别主要取决于 T2 弛豫时间的不同,所得图像为 T2 加权像(T2WI)。它反映的是组织间 T2 的差别。在 T2WI 图像上,T2 长,则 MRI 信号强,呈白色;T2 短,则 MRI 信号弱,呈黑色。

3. 脑功能性磁共振成像(functional MRI,fMRI)是以脱氧血红蛋白的敏感效应为基础,对皮层功能进行定位成像。成像基于脑功能活动中的生理学行为,大脑皮层某一区域兴奋时,局部小动脉扩张,血流量增加,但耗氧量仅仅轻度增加,故局部氧合血红蛋白含量增加,在 T1 和 T2 加权像上信号强度增高。信号强度的变化反映了该区灌注的变化,利用该原理可进行皮层功能定位。临床应用:fMRI 可以检测出人类不同的语言任务在人脑中的功能定位。可应用于语言功能区附近肿瘤的术前定位等。

4. 与 X 线图像相比较,CT 图像具有以下特点:

(1)CT 是重建的数字化图像:是由一定数目从黑到白不同灰度的像素按照矩阵排列构成的,像素越小,数目越多,则 CT 图像越细致,空间分辨率越高。

(2)CT 图像也是以灰度来表示,反映的是器官和组织对 X 线的吸收系数,白影表示高吸收区,即高密度区,黑影表示低吸收区,即低密度区。

(3)CT 图像与 X 线图像比较具有明显的高密度分辨率。

(4)CT 图像能进行密度量化分析,即 CT 值(单位 Hounsfield Unit),来说明组织密度高低的程度。一般水的吸收系数为 1.0,CT 值定为 0Hu,骨皮质密度最高,CT 值定为 +1000Hu,空气密度最低,CT 值定为 –1000Hu。

(5)CT 图像是断层图像,常用的是横断面;可根据需要重建为冠状面和矢状面断层图像。

5. ①高软组织对比分辨力,无骨伪影干扰;②多参数成像:可获得 T1WI、T2WI 和 PWI,便于比较对照;③多方位成像:可获得冠状面、矢状面和横断面的断层像;④流空现象:不用对比剂即可使血管及血管病变如动脉瘤及动静脉发育异常成像;⑤质子弛豫增强效应:使一些物质,如脱氧血红蛋白和正铁血红蛋白于 MRI 上被发现;⑥用顺磁性物质做增强扫描:如钆作对比剂可行对比增强检查,效果好,副反应少。

6. 正常在觉醒、安静闭目时,由 α 波和快波构成,有少量 θ 波散在出现,不出现明显的 θ 波和 δ 波。基本节律为 8~12Hz 的 α 节律,波幅为 20~100μV,主要分布在枕部和顶部;β 活动的频率为 13~15Hz,波幅为 5~20μV,主要分布在额叶和颞叶;部分正常人在大脑半球前部可见少量 4~7Hzθ,α 波对于睁眼、感觉刺激、精神活动等有抑制反应。

7. 脑干听觉诱发电位的临床适应证:①客观评价听力:特别是对听力检查不合作者、癔症和婴儿、重症患者、意识障碍及使用氨基苷类的患者,可以帮助判断听力障碍的程度,还可用于监测耳毒性药物对听力的影响;②脑桥小脑肿瘤;③多发性硬化和脑桥中央髓鞘溶解症等;④脑死亡的判断;⑤后颅凹手术的监护。

第四节 与失语症相关的神经影像学表现

学 习 要 求

1. **掌握** Broca 失语、Wernicke 失语及传导性失语的影像学表现。
2. **熟悉** 各种语言障碍的临床特点及病变部位。
3. **了解** 经皮质性失语的分类及其影像学表现。

内 容 精 要

失语症是由于大脑局灶病变引起的语言功能障碍,表现为对口语或文字(或非言语的相等功能)的理解和表达上的功能缺陷或功能丧失。引起失语症的疾病以脑血管疾病最为多见,其次为脑部炎症、外伤、变性等。通过 CT、MRI 扫描,影像学往往能够发现病变的部位,并能判断疾病的性质。

一、Broca 失语

Broca 失语也称运动性失语、表达性失语、皮质运动性失语等。以口语表达障碍最为突出,自发语言呈非流利性,语量少,找词困难,讲话费力,语言呈电报文样,严重的时候表现为无言状态。因 Broca 区即额下回后部的语言运动中枢受损时引起。在影像学检查时常发现优势半球额叶 Broca 区病变。

二、Wernicke 失语

Wernicke 失语又称感觉性失语、感受性失语等。口语理解障碍为其突出特点。自发语言呈流利性,语言空洞,难以理解,答非所问。命名、朗读及文字理解存在不同程度障碍。病灶常位于 Wernicke 区和听觉联络区。在影像学检查时常发现优势半球颞上回后部(Wernicke 区)病变。

三、传导性失语

复述不成比例的受损为此型失语的特点。患者的自发语言表现为流利性,找词困难是突出的表现,谈话常因此出现犹豫、中顿;错语是另外的特点,常常以语音错语为主,词义错语和新语较少。在影像学检查时常发现缘上回或者深部白质内的弓状纤维病变。

四、经皮质性失语

经皮质性失语(transcortical aphasia,TC)的复述相对的保留是该类失语症表现的特点,病灶多位于分水岭区域。因为病变位置不同,临床表现也不同。

1. 经皮质运动性失语(transcortical motor aphasia,TCM) 非流畅性失语,自发语言较少,复述功能保留很好,命名、阅读和书写能力有缺陷。口语理解和文字理解方面能力相对好。在影像学检查时常发现优势半球 Broca 区的前、上部病变。

2. 经皮质感觉性失语（transcortical sensory aphasia，TCS） 自发语言流畅，错语较多，命名严重障碍，复述能力较好，但有模仿语言现象。语言理解和文字理解都出现障碍。听写能力差。在影像学检查时常发现优势半球颞、顶叶分水岭区病变。

3. 经皮质混合性失语（mixed transcortical aphasia，MTA） 突出特点为复述能力好，其他语言功能均严重障碍或完全丧失。在影像学检查时常发现优势半球分水岭区病变，病灶较大。

五、命名性失语

命名性失语（anomic aphasia，AA）又称为健忘性失语，是以命名障碍为主要表现的流畅性失语。在口语表达中主要表现为找词困难、缺实质词，对人的名字等也有严重的命名困难。除了命名以外的其他语言功能均被保留下来。在影像学检查时常发现优势半球颞中回后部或颞枕交界区病变。

六、皮质下失语

人们发现优势半球皮质下结构（如丘脑和基底节）受损也能引起失语。主侧半球丘脑受损出现丘脑性失语，表现为音量较小、语调低，可有语音性错语，找词困难，言语扩展能力差，呼名有障碍。复述保留相对较好。听理解和阅读理解有障碍，书写大多数有障碍。在影像学检查时常发现优势半球丘脑区病变。

基底节受损特别是尾状核和壳核受损，可以引发基底节性失语，多表现为非流利性，语音障碍，呼名轻度障碍，复述相对保留。听理解和阅读理解可能不正常，容易出现复合句子的理解障碍，书写障碍明显。在影像学检查时常发现优势半球基底节区病变。

习　题

一、名词解释

1. Broca 失语
2. Wernicke 失语
3. 传导性失语
4. 命名性失语
5. 丘脑性失语

二、选择题

【A1 型题】

1. Broca 失语影像学发生部位为
   A. 额中回后部　　　　　　B. 额下回后部　　　　　　C. 颞上回
   D. 角回　　　　　　　　　E. 枕叶
2. Wernicke 失语又称
   A. 表达性失语　　　　　　B. 混合性失语　　　　　　C. 感觉性失语
   D. 运动性失语　　　　　　E. 命名性失语
3. 弓状纤维病变患者表现为

A. 混合性失语   B. 感觉性失语症   C. 命名性失语

D. 传导性失语   E. 运动性失语

4. 经皮质运动性失语影像学病变部位为

    A. 颞上回   B. 额中回后部

    C. 枕叶   D. 颞下回

    E. Broca 区的前、上部

5. 经皮质混合性失语突出的特点为

    A. 命名较好   B. 复述能力好   C. 表达正常

    D. 自发语言好   E. 阅读较好

6. 命名性失语又称

    A. 表达性失语   B. 运动性失语   C. 感觉性失语

    D. 健忘性失语   E. 混合性失语

7. 男性,66 岁。晨起家人发现其不能讲话,但似能听懂他人的讲话内容,能随命令做相应的动作,该患者的语言障碍是

    A. 混合性失语   B. 运动性失语   C. 命名性失语

    D. 感觉性失语   E. 癔病性失语

8. 优势半球额下回后部损害引起

    A. 运动性失语   B. 失读症   C. 命名性失语

    D. 失写症   E. 体像障碍

9. 优势半球颞中回后部损害引起

    A. 运动性失语   B. 失读   C. 命名性失语

    D. 失写   E. 体像障碍

10. 关于失语症影像学病变部位的叙述,正确是

    A. Broca 失语在优势半球额下回后部

    B. 经皮质性失语在优势半球颞中回后部

    C. 传导性失语在优势半球分水岭区

    D. 命名性失语在优势半球分水岭区

    E. Wernicke 失语在优势半球缘上回后部

11. 患者为右利手,意识清,能理解他人讲话内容,但不能表达自己的意图,病变在

    A. 左侧额上回后部   B. 左侧额中回后部

    C. 左侧额下回后部   D. 左侧角回

    E. 左侧顶上小叶

【X 型题】

12. Broca 失语的特点包括

    A. 自发语言呈非流利性   B. 语言呈电报文样

    C. 语量少,找词困难   D. 口语表达障碍最为突出

    E. 额下回后部受损时引起

13. Wernicke 失语的特点是

    A. 命名、朗读及文字理解较好   B. 自发语言呈流利性

    C. 口语理解障碍明显   D. 语言空洞,难以理解,答非所问

E. 优势半球颞上回后部病变引起

14. 下列描述传导性失语中正确的是
    A. 命名及朗读较好
    C. 找词困难是突出的表现
    E. 复述不成比例

    B. 弓状纤维病变引起
    D. 自发语言表现为流利性

15. 关于 Broca 失语正确的是
    A. 病变位于优势半球额下回后部
    C. 典型非流利型口语
    E. 复述不同程度受损

    B. 病变位于优势半球额上回后部
    D. 口语表达障碍最为突出

三、简答题

1. 简述 Broca 失语的特点。
2. 简述传导性失语的特点。

参 考 答 案

一、名词解释

1. **Broca 失语**：也称运动性失语、表达性失语、皮质运动性失语等。以口语表达障碍最为突出，自发语言呈非流利性，语量少，找词困难，讲话费力，语言呈电报文样，严重的时候表现为无言状态。因 Broca 区即第三额回后部的语言运动中枢受损时引起。在影像学检查时常发现优势半球额叶 Broca 区病变。

2. **Wernicke 失语**：又称感觉性失语症、感受性失语症等。口语理解障碍为其突出特点。自发语言呈流利性，语言空洞，难以理解，答非所问。命名、朗读及文字理解存在不同程度障碍。病灶常位于 Wernicke 区和听觉联络区。在影像学检查时常发现优势半球颞上回后部（Wernicke 区）病变。

3. **传导性失语**：复述不成比例的受损为此型失语的特点。患者的自发语言表现为流利性，找词困难是突出的表现，谈话常因此出现犹豫、中顿；错语是另外的特点，常常以语音错语为主，词义错语和新语较少。口语理解有轻度障碍，命名及朗读中出现明显的语音错语，伴有不同程度的书写障碍。在影像学检查时常发现缘上回或者深部白质内的弓状纤维病变。

4. **命名性失语**：又称为健忘性失语，是以命名障碍为主要表现的流畅性失语。在口语表达中主要表现为找词困难、缺实质词，对人的名字等也有严重的命名困难。除了命名以外的其他语言功能均被保留下来。在影像学检查时常发现优势半球颞中回后部或颞枕交界区病变。

5. **丘脑性失语**：主侧半球丘脑受损出现丘脑性失语，表现为音量较小、语调低，可有语音性错语，找词困难，言语扩展能力差，呼名有障碍。复述保留相对较好。听理解和阅读理解有障碍，书写大多数有障碍。

二、选择题

1. B　2. C　3. D　4. E　5. B　6. D　7. B　8. A　9. C　10. A　11. C　12. ABCDE　13. BCDE　14. BCDE　15. ACD

三、简答题

1. Broca 失语也称运动性失语、表达性失语症、皮质运动性失语等。以口语表达障碍最为突出,自发语言呈非流利性,语量少,找词困难,讲话费力,语言呈电报文样,严重的时候表现为无言状态。因 Broca 区即第三额回后部的语言运动中枢受损时引起。在影像学检查时常发现优势半球额叶 Broca 区病变。

2. 复述不成比例的受损为此型失语的特点。患者的自发语言表现为流利性,找词困难是突出的表现,谈话常因此出现犹豫、中顿;错语是另外的特点,常常以语音错语为主,词义错语和新语较少。口语理解有轻度障碍,命名及朗读中出现明显的语音错语,伴有不同程度的书写障碍。在影像学检查时常发现缘上回或者深部白质内的弓状纤维病变。

(汤继芹)

第四章
听力障碍

第一节　听力障碍的评估及康复

学 习 要 求

1. **掌握**　听力障碍的定义,听力损失的分级,听力检查中的基本概念,听力障碍的预防,听力障碍对言语的影响及特点,听力障碍儿童的言语特点。
2. **熟悉**　听觉生理,听觉功能检查的分类和名称,助听器验配以及电子耳蜗植入的适应证。
3. **了解**　听觉系统的应用解剖,常见的听力障碍的种类,病因和临床表现。

内 容 精 要

一、听觉系统

1. **听觉器官**　耳是人的听觉器官,位于人头颅的两侧,按照所处的解剖位置,耳可以分为外耳、中耳和内耳三部分。

外耳由耳廓、外耳道组成,与中耳以鼓膜相隔。

中耳的结构包括鼓室、鼓窦、乳突以及咽鼓管 4 部分,其中主要与声音的空气传导有密切关系的结构均位于鼓室内,包括鼓膜、听骨链以及鼓室肌肉。

2. **听神经**　听神经由听神经元及其神经纤维组成,人耳每侧约有 30 000 个听神经元,听神经元的胞体位于耳蜗骨螺旋板位置,并聚集在一起形成螺旋神经节,螺旋神经节的树突末梢穿越骨性螺旋板分布到相应部位的毛细胞,轴突则汇入蜗轴的中心管道中集聚成束形成听神经。听神经经内听道止于延髓和脑桥交界的蜗神经核。

3. **听觉的中枢神经系统**　主要由脑干及以上的与听觉有关的中枢神经系统组成,包括了从脑干到大脑听觉皮层之间不同层级以及不同位置上的神经核团,这些神经核团共同组成了听觉传导通路,听觉信息在这条通路上依次向上传送,也会向下传送。

组成由脑干向听觉皮层进行听觉传导的核团从下至上分别为耳蜗核(第 1 级神经元)、上橄榄复合体(第 2 级神经元)、外侧丘系及其核团(第 3 级神经元)、下丘以及内侧膝状体(第 4 级神经元)。大脑皮层的听觉中枢位于颞叶,接受从两侧听觉通路传入的听觉刺激。

二、听觉生理

1. **声音的物理学和听觉特征** 声音是指由一定能量作用于可振动的物体而产生的机械振动;能够发出声音的物体称为声源;声音在空气中传播是声源振动后引起空气分子疏密相间的向四周传播,这种形式称为声波。人类能够感受的声波频率为 20~20 000Hz 范围之间,其中对 1000~3000Hz 的声波最敏感。

2. **声音传入内耳的途径** 内耳是感受声音的器官,声音传入内耳主要通过两个途径,空气传导和骨传导,分述如下:

空气传导,指的是声音通过耳郭、外耳道、鼓膜以及听骨链传导声音的过程,是声音在生理状态下传入内耳的主要形式,日常人们提及的听力水平主要就是针对空气传达路径而言的。

骨传导,指的是声音通过颅骨的振动使内耳的外淋巴液产生波动,并激动耳蜗的螺旋器产生听觉的过程。在正常听觉过程中,由骨导传入耳蜗的声能及其微小,故没有实用意义。但骨导听觉常用于耳聋的鉴别诊断,所以临床上也会给予注意。

3. **听觉系统对于大声的防护机制** 首先,在通常的声强刺激下,中耳听骨链是作为一个整体而运动。其次,内耳的蜗窗结构对于大声刺激时可以进行外凸减压,缓冲声音对内耳的压力;最后中耳的咽鼓管结构通过关闭和开放来调节鼓室内压力和外界大气压的平衡,从而保证中耳传音装置维持正常活动。同时当咽鼓管处于关闭状态时,可以阻挡因说话声、呼吸声等经咽鼓管直接传入鼓室并振动鼓膜,形成杂音干扰患者的听觉。

4. **双耳听力** 双耳在头颅的解剖位置在声音的定位、回声抑制和在复杂环境中随意提取所需声音方面起到重要作用。

5. **听觉掩蔽** 在日常的听觉体验中,当两个声音同时呈现时,一个声音会受到另一个声音的影响而减弱,例如在歌厅中背景音乐很大的情况下,人听取目的声音就变得困难,对话双方必须要提高说话的音量方可交谈,这就是声音的掩蔽现象。

6. **听觉中枢** 听觉中枢的很多生理机制目前尚未阐明,据研究证明,蜗神经核神经元与听神经类似,具有频率选择性;上橄榄核、下丘、内侧膝状体等 2、3、4 级神经元可以识别双耳传入声信号中的强度差和时间差;颞叶是听觉功能高级中枢的所在部位,其中上部的颞横回是听觉的初级皮质区,负责接收两侧听觉信息的投射,由于第 2、3 级神经元有交叉和不交叉的神经纤维,来自任何一侧耳部的听神经的冲动都可传至两侧大脑的听觉皮质区域。颞叶外侧的二级皮质区域与初级皮质区相连,这里又称为是听觉联合区,在这些区域内可以对听觉信息进行分析、判断,并和以往的听觉记忆相比较,理解听觉刺激所带来的信息,形成听理解能力。

三、听力障碍

1. **定义** 听力障碍(dysaudia)是指听觉系统中的传音、感音以及对声音综合分析的各级神经中枢发生器质性或功能性的异常,导致听力出现不同程度减退的现象。临床上又称为耳聋。

2. **表现** 听力障碍除了不能获取对声音的感知意外,主要会影响语言的获得与表达,当儿童在学语期或学语期之前出现耳聋时,便会影响到儿童对语言的学习,导致不产生语言或语言发育迟缓。成年时长时间的耳聋会影响言语表达的清晰程度,导致交流沟通能力的退化和困难。

3. **常见分类** 按照病因可以将耳聋分为传导性耳聋、感音神经性耳聋和混合型耳聋。

四、听力学检查

1. 基本概念　声音的响度分级单位分贝（dB）、声音的频率、听阈以及言语香蕉。正常人的语言频率主要集中在 500Hz、1000Hz 和 2000Hz 的这一范围内，人的语言听阈是以这三个频率的气导听力之和除以 3 获得的。听力损失的分级即是以语言听阈作为参考进行分级的。

2. 听觉检查法　常见的听觉功能检查方法主要分为主观检查和客观检查两大类，主观测听经常会受到受试者主观意识、情绪、智力水平、年龄、文化程度和行为能力配合的影响，容易受到干扰使得检查结果不可靠，临床上如智力低下、婴幼儿、失语症、肢体障碍以及伪聋等患者不能通过主观测听得出准确的听力水平，需要进一步的客观听力检查。常见的主观测听有行为测听、秒表试验、音叉试验、纯音听力检查以及言语测听。客观检查是指不依赖于受试者的行为配合，不受其主观意识的影响，利用检查设备对于受试者的测试结果进行判断。客观测听结果可靠，准确，但受设备的限制，检查者自身水平的限制，结果也会受影响。临床常见的客观测听有耳声发射、电反应测听和声导抗测听。对于听阈的正确评估需要将两种方法相结合。

五、听力障碍的预防和治疗

1. 预防　听力障碍影响语言的发育，也影响智力、心理和精神神经方面的发育，对听力障碍的早期预防以及护耳保健宣传非常重要。常用的措施有优生优育、孕期预防、普及产后听觉早期筛查、听力障碍的早发现、早诊断和早治疗，避免耳毒性药物的使用和噪声防护都是有效的预防措施。

2. 治疗　针对不同的病因进行对症治疗，对于中耳和内耳的病变积极进行临床药物治疗和手术治疗，对于不能纠正的耳聋要早期补偿听力，选用合适的助听器进行佩戴，助听器效果不佳的考虑进行人工耳蜗植入的治疗，婴幼儿除了进行听觉补偿以外进行相关的语言以及听力康复训练也非常重要。

六、听力障碍的干预

1. 对于中度到中重度耳聋患者首先考虑进行助听器的验配并长期佩戴，对于耳聋的婴幼儿提倡早期验配助听器，并且在儿童发育过程中进行助听器的调整以达到最好效果。提倡双耳助听器的佩戴。

2. 对于重度和极重度的耳聋要考虑进行人工耳蜗的植入来补偿听力，但植入人工耳蜗后仍需要进行听觉功能和语言功能的康复锻炼。

七、听力障碍儿童的言语评估

1. 言语表现　①发声异常：表现为异常的音量、音调和音色，患儿不能有效建立起对自己声音的反馈感知能力，因此导致了异常发声的出现；②构音障碍：表现为在音节中出现的发音音位的错误，引起说话的清晰度下降；③语言发育迟缓：表现为患儿应用语言能力的低下，造句水平的障碍，用词不当等，严重的可以导致在正常年龄下没有相应的语言功能出现，导致不能说话的结果。

2. 语言的评估　对于听力障碍儿童的语言评估主要从发音、构音和语言发育三个方面进行，通过对患儿发音功能、言语清晰度、构音运动功能和语言发育阶段的综合评价得出检查结果。

习 题

一、名词解释

1. 声音的空气传导
2. 听力障碍
3. 言语 "香蕉" 图

二、选择题

【A1 型题】

1. 用来描述人听力水平的名词是

A. 频率　　　　B. 分贝　　　　C. 听阈　　　　D. 言语香蕉　　　　E. 响度

2. 中度听力障碍是指听力损失在

A. 26~40dB　　B. 41~55dB　　C. 56~70dB　　D. 71~90dB　　E. 91dB 以上

3. 对于听力障碍儿童语言特征的描述,正确的是

A. 音量正常,音调异常　　　　　　　　B. 音量异常,音色正常

C. 音量异常,音调正常　　　　　　　　D. 语言发育基本正常

E. 上述各种情况都可能出现异常

4. 引起听力障碍的病因,哪些描述**不正确**

A. 外耳道中耳的病变,使得经空气径路传导的声波受到阻碍,达到内耳的声能减退

B. 内耳感音结构神经传导通路如听神经以及各级听中枢由于器质性病变导致声音的感觉
   与分析或声音信息的传递受到阻碍

C. 精神心理因素可引起听觉障碍

D. 伪聋不是 "真正的" 听力障碍

E. 听觉皮层引起的疾病不会引起听力障碍

5. 听力障碍儿童的言语表现**不包括**以下哪项

A. 言语清晰度改变　　　　B. 音量改变　　　　C. 音调改变

D. 构音器官运动障碍　　　E. 语言发育迟缓

【B1 型题】

6~8 题共用备选答案

A. 平均听阈 26~40dB

B. 平均听阈 41~55dB

C. 平均听阈 56~79dB

D. 平均听阈 71~90dB

E. 平均听阈 91dB 以上

6. 极重度聋指的是

7. 轻度聋指的是

8. 重度聋指的是

9~11 题共用备选答案

A. 条件定向反应测听

B. 电测听

C. 听诱发脑干反应

D. 耳声发射

E. 秒表试验

9. 新生儿听力筛查常用的是

10. 成人听力检查常用的是

11. 3 岁以下婴幼儿听力检查常用的是

【X 型题】

12. 下面哪些**不属于**客观听力检查

A. 纯音听力检查　　　　　　　　B. 听诱发电位

C. 条件定向反应测听　　　　　　D. 耳声发射

E. 言语测听

三、简答题

1. 预防听力障碍的发生要注意哪些方面？

2. 听力障碍的构音异常有哪些特点？

参 考 答 案

一、名词解释

1. **声音的空气传导**：指的是声音通过耳郭、外耳道、鼓膜以及听骨链传导声音的过程，是声音在生理状态下传入内耳的主要形式，日常人们提及的听力水平主要就是针对空气传达路径而言的。

2. **听力障碍**：听力障碍是指听觉系统中的传音、感音以及对声音的综合分析的各级神经中枢发生器质性或功能性异常，而导致听力出现不同程度的减退。听力学对于听力的轻度减退称为重听，对于重度听力障碍称为聋。而临床又常将二者混同都称为聋。

3. **言语"香蕉"图**：言语"香蕉"图是指正常人的语言频率分布和强度分布的范围。根据此范围描画出的曲线形似香蕉，因此称"香蕉"图，它是由一群人用正常音量说话，说话人在距离 1m 处用声级计测出言语的频率和强度的分布范围。

二、选择题

1. C　2. B　3. E　4. E　5. D　6. E　7. A　8. D　9. D　10. B　11. A　12. ACE

三、简答题

1. 预防听力障碍主要注意以下方面：

（1）优生优育：这是避免遗传性听力障碍的有效途径。对于有遗传性疾病家族史的患者要进行遗传学检查和评价，避免近亲结婚，强调婚前医学检查，都是必不可少的。

（2）孕期预防：妇女在怀孕期间，尤其在前三个月以内，往往是胎儿内耳的发育阶段，要注意避免接触耳毒性药物、物理射线的照射、病毒感染、一氧化碳中毒等易引起胎儿内耳发育畸形的因素。

（3）婴幼儿期筛查：婴幼儿期听力障碍早发现、早诊断、早治疗 4 岁以前的婴幼儿听力能力对于语言的习得非常重要，不同程度的听力障碍可以导致小儿语言发育迟滞、构音障碍以及不能获得语言。早期发现儿童听力障碍，早期进行介入干预，可以避免因听力障碍带来的社会沟通能力障碍，具有现实意义。

（4）避免应用耳毒性药物：临床上要合理用药，避免使用耳毒性药物如链霉素等氨基糖苷类抗生素，尤其对于婴幼儿、有家族成员易感的、以往应用过类似药物的以及听力轻度异常的个体要避免使用可能对内耳产生不良影响的药物。

（5）及早治疗可能引起致聋的病因：对于可能引起耳聋的全身基础疾病如高血压、糖尿病、肾病等要积极控制，合理用药，避免累及听功能；对于引起耳聋的常见耳部疾病如慢性化脓性中耳炎、慢性分泌性中耳炎、耳硬化症以及突发性耳聋要积极治疗，避免引起听力障碍。

（6）做好对于噪声的防护：避免长时间处在噪声环境中，长期持续佩戴耳机等造成噪声性耳聋的易感因素非常重要。此外对于在高噪声环境中工作的人群要注意职业防护和定期复查监测个体的听力。

2. 构音异常是指听力障碍儿童由于不能像正常儿童那样通过听来获取发音的方法，因此在言语学习过程中形成错误的发音方式，导致了发音的错误。

（1）音的替代：比较普遍的错误，指的是一个音被另一个音所替代，常见的有送气音与不送气音替代如"d"与"t"，舌根音与舌尖音的替代如"g"与"d"等，而且这种替代并不局限于某一发音位置或某一个音上面。

（2）音的歪曲：所发的音不是正常存在音，只是因为听力障碍儿童无法用听反馈调整，发音时力量不能有效控制造成的，多见于塞擦音、摩擦音和边音上如"s"和"sh""x"和"q""l"和"r"等。

（3）音的省略：该发的音没能发出来。如尾辅音省略、非重音省略等。

（4）音的添加：在发出的音中添加一个原本没有的音。常常会在某些单韵母音节上发生，添加一个不必要的声母。

（张庆苏）

第二节 听力障碍儿童的语言评价

学 习 要 求

1. **掌握** 听力障碍儿童语言能力评价方法。
2. **了解** 听力障碍儿童所带来的语言异常临床表现。

内 容 精 要

一、听力障碍儿童语言障碍表现

听力障碍儿童所带来的语言异常主要有以下方面：

（一）发音异常

发音异常指的是听力障碍儿童在发音的音量、音调、音色方面的异常。这是主要因为听力障碍儿童对声音的认识出现了异常。

1. 异常的音量。

2. 异常的音调。

3. 异常的音色。

极重度的听力障碍儿童甚至不能获得对周围声音的认识因而也无法学习发音，形成了聋哑的特殊现象。

（二）构音异常

构音异常是指听力障碍儿童由于不能像正常儿童那样通过听来获取发音的方法，因此在言语学习过程中形成错误的发音方式，导致了发音的错误。

1. 音的替代。

2. 音的歪曲。

3. 音的省略。

4. 音的添加。

听力障碍儿童在学语时会较多的利用视觉学习发音，因此他们对于构音操作复杂、视觉表现不明显音的发声时就更容易出现错误。

（三）语言发育异常

听力障碍儿童对声音的认识缺陷将会影响到儿童对正常词汇的学习、组织句子能力和会话交流能力，此类儿童常常语言出现较正常儿童为晚，严重的甚至不能出现语言能力；由于通过听所学习的词汇有限，他们也不能利用丰富的词汇进行表达；由于语言表达的贫乏，带来儿童对于会话交谈的畏惧和抵制，也严重地影响了儿童参与社会生活的能力。

二、听力障碍儿童语言能力评价方法

对于听力障碍儿童的评估应该是全面而完整的，即要对听力水平进行检查和对语言能力进行评价，听力的检查方法已在前详述，本节只介绍对语言能力的评价。

（一）言语清晰度

言语清晰度是对听力障碍儿童发音的可辨别程度作出评价。本方法为主观评价法，适用于已有言语功能的听力障碍儿童。测试采用三级测试方法，即将测试人员分为三个级别，一级为直接接触：包括儿童家长和他的语言治疗师；二级为间接接触：包括测试对象的亲属或者本地残疾人工作干部；三级为无接触：包括正常儿童家长、其他医疗人员等与该儿童无直接关系的人员。共选择5名测试人员（一级1名，二级1名，三级2名和1名主测试人员），测试图片为日常生活中常使用的双音节高频词图片25张。主测试依次出示25张测试图片，让听障儿童认读，每张图片读2遍。4名测试人员面对听障儿童，根据听障儿童的读音，将听到的内容按顺序记录下来,每词正确计1分,每字正确计0.5分,每名测试人员满分25分,最后将4名测试人员记录的正确数累加,即可获得聋儿的言语清晰度。为避免方言的影响,测试人员必须是当地人。

(二) 构音检查

构音检查是对听力障碍儿童的发音功能的全面评价。主要包括:

1. 共鸣能力检查。

2. 语谱分析。

3. 词汇检查。

4. 句子检查。

5. 构音器官检查。

(三) 语言发育检查

通过对听力障碍儿童的语言发育阶段与正常儿童语言发育阶段进行对比评价出聋儿的语言发育年龄。

临床上可以采用语言发育迟缓检查量表进行定性评价,详细内容参见语言发育迟缓的评价一节。

习 题

一、选择题

【A1 型题】

1. 对于听力障碍儿童语言特征的描述,正确的是
   A. 音量正常,音调异常
   B. 音量异常,音色正常
   C. 音量异常,音调正常
   D. 语言发育基本正常
   E. 上述各种情况都可能出现异常

2. 构音异常**不包括**
   A. 音的替代   B. 音的歪曲   C. 音的变化   D. 音的添加   E. 音的省略

【X 型题】

3. 听觉能力提供了儿童语言习得的两个基本条件,即对声音的
   A. 辨别能力   B. 反馈能力   C. 推理能力   D. 联想能力   E. 记忆能力

二、填空题

1. 音的添加是指在发出的音中添加一个原本没有的音。常常会在某些_____音节上发生,添加一个不必要的声母。

2. 共鸣能力检查是通过对_____和_____在发不同单音素时的气流变化分析鼻腔共鸣参与构音运动的异常表现。

三、名词解释

1. 发音异常

2. 构音异常

四、简答题

言语清晰度评价方法

参 考 答 案

一、选择题

1. E　2. C　3. AB

二、填空题

1. 单韵母
2. 鼻腔　口腔

三、名词解释

1. **发音异常**:指的是听力障碍儿童在发音的音量、音调、音色方面的异常。这主要是因为听力障碍儿童对声音的认识出现了异常。

2. **构音异常**:是指听力障碍儿童由于不能像正常儿童那样通过听来获取发音的方法,因此在言语学习过程中形成错误的发音方式,导致了发音的错误。

四、简答题

言语清晰度评价方法是对听力障碍儿童发音的可辨别程度作出评价。本方法为主观评价法,适用于已有言语功能的听力障碍儿童。测试采用三级测试方法,即将测试人员分为三个级别,一级为直接接触:包括儿童家长和他的语言治疗师;二级为间接接触:包括测试对象的亲属或者本地残疾人工作干部;三级为无接触:包括正常儿童家长、其他医疗人员等与该儿童无直接关系的人员。共选择 5 名测试人员(一级 1 名,二级 1 名,三级 2 名和 1 名主测试人员),测试图片为日常生活中常使用的双音节高频词图片 25 张。主测试依次出示 25 张测试图片,让听障儿童认读,每张图片读 2 遍。4 名测试人员面对听障儿童,根据听障儿童的读音,将听到的内容按顺序记录下来,每词正确计 1 分,每字正确计 0.5 分,每名测试人员满分 25 分,最后将 4 名测试人员记录的正确数累加,即可获得聋儿的言语清晰度。为避免方言的影响,测试人员必须是当地人。

第三节　听力障碍儿童的听觉语言训练

学 习 要 求

1. **掌握**　聋儿听觉训练的方法,聋儿语言训练实施中的注意点,聋儿的言语训练方法,聋儿聆听技能培建程序分几个阶段及各阶段培建目标。

2. **了解**　电子耳蜗植入后聆听技能培建内容。

3. **熟悉** 聋儿语言训练计划概要。

内 容 精 要

一、听觉训练的方法

1. **声刺激训练** ①每天让听障儿童听高强度的声音;②玩捉迷藏的游戏。

2. **乐音刺激训练** ①听音乐、歌曲;②击鼓传花游戏。听障儿童先坐成一个圆圈,音乐开始时,听障儿童就按照节奏传递物件。音乐停,传递也随之停止。

3. **辨音训练** ①辨别声音的有无;②辨别声源;③辨别声音的次数;④辨别声音的远近;⑤辨别声音的高低;⑥综合听辨练习。

二、言语训练的方法

1. **聋儿训练实施中的注意点** ①训练环境的设定;②刺激的提示;③课题的实施;④训练的形式;⑤训练的记录;⑥训练目标的设定。

2. **聋儿的言语训练方法**

(1)词汇:词汇水平的训练:学习词汇的规律是名词→动词→形容词→时间词→空间方位词→数、量词→人称代词→指示代词→副词→介词→连词→助词、感叹词,词汇是按照这一大致的顺序。

(2)句子:正常儿童在1岁半到2岁开始出现由双词或三词组合在一起的语句。①双词句的理解和使用;②三词句的理解和使用。

(3)语法:①词汇的扩大;②句式的学习;③复合句的学习。

三、电子耳蜗植入后的言语训练

1. **康复应该包括以下几个方面** ①听觉康复训练;②言语康复训练;③认知能力的培养——感知觉、注意力、记忆力、想象力、逻辑思维能力等等;④社会性、情绪情感等方面的培养。

2. **聋儿聆听技能培建的方法**

(1)培建内容:具体内容可根据聆听能力发展的四个基础水平进行。①声音觉察阶段;②声音辨别阶段;③声音识别阶段;④声音理解阶段。

(2)培建方式:①单一听力口语方式;②多种感觉培建方式。

习 题

一、选择题

【A1 型题】

1. 听觉对声音的认识过程包括几个阶段

    A. 听觉感知、听觉注意   B. 听觉定位、听觉辨别

    C. 听觉选择、听觉辨别   D. 听觉概念、听觉理解

E. 以上都对

2. 正常儿童语言发育在几岁开始出现双词或三词组合的语句

    A. 0~6 个月   B. 6 个月 ~1 岁   C. 1~1.5 岁

    D. 1~2 岁   E. 1.5~2 岁

3. 几个月的婴儿能对妈妈的声音和玩具的声音产生注意,并转头寻找

    A. 0~3 个月   B. 3~4 个月   C. 4~7 个月

    D. 7~9 个月   E. 9~11 个月

4. 下列哪一项**不是**聋儿在听辨训练期间需遵循的原则

    A. 选择范围应由小到大   B. 关键词数量应由少到多

    C. 训练时间由短变长   D. 辨听词语的内容应由易到难

    E. 句式由简单到复杂

【A3 型题】

    5~7 题共用题干

    患儿,男,19 个月,家里人发现不会叫爸妈来院就诊,听力筛查结果为中度听力障碍。

5. 下面哪项**不适合**用于训练该患儿的听觉

    A. 噪声刺激训练   B. 社会性,情绪情感等方面的培养

    C. 乐音刺激训练   D. 辨别声源

    E. 分辨交通工具的声响

6. 根据正常发育水平该患儿应该能发

    A. 爸爸   B. 吃苹果   C. 妈妈

    D. 妈妈吃苹果   E. 爸爸洗苹果

7. 该患儿的辨音训练**不包括**

    A. 辨别声音的有无   B. 辨别声源

    C. 每天给患儿听高强度的声音   D. 辨别声音的多少

    E. 分辨交通工具的声响

    8~10 题共用题干

    一个三岁患儿,只能"啊""妈"等简单的单词,来医院就诊后植入电子耳蜗,语言进步不明显来康复科就诊。

8. 该患儿的康复训练**不包括**

    A. 听觉康复训练

    B. 辨别声音的有无

    C. 言语康复训练

    D. 社会性、情绪情感等方面的训练

    E. 分辨交通工具的声响

9. 要培建该患儿的聆听技能,正确的顺序是

    A. 声音觉察   声音识别   声音理解   声音辨别

    B. 声音辨别   声音觉察   声音识别   声音理解

    C. 声音觉察   声音辨别   声音识别   声音理解

    D. 声音识别   声音觉察   声音理解   声音辨别

E. 声音识别　声音觉察　声音辨别　声音理解

10. 下面哪种方法更适合该患儿聆听技能的培建
    A. 单一听力口语方式
    B. 视觉听力方式
    C. 多种感觉培建方式
    D. 触觉听力方式
    E. 多感官训练方式

【X 型题】

11. 听障儿童辨音训练包括
    A. 辨别声音有无
    B. 辨别声源
    C. 辨别声音多少
    D. 辨别声音高低
    E. 辨别声音远近

12. 构音训练的方法的包括
    A. 音调训练
    B. 声气结合锻炼
    C. 呼吸训练
    D. 嗓音训练
    E. 辨音训练

二、填空题

1. 聋儿训练过程中,对环境的设定需要注意的是,训练者和孩子原则上是处于_____的位置。

2. 儿童聆听技能发展的四个阶段分别是:声音觉察、_____、_____声音理解。

三、名词解释

1. 辨别声源
2. 单一听力口语方式

四、简答题

简述聋儿语言训练实施的注意点。

参 考 答 案

一、选择题

1. E　2. E　3. B　4. C　5. B　6. B　7. C　8. B　9. C　10. A　11. ABCDE　12. BCD

二、填空题

1. 面对面
2. 声音辨别　声音识别

三、名词解释

1. **声源辨别**:是指利用能够发出声音的物体以及通过预先录制的声音进行训练。

2. **单一听力口语方式**:强调单独利用听觉途径去发展聋儿听觉技能(人工耳蜗儿童聆听技能的培建多采用此种方式),多采用听觉条件反射游戏法(如听声拨珠、听声摆积木、听说做动作)、听声识图法、听声指认法和听声复述法完成培建的基本任务,突出好的聆听环境的营造,回避专用视觉或身体语言的沟通能力。

四、简答题

聋儿语言训练实施的注意点:

(1)训练环境的设定:训练者和孩子原则上是处于面对面的位置。对于孩子,视觉刺激(表情、口形、手的动作、教材等)和听觉刺激(言语)的两方面比较容易接受。

(2)刺激的提示:对重度耳聋儿童进行各种刺激提示时,最好是视觉刺激和听觉刺激综合在一起进行。特别在初期的阶段,利用体态语、玩具和图片等教材时,有必要放在训练者脸前的位置进行提示,脸(口形)、手、事物(教材)这三者是不能分离的。

(3)课题的实施:首先,要确定什么是所希望达到的课题内容,这个课题内容能否被理解。在孩子产生正、误反应时,要给予什么样的反馈(即产生正反应时要强化,产生误反应时要及时修正),所以必须注意事先要确定其反应条件。同时,也要充分考虑到听觉刺激的传达方式、课题进行的顺序,可以先进行预备练习。

(4)训练的形式:言语治疗师的训练,包括对孩子的训练以及对孩子父母的指导两部分。原则上是以一周一次一小时的进度进行。

(5)训练的记录:言语治疗师要把课题的顺序和孩子的反应客观地记录下来。而且,对父母亲也要根据训练的目的和方法、孩子的反应情况等进行具体的指导,使其能记录下家庭指导的情况。

(6)训练目标的设定:制定训练目标时重要的是根据掌握的孩子的实际情况,以及所能达到的最终目标进行具体设定。

(刘晓明)

第五章
失语症

第一节　失语症概述

学 习 要 求

1. **掌握**　失语症的听理解和口语表达表现。
2. **熟悉**　失语症的阅读和书写表现。
3. **了解**　失语症的定义和病因。

内 容 精 要

一、失语症的定义与病因

1. **失语症的定义**　Benson 对失语症的定义是由于大脑功能受损所引起的语言功能丧失或受损。Ryan 的定义:失语症是由于脑损伤所引起的组织语言能力的丧失或低下,可以在以下方面出现困难:①口语和书面语言;②识别图片或物体;③口语、书面语和手势的交流。

2. **失语症的病因和发生率**　失语症常见病因有脑血管病、脑外伤、脑肿瘤、感染等,脑血管病是其最常见的病因。关于脑卒中所致失语症的发病率,我国的研究资料显示至少三分之一以上的脑卒中患者可产生各种言语障碍。

二、失语症的语言症状

1. **听觉理解障碍**　几乎所有失语症患者都存在不同程度的听理解障碍。常见的表现有语义理解障碍,语音辨识障碍比较少见。

2. **口语表达障碍**　口语表达障碍在失语症表现很突出,主要表现:①口语的流畅性与非流畅性;②错语;③杂乱语;④找词困难和命名障碍;⑤刻板语言;⑥言语的持续现象;⑦模仿语言;⑧复述障碍;⑨语法障碍;⑩发音障碍、说话费力等。

3. **阅读障碍**　几乎所有失语症患者都存在不同程度的阅读障碍。常见的表现有:①形、音、义失读:是最常见的阅读障碍;②形、音失读;③形、义失读。

4. **书写障碍**　几乎所有失语症患者都存在不同程度的书写障碍,常见的表现有:①书写不能;②构字障碍;③镜像书写;④书写过多;⑤惰性书写;⑥象形书写和错误语法等表现。要除外由于听力、视力和运动障碍等造成的书写障碍。

习　题

一、名词解释

1. 杂乱语
2. 模仿语言

二、选择题

【A1 型题】

1. "失语症是由于脑损伤所引起的组织语言能力的丧失或低下,可以在以下方面出现困难:①口语和书面语言;②识别图片或物体;③口语、书面语和手势的交流。"此失语症的定义是由谁提出的定义

   A. 是 Benson 的定义 　　　B. 是 Ryan 的定义 　　　C. 是 Chaipey 的定义
   D. 是 Darley 的定义 　　　E. Schuell 的定义

2. 对 Wernicke 失语说法正确的是

   A. 额上回的损伤常见 　　　B. 表现为非流利性口语 　　　C. 出现电报式言语
   D. 表现为杂乱语 　　　E. 表现听理解障碍轻微

3. 流畅性失语症<u>不具备</u>哪个特点

   A. 话量多 　　　B. 一次可说句子长度短 　　　C. 韵律无异常
   D. 说话时情报传递量少 　　　E. 伴错语

4. 下列哪种情况为错语

   A. 音声表达无异常、音韵选择异常导致发音错误
   B. 持续用一个词代替所有回答
   C. 完全不能发声
   D. 模仿别人说话
   E. 发音粗糙

5. 下列障碍中哪一种<u>不是</u>属于失语症的语言障碍

   A. 听理解障碍 　　　B. 说话障碍 　　　C. 阅读障碍
   D. 听力障碍 　　　E. 书写障碍

6. 失语症病人的听理解障碍可由许多原因引起,下列哪种情况与听理解障碍<u>不是</u>因果关系

   A. 语音认识障碍 　　　　　　　B. 语意理解障碍
   C. 听觉记忆跨度低下 　　　　　D. 句子理解困难
   E. 命名障碍

7. 非流畅性失语症的病人<u>不具备</u>以下哪些特点

   A. 说话量少 　　　　　　　　　B. 一次可说句子长度短
   C. 说话时情报传递量少 　　　　D. 伴错语
   E. 韵律异常

【A2 型题】

8. 男性,22 岁,右利手,脑出血 3 个月,语言不利,MRI 示左额叶损伤。语言功能检查:听理解、

阅读理解、表达、复述、书写均有不同程度的困难。发音清晰度尚可。纯音测听为 25dB。其可能的语言障碍是

A. 功能性构音障碍   B. 失语症   C. 听力障碍

D. 自闭症   E. 语言发音迟缓

9. 女性,30岁,右利手,脑血管畸形(左大脑中A系统)一年。失语症评定发现患者语量多,语速快,大量杂乱语,难于听懂,不易打断,但音调韵律基本正常,信息量较少。其自发语言可能是

A. 流畅性   B. 非流畅性   C. 缄默症

D. 反响语言   E. 精神错乱性

三、简答题

简述失语症非流畅性和流畅性语言的鉴别要点。

参 考 答 案

一、名词解释

1. **杂乱语:**也称奇特语,在表达时,大量错语混有新词,缺乏实质词,以致说出的话使对方难以理解。

2. **模仿语言:**为一种强制的复述检查者的话。

二、选择题

1. B 2. D 3. B 4. A 5. D 6. E 7. C 8. B 9. A

三、简答题

失语症非流畅性和流畅性语言的鉴别有5点,主要是说话量、费力程度、句子长度、韵律、信息量。

(王丽梅)

第二节 失语症分类

学 习 要 求

1. **掌握** 汉语失语症的分类。
2. **熟悉** 各种类型失语症的临床特征及病灶。
3. **了解** 失语症分类的历史沿革。

内 容 精 要

历史上对失语症的分类观点不尽一致。19世纪下半叶,语言功能定位-联系学说占主流,认为不同病变部位是产生不同失语类型的基础;20世纪前半叶,功能整体学说占主流,此时期否定语言功能定位学说,抛弃从语言障碍探寻大脑受损部位的方法,以语言活动过程受损进行分类;20世纪后半叶至今,随着科技的发展,功能定位学说再次受到重视。

现代汉语失语症的分类是根据Benson失语分类为基础,结合我国具体情况制定的。分类的依据主要还是根据受损伤的脑区来进行的,例如外侧裂周失语的病灶位于外侧裂周围;分水岭区失语综合征病灶位于大脑中动脉与大脑前动脉分布交界区,或者大脑中动脉与大脑后动脉分布交界区。皮质下失语的损害部位则位于基底节。具体的分类见教材。

各种类型失语症的临床特征主要根据以下几个方面的表现进行阐述,自发语言、听理解、复述、命名、阅读和书写,每一种失语症都有其自身的特点。另外,要掌握经典失语症的病灶部位。

习 题

一、名词解释

1. Broca 失语
2. Wernicke 失语
3. 传导性失语
4. 命名性失语

二、选择题

【A1 型题】

1. Broca 失语的特点
   A. 自发语言非流畅性　　　　　B. 自发语言流畅性　　　　　C. 词量多
   D. 无构音和韵律异常　　　　　E. 复述相对保留

2. Wernicke 失语的特点
   A. 自发语言非流畅性　　　　　B. 自发语言流畅性　　　　　C. 词量少
   D. 命名困难　　　　　　　　　E. 复述相对保留

3. 以下关于传导性失语的描述哪一个是**错误**的
   A. 可以仅以复述障碍明显来诊断传导性失语
   B. 传导性失语的复述表现为不成比例的受损
   C. 传导性失语的病灶位于优势半球缘上回或者深部白质内的弓状纤维
   D. 传导性失语的错语特点是以语音错语为主,词义错语和新语较少
   E. 找词困难是传导性失语的突出表现,谈话常因此出现犹豫、中顿

4. 命名性失语的特点
   A. 自发语言非流畅性　　　　　B. 听理解障碍　　　　　　　C. 词量少

D. 命名障碍   E. 复述相对保留

5. 复述相对保留的是

   A. 传导性失语   B. 命名性失语   C. 经皮质性失语

   D. 纯词聋   E. 纯词哑

6. 命名性失语，又被称为

   A. 丧动力失语   B. 表达性失语   C. 感觉性失语

   D. 健忘性失语   E. 混合性失语

7. 关于纯词聋的叙述，下列哪项是**错误**的

   A. 纯词聋患者听力测试正常或基本正常

   B. 对口语理解严重障碍，症状持久

   C. 单一语言方面的问题

   D. 病变部位可能位于左侧颞叶皮质下，或者双侧颞叶皮质

   E. 纯词聋患者的一个突出特点是对非语音的自然音不能辨识

【A2 型题】

8. 男性，58 岁。右利手，以"言语不利伴右侧肢体活动不灵 1 个月"入院。自发性言语少，可以回答自己的姓名，发音不清晰，谈话中停顿较多。该患者诊断为

   A. 传导性失语   B. 命名性失语   C. Broca 失语

   D. 纯词聋   E. 纯词哑

9. 男性，右利手，以右侧肢体活动不灵、言语不利 1 年入院。口语为非流利型，可以用部分单词和手势表达，如用操纵方向盘表示"司机"，复述较好。该患者诊断为

   A. 传导性失语   B. 命名性失语   C. Broca 失语

   D. 经皮质运动性失语   E. 经皮质感觉性失语

10. 男性，56 岁。右利手，头部外伤后出现左颞叶颅内血肿，手术后出现言语困难。口语为流畅型，有大量语音型错语，复述单词不能，只能复述个别单音，也多是在视觉提示下完成。该患者诊断为

   A. 传导性失语   B. 命名性失语   C. Broca 失语

   D. 经皮质运动性失语   E. 经皮质感觉性失语

11. 男性，36 岁。大学文化，因头部外伤入院。口语特点为缺乏实质词，如名词，当要求患者说出图片(轮船)名称时，他说"可以坐在上面，可以开过去"，说图片(香蕉)名词时，他说"可以吃的东西，有的人拿不上来，要滑手的"。该患者诊断为

   A. 传导性失语   B. 命名性失语   C. Broca 失语

   D. 经皮质运动性失语   E. 经皮质感觉性失语

12. 男性，62 岁。右利手，大学文化。右侧上下肢无力伴言语障碍。CT 示左额颞叶低密度灶。患者表现为刻板语，任何话均以"人啊、人啊"回答。该患者诊断为

   A. 传导性失语   B. 命名性失语   C. 完全性失语

   D. 经皮质运动性失语   E. 经皮质感觉性失语

13. 男性，28 岁。右利手，有脑炎病史。患者自发语言量少、流畅，伴大量错语，听理解严重障碍，10 种常用社会环境音辨别(包括雷声、流水声、母鸡下蛋、火车声等)正确率较高。该患者诊断为

   A. 传导性失语   B. 命名性失语   C. Broca 失语

D. 纯词聋   E. 纯词哑

14. 男孩,6岁。车祸伤及头部,昏迷一周后睁眼,患者能哭,无自发语言,不执行语言指令。该患者诊断为

    A. 植物状态   B. 儿童获得性失语   C. Broca 失语

    D. 纯词聋   E. 纯词哑

【X 型题】

15. 失语症包括

    A. 完全性失语   B. 命名性失语   C. 皮质下失语

    D. 失读症   E. 失写症

16. 经皮质性失语包括

    A. 经皮质运动性失语   B. 经皮质感觉性失语

    C. 经皮质混合性失语   D. 皮质下失语

    E. 基底节性失语

17. Broca 失语和命名性失语的共同点包括

    A. 找词困难   B. 赘语和空话较多   C. 流畅性失语

    D. 病灶多累及优势半球   E. 命名有困难

三、简答题

1. 简述失语症的分类。

2. 简述经皮质感觉性失语的特点。

参 考 答 案

一、名词解释

1. **Broca 失语**:以口语表达障碍最为突出,自发语言呈非流利性,语量少,找词困难,说话费力,语言呈电报文样,严重时为无言状态。

2. **Wernicke 失语**:自发语言呈流利性,无构音和韵律异常,口语表达有适当的语法结构但缺乏实质词,表现为语量多,却不知在说些什么,对语音的理解和语义的理解都受到损害。

3. **传导性失语**:复述不成比例的受损为主要特点,自发语言表现为流利性,找词困难是突出的表现,伴有错语。

4. **命名性失语**:以命名障碍为主要表现的流畅性失语,主要表现为找词困难,缺实质词。

二、选择题

1. A 2. B 3. A 4. D 5. C 6. D 7. E 8. C 9. D 10. A 11. B 12. C 13. D 14. B 15. ABCDE 16. ABC 17. ADE

三、简答题

1. 失语症可分为外侧裂周失语,包括 Broca 失语、Wernicke 失语、传导性失语;分水岭区失语综合征,包括经皮质运动性失语、经皮质感觉性失语、混合性经皮质失语;完全性失语;命

名性失语;及皮质下失语,包括基底节性失语、丘脑性失语;纯词哑、纯词聋;失读症、失写症;此外还有儿童获得性失语、交叉性失语、原发性进行性失语等。

2. 经皮质感觉性失语的特点是自发语言流畅,错语较多,命名严重障碍,复述能力较好,但有学语现象,虽然不理解对方在说什么,却反复重复对方所说的语言。语言理解和文字都出现障碍。

(王丽梅)

第三节 失 读 症

学 习 要 求

1. **掌握**　各种失读症的临床表现特征,掌握失读症的康复评定及康复训练方法。
2. **熟悉**　失读症的临床分型及各种失读症的病变部位。
3. **了解**　阅读障碍的检查方法。

内 容 精 要

一、失读症的概念

失读症是指没有视觉障碍或智能障碍的患者,由于大脑病变导致对语言文字的阅读能力丧失或减退。

二、各类失读症的临床特征及病灶

Benson 将失读症分为失读伴失写、失读不伴失写、额叶失读症、失语性失读等几种类型。

1. **失读伴失写的临床特征**　①临床表现:是全部或部分丧失了阅读和书写能力,既不能认识字,也不能认识词;既不能通过视觉途径认知文字,也不能通过(如在患者身体、皮肤上书写)、听觉(拼读字词给患者听)或书写动作(患者用手或笔描画拼出字词)来理解;②病变部位:失读伴失写的病变部位是主侧半球角回,影像学改变常在顶颞叶交界区。

2. **失读不伴失写的临床特征**　①临床表现:病人表现为不理解文字,常伴朗读障碍。患者可读字母,但不理解并联合成音节或词。并非视觉途径有助于理解,患者的数字阅读能力常保留,可能与数字词汇较少有关。不伴有书写障碍。出现患者不认识自己写出的字的情况。患者的口语表达基本正常。可有轻度命名障碍。②病变部位:失读不伴失写的病理损害常在左侧枕叶距状区或外侧膝状体至距状区的视觉通路上,以及胼胝体压部或紧邻压部外侧白质。

3. **额叶失读的临床特征**　①临床表现:为字母失读明显,词失读较轻,大多对检查者拼出的字母不认识。常有惰性阅读,近形错读,大多数患者可理解一些文字材料,但仅限于个别字,特别是名词实词、动作动词和意义明确的修饰词。患者还会出现语句和篇章失读。②病变部位:目前所报道的病例其病变的共同特点是均累及了额叶。

三、失读症康复评定

阅读障碍检查法:失读症常为失语症的表现之一,一般失语症检查都包含了阅读检查。汉语失读症检查法尚在探索中。1987年王新德制定了"汉语失读症的检查方法",其基本内容有:①词的视觉认知;②阅读。

四、失读症康复治疗

失读病人常与口语的失语并存并较之受损更明显,其康复设计往往是作为口语恢复的辅助措施,而不是在恢复失读本身,而且口语康复任务重、时间长,不易涉及失读本身的康复,当然在促进口语过程中失读也有一定的进步。

1. **失读康复的训练原则** ①针对文字的精确理解而非针对发音;②选择常用、有效的词、句,改善认知功能;③挑选病人有兴趣的而不选用现成编好的教材;④所用的字要足够大,置于视野之内(注意疏忽或偏盲),注意力要集中;⑤逐渐增加词汇及句子长度、难度;⑥如果采取语音辅助,辅音比元音更重要;⑦从改善认知功能角度考虑设计。

2. **失读康复的训练方案** 康复方案应依据有失读不同类型及症状特点,抓住形、音、义的关系,灵活处理,充分利用图画及汉字构字特点,如阅读包括读出声及理解,故也包含有口语成分,但康复着重于对文字的理解。①字词层次:视知觉训练、语词理解训练;②句子或篇章层次:词级或句法水平均可影响理解,要了解其障碍所在而设计句子;③利用计算机的训练方法:失读相对比口语障碍效果好。如语言障碍诊治仪是计算机多媒体技术应用在汉语阅读障碍中。计算机辅助阅读障碍的康复,可方便的运用于操方言者,实行个体化语言障碍全方位康复。

习 题

一、名词解释

1. 失读症
2. 失读伴失写
3. 失读不伴失写
4. 额叶失读症

二、选择题

【A1 型题】

1. 失读伴失写最主要突出的临床表现是
   A. 既不能通过视觉途径,也不能通过触觉、听觉来理解词
   B. 全部或部分丧失了阅读和书写能力,既不能认识字,也不能认识词
   C. 书写障碍主要影响主动书写和听写
   D. 抄写能力不同程度保留
   E. 对所抄写的文字和自己写出的文字均不认识、不理解

2. 失读不伴失写患者最主要的临床特征
   A. 患者不能通过视 - 文字途径的阅读

  B. 患者不理解文字,常伴朗读障碍

  C. 患者主要通过听觉、动觉、触觉等来理解文字

  D. 患者的数字阅读能力常保留

  E. 患者不伴有书写障碍

3. 失读不伴失写的病理损害部位是

  A. 左侧顶颞叶交界区   B. 左侧枕叶距状区   C. 左侧半球角回

  D. 左侧额叶后部   E. 胼胝体头部

4. 失读伴失写的病理损害部位是

  A. 左侧顶颞叶交界区   B. 左侧枕叶距状区   C. 左侧半球角回

  D. 左侧额叶后部   E. 胼胝体头部

5. 额叶失读的病理损害部位是

  A. 左侧顶颞叶交界区   B. 左侧枕叶距状区   C. 左侧半球角回

  D. 左侧额叶后部   E. 胼胝体头部

6. 前部失读指的是

  A. 失读症   B. 失读伴失写   C. 失读不伴失写

  D. 额叶失读症   E. 失语性失读

7. 额叶失读症患者最主要的临床特征是

  A. 表现为字母失读明显,词失读较轻,大多对拼出的字母不认识

  B. 表现为惰性阅读,即阅读思维不能随阅读内容的改变而改变

  C. 表现为近形错读,将刺激字读作形态相似的另一个字

  D. 表现为语句和篇章失读

  E. 常伴有严重书写障碍

【A2 型题】

8. 某患者,男,65 岁。脑梗死,头 MRI 示:额叶脑梗死,对字母失读明显,词失读较轻,对拼出的字母不认识,且伴有惰性阅读,有时能理解报纸上的新闻标题,却不理解文章中的句子,常常出现不理解语句中的语法结构,该患者的失读类型属于

  A. 失语症   B. 失读伴失写   C. 失读不伴失写

  D. 额叶失读症   E. 失语性失读

【X 型题】

9. Benson 将失读症分为

  A. 失读伴失写   B. 失读不伴失写   C. 额叶失读症

  D. 失语性失读   E. 词汇性失读

10. 失读伴失写又称

  A. 中央部失读症   B. 拼读性失读   C. 纯失读

  D. 顶颞叶失读症   E. 皮质视觉性失语症

11. 失读不伴失写又称

  A. 纯失读   B. 额叶失读   C. 拼读性失读

  D. 枕叶失读   E. 周围型阅读障碍

12. 对失读伴失写病人描述正确的是

  A. 常伴轻微命名性失读症   B. 偏瘫、偏身感觉障碍

C. 偏盲或象限盲、错语   D. Gerstmann 综合征等

E. 病变部位是主侧半球角回

13. 失读康复的训练原则

A. 针对文字的精确理解而非针对发音

B. 选择常用、有效的词、句，改善认知功能

C. 挑选病人有兴趣的而不选用现成编好的教材

D. 所用的字要足够大，置于视野之内，注意疏忽或偏盲

E. 逐渐增加词汇及句子长度、难度

三、简答题

1. Benson 将失读症分为哪几类？

2. 失读伴失写病人常常伴有哪些神经系统体征及病变部位在哪儿？

3. 失读不伴失写的病理损害部位在哪儿？

4. 失读症的评定阅读障碍检查法具体包括哪些内容？

参 考 答 案

一、名词解释

1. **失读症**：是一种语言性的阅读障碍，特指大脑解码文字过程出现的阅读障碍；而不是阅读所依赖的注意、记忆、视空间等非语言性的高级神经功能损伤引起的获得性阅读障碍。

2. **失读伴失写**：突出临床表现是全部或部分丧失了阅读和书写能力，既不能认识字，也不能认识词；既不能通过视觉途径认知文字，也不能通过触觉、听觉或书写动作来理解。

3. **失读不伴失写**：病人表现为不理解文字，常伴朗读障碍。患者可读字母，但不理解并联合成音节或词。

4. **额叶失读症**：患者可理解一些文字材料，但仅限于个别字，特别是名词实词、动作动词和意义明确的修饰词。有时额叶失读症患者能理解报纸上的新闻标题，却不理解文章中的句子。额叶失读症患者字母失读明显，词失读较轻。常有惰性阅读，近形错读，还会出现语句和篇章失读。

二、选择题

1. B　2. B　3. B　4. C　5. D　6. D　7. A　8. D　9. ABCD　10. ADE　11. ACD
12. ABCDE　13. ABCDE

三、简答题

1. Benson 将失读症分为失读伴失写、失读不伴失写、额叶失读症、失语性失读四种。

2. 失读伴失写病人常伴有其他神经系统症状，包括枕叶失读症的部分症状、轻微命名性失读症、偏瘫、偏身感觉障碍、偏盲或象限盲、错语、Gerstmann 综合征等。失读伴失写的病变部位是主侧半球角回，影像学改变常在顶颞叶交界区。

3. 失读不伴失写的病理损害常在左侧枕叶距状区或外侧膝状体至距状区的视觉通路上，

以及胼胝体压部或紧邻压部外侧白质。

4. 失读症的评定阅读障碍检查法具体包括：

（1）词的视觉认知：①词 - 图、词 - 物匹配：即要求患者将词与相应的物体或图片匹配；②听词指词：即要求患者指出检查者所说词的卡片。

（2）阅读：①数字朗读；②合体字及其组成部分的认读；③字词阅读；④语句理解；⑤短文阅读；⑥《汉语失语症检查法》（草案）的阅读检查包括字词阅读（朗读和字词匹配）、语句朗读（朗读和理解）、篇章阅读（朗读并回答是非题）等。

（郭艳芹）

第四节 失 写 症

学 习 要 求

1. **掌握** 失写症的概念及分类。
2. **熟悉** 各型失写症的表现，汉语失写检查法的主要内容。
3. **了解** 镜像书写的概念。

内 容 精 要

一、失写症概念

失写症是指脑损害所引起原有的书写功能受损或丧失。不同部位脑损害可导致不同形式的失写症。

二、失写症分类

见表 5-1。

表 5-1 失写症分类

失语性失写	非流畅性失写、流畅性失写、其他失语性失写、伴失读的失写、Gerstmann 综合征性失写、单纯性失写症、精神错乱性失写、深层失写、分离性失写	
非失语性失写	运动性失写	瘫痪性失写、运动过少性失写、运动过多性失写、重复性失写
	视空间性失写	
	癔症性失写	
过写症		

三、各类失语性失写症的表现

1. **非流畅性失写** 写出量少，书写费力，字体笨拙。常遗漏笔画，书写简短，缺乏语法词，但书写内容达意。

2. **流畅性失写** 写出量较多,书写不费力,字形尚可,句子长短正常。但拼写困难,缺实质性词,出现大量语音性和词义性错写。

3. **其他失语性失写** 完全性失语患者写出量很少,且不成字形,抄写也不能;经皮质混合性失语的失写表现为抄写相对好,其余表现如非流畅性失写;命名性失语者的失写表现为抄写明显优于自发书写。

4. **失读伴失写** 书写不费力,可写简单字词,但杂乱无章,对书写的内容不会纠正。

5. **Gerstmann 综合征患者的失写** 书写不费力,有字母遗漏,或者字母秩序错误而组成无意义词。

6. **纯失写** 指除书写障碍外其他的语言功能正常或接近正常。

7. **精神错乱状态失写症** 字形笨拙,书写量少,不能反映书写主题。

8. **深层失写症** 书写中出现词义替代。

9. **分离性失写症** 右手书写正常或接近正常。左手抄写尚可,但自发书写完全失败。

四、镜像书写

镜像书写是脑部疾病引起的一种特殊类型的书写障碍,书写时出现字体及笔画顺序的逆转,即书写的字左右颠倒,像照在镜子里一样。其机制可能为:运动 - 图式联系通路理论。

习 题

一、名词解释

1. 失写症
2. 纯失写
3. 深层失写症
4. 分离性失写症
5. 镜像书写

二、选择题

【A1 型题】

1. 下列**不属于**失语性失写分类的是

  A. 非流畅性失写   B. 流畅性失写   C. 运动性失写

  D. 单纯性失写症   E. Gerstmann 综合征性失写

2. 下列符合流畅性失写特点的是

  A. 语量少   B. 字体笨拙   C. 书写费力

  D. 写出量多   E. 常遗漏笔画

3. 下列属于非流畅性失写特点的是

  A. 书写不费力,字形尚可   B. 句子长短正常

  C. 拼写困难,缺实质性词   D. 出现大量语音性和词义性错写

  E. 常遗漏笔画,书写简短

4. 被称为后天文盲的失写是
   A. 非流畅性失写   B. 流畅性失写
   C. Gerstmann 综合征性失写   D. 单纯性失写症
   E. 失读伴失写

5. 深层失写症病变多位于
   A. 优势半球颞叶   B. 优势半球顶叶   C. 优势半球额叶
   D. 优势半球岛叶   E. 优势半球枕叶

6. **不属于**运动性失写的是
   A. 瘫痪性失写   B. 运动过少性失写   C. 运动过多性失写
   D. 重复性失写   E. 视空间性失写

7. 汉语失写检查法的简称
   A. CAB   B. ABC   C. CHAT   D. MMSE   E. WMS

【A2 型题】

8. 岐某,男性,58 岁。为其进行书写检查时,发现患者写一句话时字体越写越小,书写慢,书写利手静息时偶有不自主震颤。这位患者最可能考虑的书写障碍是
   A. 过写症   B. 运动过少性失写   C. 流畅性失写
   D. 视空间性失写   E. 重复性失写

9. 李某,男性,64 岁。脑卒中后自发语言流畅,复述可,听理解好,能简单阅读,但书写不畅,其影像学检查发现其左顶叶病变。这位患者最可能考虑的书写障碍是
   A. 过写症   B. 运动过少性失写   C. 纯失写
   D. 视空间性失写   E. 重复性失写

10. 梁某,男性,38 岁。车祸致颅脑损伤后,其书写不费力,笔画混乱,内容不明,并且计算不能、左右失认、手指失认。这位患者最可能考虑的书写障碍是
    A. 视空间性失写   B. 重复性失写   C. 流畅性失写
    D. Gerstmann 综合征性失写   E. 运动过少性失写

11. 王某,女性,7 岁。确诊为精神发育迟滞,其书写的字左右颠倒。这位患者最可能考虑的书写障碍是
    A. 视空间性失写   B. 重复性失写   C. 镜像书写
    D. Gerstmann 综合征性失写   E. 运动过少性失写

12. 麦某,男性,64 岁。脑卒中后书写障碍需要进行汉语失语检查法检查,以下哪一项**不包括**在汉语失语检查法内
    A. 自动书写   B. 抄写   C. 听写
    D. 视野   E. 音节书写

【A3 型题】

13~14 题共用题干

患者,男性,38 岁。左大脑半球梗死后出现单纯的语言障碍,没有明显瘫痪,初步诊断为 Broca 失语。

13. 如要进一步检测患者书写障碍情况,宜选择下面哪项检测
    A. 汉语失写检查法   B. 汉语失语检查法
    C. 韦氏成人智力检测   D. 简易精神智能检测

E. 西方失语成套检测

14. 如果检查后确认患者有失写症,则其失写最有可能是以下哪一类型
A. 非流畅性失写   B. 流畅性失写
C. Gerstmann 综合征性失写   D. 单纯性失写症
E. 运动性失写

【B1 型题】

15~16 题共用备选答案
A. 非流畅性失写
B. 流畅性失写
C. 精神错乱性失写
D. 深层失写
E. 分离性失写

15. 书写表现为写出量少,书写费力,字体笨拙。常遗漏笔画,书写简短,缺乏语法词,比口语中语法缺失明显。但书写内容可反映出中心含义的失写是

16. 在胼胝体切除术后,患者用右手书写正常或接近正常,左手抄写尚可,但自发书写完全失败,<u>不能</u>写出有意义的文字材料的失写是

【X 型题】

17. 以下属于运动性失写的是
A. 瘫痪性失写   B. 运动过少性失写   C. 运动过多性失写
D. 重复性失写   E. 非流畅性失写

18. 以下属于失语性失写的是
A. Gerstmann 综合征性失写   B. 单纯性失写症   C. 精神错乱性失写
D. 深层失写   E. 分离性失写

三、简答题

1. 简述非流畅性失写的特点。
2. 简述流畅性失写的特点。

参 考 答 案

一、名词解释

1. **失写症**:是指脑损害所引起原有的书写功能受损或丧失。

2. **纯失写**:指除书写障碍外其他的语言功能正常或接近正常。

3. **深层失写症**:指患者在书写中出现词义替代,即词义性错写,病变多位于优势半球顶叶。

4. **分离性失写症**:多出现在胼胝体切除术后,患者用右手书写正常或接近正常。左手抄写尚可,但自发书写完全失败,不能写出有意义的文字材料。

5. **镜像书写**:是脑部疾病引起的一种特殊类型的书写障碍,它是指书写时出现字体及笔画顺序的逆转,即书写的字左右颠倒,就像照在镜子里一样。

二、选择题

1. C 2. D 3. E 4. E 5. B 6. E 7. A 8. B 9. C 10. D 11. C 12. E 13. A 14. A 15. A 16. E 17. ABCD 18. ABCDE

三、简答题

1. 非流畅性失语患者大多表现为非流畅性失写,患者常伴有右侧偏瘫而被迫改用左手书写。书写表现为写出量少,书写费力,字体笨拙。常遗漏笔画,书写简短,缺乏语法词,比口语中语法缺失明显。但书写内容可反映出中心含义。

2. 流畅性失语患者书写大多表现为流畅性失写,如患者利手无瘫痪,则书写时写出量较多或很多,书写不费力,字形尚可,句子长短正常。但拼写困难,缺实质性词,出现大量语音性和词义性错写。患者边写边大声朗读,大多是类似乱语样或错语样朗读。

(陈卓铭)

第五节 失 语 法

学 习 要 求

本节主要讲述失语法的定义,失语法的临床表现,失语法评定原则及评定方法,失语法治疗方法。

1. **了解** 失语法评定原则。
2. **熟悉** 失语法评定及治疗。
3. **掌握** 失语法定义,失语法的临床表现。

内 容 精 要

一、失语法定义

失语法是患者常常表现出来的一种语言问题。它指的是个体口语和书面语中缺乏语法结构的一种失语症状,其特点是个体在口语或者书面语表达过程中采用电报式语句或者完全缺乏语法结构。更明确地说,是指失语症患者语言中语法标志词省略的现象。

二、失语法的临床表现

①省略或替换具有语法意义的词素:患者的口语可仅保留实质词,即电报式语言。而省略不适当的替换功能词。②动词使用的错误:失语法患者的自发口语常缺乏动词或动词缺少曲折变化。③复杂句子的理解和运用障碍:主要包括复合句的理解和加工障碍;可逆句子被动态句义理解和运用障碍;特殊疑问句的理解和产生障碍等。

三、汉语语法量表的内容及评分

汉语语法量表由词类、语序、语用、句子图画匹配和语言符号操作五个亚项组成。①词类；②语序；③语用；④句子 - 图画匹配；⑤语言符号操作。

四、治疗

失语法的治疗是设计出促进语法结构建立的技术，如利用刺激法。还可以利用再教的方法，例如：开始教主、谓、宾结构，然后再教形容词和副、介、连词。

习 题

一、名词解释

失语法

二、选择题

【A1 型题】

1. 某患者语言表达采用电报式语句，检查中把"小猫被兔子赶走了"组合成"小猫兔子赶走"或"小猫了兔子被赶走"等，对这样需全面分析句法结构方能正确完成的句子，患者存在严重障碍，为
A. Broca 失语　　　　　B. 传导性失语　　　　　C. Wernicke 失语
D. 失语法性失语　　　　E. 失读症

【X 型题】

2. 失语法患者的临床表现有
A. 省略或替换语法意义的词素　　　　B. 动词使用错误
C. 复杂句子理解和运用障碍　　　　　D. 言语流畅
E. 以上都对

参 考 答 案

一、名词解释

失语法：是失语症患者常常表现出来的一种语言问题。它指的是个体口语和书面语中缺乏语法结构的一种失语症状，其特点是个体在口语或者书面语表达过程中采用电报式语句或者完全缺乏语法结构。

二、选择题

1. D　2. ABC

（陈慧娟）

第六节 双语与多语失语

学习要求

1. **掌握** 双语失语症的概念,康复语言的选择。
2. **熟悉** 双语失语症的 BAT 检测法。
3. **了解** 双语在大脑的存储形式;影响双语间差异的原因;双语失语症的恢复模式及影响因素。

内 容 精 要

一、双语失语及多语失语的概念

1. **定义** 双语失语(bilingual aphasia)或多语失语(polyglot aphasia)是指发病前熟练掌握两种或两种以上语言的失语症患者。如普通话 - 粤语、普通话 - 英语、普通话 - 粤语 - 英语等双语及多语者脑损害引起普通话、粤语及英语双语或多语失语。

2. **双语在大脑的存储形式** ①共同贮存:两种语言彼此联系,可以互相转译,共贮于一个单一的语义记忆系统中;②单独贮存:两种语言各有独立的加工和存储系统,各自进行信息编码、语句分析、独立记忆存贮。

3. **影响双语间差异的原因** 主要有语言使用数量程度、使用语言的环境、习得语言的环境、习得动机及年龄、语言音的结构距离等。

二、双语失语症的评估

目前国际上较常采用的双语失语评估方法是 Paradis 的双语失语检测法(the bilingual aphasia test,BAT)。

1. **BAT 检测通过听、说、读、写四种语言形式,对每一种语言从三层面进行评估** ①语言学层面:语音、语调、句法、词汇、语义;②语言职能层面:理解、复述、接受判断、词汇判断、提问;③语言单位层面:词、句子、段落。

2. **BAT 评估分三部分** 第一部分为双语历史,调查语言获得和语言环境;第二部分则具体针对每一种语言,评估该语言的各项能力,具体包括语言使用背景与使用情况、自发言语、词语理解、听音辨词、语句理解、语义分类、语法判断、语义的可接受性、有 / 无意义词的复数与判断、流利度、命名、造句、语义对立、形态变化、量词的使用、描述、计算、听力检测、阅读、抄写、听写、读词识图、读句识图、写作;第三部分为双语中两语言转换检测,即翻译能力,具体为词的辨认、词的翻译、句的翻译、语法判断。

三、双语失语症的恢复模式与影响因素

1. **双语失语的恢复模式及语言特点** ①平行恢复,语言能力的恢复与病前能力平行,如果一种语言病前占优势,则恢复可能占优势;②差异性恢复,一种语言的恢复明显优于另一种

语言;③对抗性恢复,随着第二种语言的恢复,最初恢复的语言能力逐渐消失;④转换对抗性恢复,对抗性恢复的反复循环,循环周期可为 24 小时至数月;⑤混合型恢复,即使试图说一种语言时,仍出现两种或多种语言的词汇或语法结构不可控制的混合;⑥选择性恢复,仅有一种语言能力丧失,而另一种语言能力并未检测到缺损;连续性恢复,两种或多种语言先后恢复。

2. 影响因素 年龄、语言熟练程度、获得语言的背景、双语的类型等因素可能影响恢复模式,尤其是上述因素的联合作用,可能决定双语或多语失语的恢复模式。亦有学者认为性别、年龄、利手及受教育水平、病变情况、康复欲望等影响双语或多语失语的恢复,而母语因素、环境语言因素、语种差异三方面对双语或多语失语恢复产生重要影响。

四、康复语言的选择

在选择康复治疗语言时,目前主要有四种不同的选择方式:①选择母语;②选择病前最熟悉的语言;③选择患者最先自发恢复的语言;④选择治疗时的环境语言。如果四种方式选择的语言均一致,以该单一语言为突破口,提高该语言的各项能力,再通过翻译训练延伸至其他语言中。若四种方式选择出不同的语言,则要视各种选择、患者个体情况、各种语言能力评定的差异和试验性康复训练的效果等多种因素综合考虑。

习　题

一、名词解释

双语失语

二、选择题

【A 型题】

1. 目前国际上较常采用的双语失语评估方法是
    A. BAT 检测法　　　　　　　B. BDAE 检测法　　　　　　C. ABC 检测法
    D. WAB 检测法　　　　　　　E. Tekon 检测

2. 下列有关双语失语症康复语言选择的描述,**不正确**的是
    A. 选择患者母语　　　　　　　　　　B. 选择治疗者常训练语言
    C. 选择病前最熟悉的语言　　　　　　D. 选择患者最先自发恢复的语言
    E. 选择治疗时的环境语言

【X 型题】

3. 双语在大脑的存储形式有
    A. 共同贮存　　　　　　　　B. 分脑区贮存　　　　　　　C. 单独贮存
    D. 按词语类别贮存　　　　　E. 以上均正确

4. BAT 检测对每一种语言的三个层面进行评估,包括
    A. 语言学水平　　　　　　　B. 声学水平　　　　　　　　C. 语言任务
    D. 语言单位　　　　　　　　E. 生理学水平

5. 双语失语的恢复模式包括
    A. 平行恢复　　　　　　　　B. 差异性恢复　　　　　　　C. 对抗性恢复

D. 转换对抗性恢复　　　　　　E. 选择性恢复

6. 影响双语失语恢复模式的因素包括

A. 语言获得或学习的顺序和方式　　　B. 语言的使用的范围

C. 语言的流利的程度　　　　　　　　D. 语言间的结构距离

E. 失语症类型

三、简答题

1. 简述 BAT 评估的主要内容。

2. 简述双语失语的恢复模式及语言特点。

3. 对双语失语症患者,如何进行康复语言的选择?

参 考 答 案

一、名词解释

双语失语:指发病前熟练掌握两种语言的失语症患者。如普通话 - 粤语、普通话 - 英语等双语者脑损害引起普通话、粤语及英语双语失语。

二、选择题

1. A　2. B　3. AC　4. ACD　5. ABCDE　6. ABCDE

三、简答题

1. BAT 评估的内容主要包括三部分:第一部分为双语历史,调查语言获得和语言环境;第二部分则具体针对每一种语言,评估该语言的各项能力,具体包括语言使用背景与使用情况、自发言语、词语理解、听音辨词、语句理解、语义分类、语法判断、语义的可接受性、有 / 无意义词的复数与判断、流利度、命名、造句、语义对立、形态变化、量词的使用、描述、计算、听力检测、阅读、抄写、听写、读词识图、读句识图、写作;第三部分为双语中两语言转换检测,即翻译能力,具体为词的辨认、词的翻译、句的翻译、语法判断。

2. 双语失语的恢复模式及语言特点如下:①平行恢复,语言能力的恢复与病前能力平行,如果一种语言病前占优势,则恢复可能占优势;②差异性恢复,一种语言的恢复明显优于另一种语言;③对抗性恢复,随着第二种语言的恢复,最初恢复的语言能力逐渐消失;④转换对抗性恢复,对抗性恢复的反复循环,循环周期可为 24 小时至数月;⑤混合型恢复,即使试图说一种语言时,仍出现两种或多种语言的词汇或语法结构不可控制的混合;⑥选择性恢复,仅有一种语言能力丧失,而另一种语言能力并未检测到缺损;连续性恢复,两种或多种语言先后恢复。

3. 对双语失语症患者,选择哪一种语言作为康复语言时一件分歧较大,目前主要有四种不同的选择方式:①选择母语;②选择病前最熟悉的语言;③选择患者最先自发恢复的语言;④选择治疗时的环境语言。如果四种方式选择的语言均一致,以该单一语言为突破口,提高该语言的各项能力,再通过翻译训练延伸至其他语言中。若四种方式选择出不同的语言,则要视各种选择、患者个体情况、各种语言能力评定的差异和试验性康复训练的效果等多种因素综合考虑。

（陈 艳）

第七节 原发性进行性失语症

学 习 要 求

1. **掌握** 原发性进行性失语的概念,语言障碍特点、分类及诊断标准。
2. **熟悉** 原发性进行性失语的言语语言功能评估方法。
3. **了解** 原发性进行性失语的病因与病理。

内 容 精 要

一、原发性进行性失语的概念

PPA 是一种由不同的神经病理学改变引起的临床综合征。患者隐匿性发病,失语是其最主要的功能缺损,在病程的早期阶段有突出的、孤立的语言缺陷,语言产生、物品命名、句法或单词理解等损害,随着病情的发展,认知功能可能受损,但语言障碍仍然是其病程中受损最突出的方面。

二、病因与病理

1. **神经解剖学损伤** 有关 PPA 不同临床症状及特异性神经解剖损伤的研究报道显示:左侧前额叶及岛叶区域与非流利型相关,前颞叶区域与语义型相关,左侧颞顶叶区域与 logopenic 型相关。

2. **分子病理学改变** 临床病理学研究通常将非流利性 PPA 与 tau 蛋白阳性病理改变相联系、语义型与泛素蛋白 /TDP43 阳性病变相关、logopenic 型与 AD 病变相关。

3. **遗传学** 近 10 年来,在 PPA 的遗传学领域取得显著进展。PPA 以常染色体显性遗传方式遗传,大部分患者存在 progranulin（GRN）基因突变。其他与 FTLD 相关的基因型,如微管相关蛋白 tau（MAPT）基因可能与 PPA 有关,但目前的 PPA 分类标准如何应用到遗传学病例尚不明确,而遗传学信息作为确定的病因证据,与病理改变同等重要。

三、语言障碍特点

1. **口语表达障碍** 起始症状常为命名障碍,对熟悉的物品出现命名障碍,交谈中出现找词困难,语言表达类似非流利性失语。早期听理解相对保留,随病情进展,患者言语中实质词减少,最终可表现为哑口无言,一般罕见构音障碍。

2. **听理解障碍** 病情进展,患者可出现不同程度的听理解障碍。初期偶有词义不理解,随病情进展,患者不能理解检查者说出的物品名称,但可通过视觉途径代偿,听理解障碍可逐渐加重,以至完全不理解言语声,导致严重的交流障碍。

四、诊断程与分类标准

（一）PPA 的诊断

诊断标准：①最突出的临床特点是语言障碍；②语言障碍是影响日常生活活动能力的主要原因；③失语症是发病及疾病起始阶段的突出症状。排除标准：①病情可更好的由其他非退行性神经系统等疾病解释；②认知障碍可更好的由精神心理疾病解释；③发病初期视觉记忆及是感知觉障碍；④发病初期突出的行为障碍。

（二）PPA 的分类

目前 PPA 主要分为非流利性 / 失语法型、语义型以及 logopenic 型。三种亚型的诊断包括临床诊断、影像学支持、病理学确诊三个水平。

1. 非流利型 / 失语法型 PPA

1）临床诊断：必须符合下列两条核心症状：①语法错误；②不连续的口语表达、表达困难、表达停顿、发音错误或歪曲（言语失用）。至少符合下列三条其他症状中的两条：①语句构造复杂句的理解受损；②无单词理解障碍；③无物品识别障碍。

2）影像学支持：必须同时包含以下证据：①临床诊断为非流利性 / 失语法型 PPA；②影像学表现包括 MRI 显示左侧额 - 岛叶后部萎缩，或 SPECT/ 显示左侧额 - 岛叶后部低灌注或低代谢。

3）病理学确诊：必须具备①②或①③：①临床诊断为非流利性 / 失语法型 PPA；②神经退行性病变的组织学证据（FTLD-tau，FTLDTDP，AD 等）；③存在已知的致病突变。

2. 语义型 PPA

1）临床诊断：至少符合下列核心症状之一：①命名障碍；②单个词理解受损。至少符合下列其他症状中的三条：①物品识别受损，尤其是低频或不熟悉项目；②朗读或书写困难；③无复述障碍；④无言语生成障碍（语法或言语运动）。

2）影像学支持：必须同时包含以下证据：①临床诊断为语义型 PPA；②影像学表现包括 MRI 显示颞叶前部萎缩，或 SPECT/ 显示颞叶前部低灌注或低代谢。

3）病理学确诊：必须具备①②或①③：①临床诊断为语义型 PPA；②神经退行性病变的组织学证据（FTLD-tau，FTLDTDP，AD 等）；③存在已知的致病突变。

3. logopenic PPA

1）临床诊断：至少符合下列核心症状之一：①在自发言语及命名过程中，单个词提取障碍；②句子及短语复述受损。至少符合下列其他症状中的三条：①在自发言语及命名过程中，出现音位错误；②无单个词的理解及物品识别障碍；③无言语运动障碍；④无明确的语法障碍。

2）影像学支持：必须同时包含以下证据：①临床诊断为 logopenic 型 PPA；②影像学表现包括 MRI 显示左侧外侧裂后部或顶叶萎缩，或 SPECT/ 显示左侧外侧裂后部或顶叶低灌注或低代谢。

3）病理学确诊：必须具备①②或①③：①临床诊断为 logopenic 型 PPA；②神经退行性病变的组织学证据（FTLD-tau，FTLDTDP，AD 等）；③存在已知的致病突变。

五、语言功能评估方法

PPA 患者常用言语语言功能评估方法包括语法、言语运动、命名、复述、句子理解、单词理解、物品/人物识别、朗读/拼写等评估。

习　题

一、名词解释

原发性进行性失语

二、选择题

【A 型题】

1. PPA 起病初期最突出的症状是
    A. 阅读障碍 　　　　　　　B. 复述障碍 　　　　　　　C. 听理解障碍
    D. 命名障碍 　　　　　　　E. 书写障碍

2. 下列关于 PPA 语言障碍的描述,<u>不正确</u>的是
    A. 起始症状常为命名障碍
    B. 语言表达类似非流利性失语
    C. 病情进展可出现构音障碍
    D. 可出现不同程度的听理解障碍
    E. 晚期可有严重的交流障碍

3. 下列关于 PPA 的诊断的描述,正确的是
    A. 语言障碍是影响日常生活活动能力的主要原因
    B. 病情可更好的由其他非退行性神经系统等疾病解释
    C. 认知障碍可更好的由精神心理疾病解释
    D. 发病初期视觉记忆及视感知觉障碍
    E. 发病初期突出的行为障碍

【X 型题】

4. 目前 PPA 主要分为
    A. 失语法型 　　　　　　　B. 语义型 　　　　　　　C. logopenic 型
    D. 失读型 　　　　　　　　E. 失写型

5. 非流利型/失语法型 PPA 的核心症状包括
    A. 单词理解障碍 　　　　　　　　　　B. 物品识别障碍
    C. 语法错误 　　　　　　　　　　　　D. 不连续的口语表达
    E. 复杂句理解受损

6. 非流利型 PPA 与 logopenic 型 PPA 最显著<u>不同</u>的特征是
    A. 语法错误 　　　　　　　　　　　　B. 物品识别障碍
    C. 单词理解障碍 　　　　　　　　　　D. 不连续的口语表达
    E. 复杂句理解受损

三、简答题

1. 简述原发性进行性失语的语言障碍特点。

2. 简述 PPA 的诊断标准。

3. 简述 PPA 的分类及语义型 PPA 的诊断标准。

参 考 答 案

一、名词解释

原发性进行性失语：是一种由不同的神经病理学改变引起的临床综合征。失语是其最主要的功能缺损,在病程的早期阶段有突出的、孤立的语言缺陷,语言产生、物品命名、句法或单词理解等损害,随着病情的发展,认知功能可能受损,但语言障碍仍然是其病程中受损最突出的方面。

二、选择题

1. D   2. C   3. A   4. ABC   5. CD   6. A

三、简答题

1. 原发性进行性失语言障碍特点主要包括:①口语表达障碍:起始症状常为命名障碍,对熟悉的物品出现命名障碍,交谈中出现找词困难,语言表达类似非流利性失语。早期听理解相对保留,随病情进展,患者言语中实质词减少,最终可表现为哑口无言,一般罕见构音障碍。②听理解障碍:病情进展,患者可出现不同程度的听理解障碍。初期偶有词义不理解,随病情进展,患者不能理解检查者说出的物品名称,但可通过视觉途径代偿,听理解障碍可逐渐加重,以至完全不理解言语声,导致严重的交流障碍。

2. PPA 诊断标准:①最突出的临床特点是语言障碍;②语言障碍是影响日常生活活动能力的主要原因;③失语症是发病及疾病起始阶段的突出症状。排除标准:①病情可更好的由其他非退行性神经系统等疾病解释;②认知障碍可更好的由精神心理疾病解释;③发病初期视觉记忆及是感知觉障碍;④发病初期突出的行为障碍。

3. 目前 PPA 主要分为非流利型 / 失语法型、语义型以及 logopenic 型。三种亚型的诊断包括临床诊断、影像学支持、病理学确诊三个水平。语义型 PPA 诊断标准如下:

1) 临床诊断:少符合下列核心症状之一:①命名障碍;②单个词理解受损。至少符合下列其他症状中的三条:①物品识别受损,尤其是低频或不熟悉项目;②朗读或书写困难;③无复述障碍;④无言语生成障碍(语法或言语运动)。

2) 影像学支持:必须同时包含以下证据:①临床诊断为语义型 PPA;②影像学表现包括 MRI 显示颞叶前部萎缩,或 SPECT/ 显示颞叶前部低灌注或低代谢。

3) 病理学确诊:必须具备①②或①③:①临床诊断为语义型 PPA;②神经退行性病变的组织学证据(FTLD-tau,FTLDTDP,AD 等);③存在已知的致病突变。

（陈 艳）

第八节　失语症评定

学 习 要 求

1. **掌握**　汉语标准失语症的检查原则。
2. **熟悉**　失语症评估报告的书写。
3. **了解**　其他失语的评估方法。

内 容 精 要

失语症评定是通过系统全面的语言评定发现患者是否有失语症及程度,鉴别各类失语,了解各种影响患者交流能力的因素,评定患者残存的交流能力,制订治疗计划。

一、国际上常用的失语症检查法

1. 波士顿诊断性失语症检查(Boston Diagnostic Aphasia Examination,BDAE)。
2. 日本标准失语症检查(Standard Language Test of Aphasia,SLTA)。
3. 西方失语症成套测验(Western Aphasia Battery,WAB)。
4. Token 测验。

二、国内常用的失语症评定方法

汉语标准失语症检查:此检查是以日本的标准失语症检查(Standard Language Test of Aphasia,SLTA)为基础,同时借鉴国外有影响的失语评估量表的优点,按照汉语的语言特点和中国人的文化习惯所编制,亦称中国康复研究中心失语症检查法(CRRCAE)。1990 年由李胜利等编制完成,已对 151 名正常人和非失语症患者进行检测并计算出均数和标准差,并用方差分析年龄、性别、利手、职业和文化水平对此检查法的影响,本检查方法适用于我国不同地区使用汉语的成人失语症患者。

此检查包括两部分内容,第一部分是通过患者回答 12 个问题了解其言语的一般情况,第二部分由 30 个分测验组成,分为 9 个大项目,包括听理解、复述、说、出声读、阅读理解、抄写、描写、听写和计算。为不使检查时间太长,身体部位辨别,空间结构等高级皮层功能检查没有包括在内,必要时另外进行。此检查只适合成人失语症患者。在大多数项目中采用了 6 等级评分标准,在患者的反应时间和提示方法都有比较严格的要求。

三、失语症严重程度的评定

见表 5-2。

表 5-2　BDAE 失语症严重程度分级标准

分级	内容
0	无有意义的言语或听觉理解能力
1	言语交流中有不连续的言语表达,但大部分需要听者去推测、询问或猜测;可交流的信息范围有限,听者在言语交流中感到困难
2	在听者的帮助下,可能进行熟悉话题的交谈,但对陌生话题常常不能表达出自己的思想,使患者与检查者都感到进行言语交流有困难
3	在仅需少量帮助下或无帮助下,患者可以讨论几乎所有的日常问题。但由于言语和(或)理解能力的减弱,使某些谈话出现困难或不大可能
4	言语流利,但可观察到有理解障碍,但思想和言语表达尚无明显限制
5	有极少可分辨得出的言语障碍,患者主观上可能有点困难,但听者不一定能明显觉察到

四、失语症的鉴别诊断

1. 主要失语症类型的鉴别诊断,主要通过失语症的三个方面进行鉴别诊断　①言语的流畅度;②口语的听觉理解;③复述。

2. 失语症与其他言语障碍的鉴别诊断　①运动性构音障碍(Dysarthria);②言语失用;③言语错乱;④格斯特曼综合征(Gerstmann syndrome);⑤痴呆(Dementia)。

五、失语症的评估报告及训练程序

评估报告书非常必要,它是失语症评估结果的总结,是参加评估会的重要资料,也是制订治疗计划的重要依据,一般在开完评估会以后被放在医院的病历中保存。

1. 报告书内容和格式　报告书要以失语症的综合评估结果为基础,医生及康复小组其他成员负有互通患者语言障碍状况的责任。内容要求简明扼要。突出各种失语症的类型和程度;一般住院患者需要书写三次,即初期、中期和末期评估报告。患者失语症评估报告书如下表 5-3 所示。

表 5-3　失语症评估报告书

语言评估报告(初期)

患者:　　　　年龄:　　　　性别:　　　　职业:　　　　利手:　　　　日期:

临床诊断:　　CT 或 MRI:　　　　语言障碍诊断:　　　　语言治疗师:

Ⅰ. 大体所见

　　失语

　　脑功能低下

　　口部颜面部失用,其他高级脑功能障碍

　　[现在交流能力]

　　　　以失语症程度为标准

Ⅱ. 检查结果

　　语言功能

　　　　听:

　　　　说:

读：
写：
计算：
其他
全部脑功能（WAIS-R 知能诊断检查的动作性检查结果等）
Ⅲ. 总结
语言障碍种类、程度、类型及成为诊断依据的语言症状总结
合并障碍
推测预后
制订计划（长期和短期目标设定）
适当的治疗途径和方法
其他与治疗有关的问题

（中国康复研究中心制）

2. 报告书中记录的要点，见表 5-4。

表 5-4　失语症评估报告书中记录的要点

项目	内容
听	有无听语理解障碍，水平（单词、短文、口头指示），内容（高频率语、低频率语、语言的抽象度、文章的构造）因话题而不同，单纯写作和谈话的差别，检查认知障碍的有无和程度
说	有无自发性言语，自发语的量，有无一定程度的系列语，说话水平（单词文章）及其内容（与说话量比较的情报量），流畅性，有无错误构音，有无命名困难（迂回、延迟、不能），有无错语（语性、音韵性），有无语法障碍。有无复述障碍和水平（单词、文）有无回响语言，自发语言、惯用的（自动的）语言
读	与听理解障碍程度比较的阅读理解障碍程度，有无肌肉运动知觉的影响
写	自发书写（姓名、住所）抄写（视觉通路）听写（听觉通路）
计算	是否保留数的概念，笔算（加、减、乘、除）水平

3. 其他　简单总结必要的智能检查、构音检查或其他高级脑功能检查的结果。

（1）合并问题（或可疑症状）：①构音障碍；②行为、认知异常；③听力、视觉异常。

（2）一般问题：①脑功能低下；②注意保持；③检查态度（配合、拒绝）；④疲劳程度；⑤妨碍检查和训练可能出现的问题。

4. 总结　总结患者语言障碍问题点和制定训练方针及推测预后。

5. 训练的适应证。

6. 制订计划

（1）短期目标：是根据长期目标和患者的具体情况决定，拟订一周或一个月的进度和当时应达到的水平，在确定短期目标时要注意：①训练内容和难度要依据患者的现存能力来确定；②要求达到的目标不能超出预期患者应能达到的功能水平。

（2）长期目标：根据失语程度的不同来确定，可以参照表 5-5。

表 5-5　失语治疗长期目标

分度	BDAE 失语严重级	长期目标
轻度	4、5	改善言语功能,力争恢复就业
中度	2、3	充分利用残存功能,在交流上做到基本自如
重度	1、2	利用残存功能和代偿方法,进行简单的日常交流

习　题

一、名词解释

言语错乱

二、选择题

【A1 型题】

1. 日本的标准失语症检查是
   A. BDAE　　　　B. WAB　　　　C. CADL　　　　D. SLTA　　　　E. Token test

2. BDAE(波士顿失语诊断性检查)是
   A. 筛查表
   B. 标准化量表
   C. 专门用于听理解检查量表
   D. 检查患者日常交流能力的量表
   E. 用于阅读理解检查的量表

3. 汉语标准失语症检查主要参考下面哪个检查制定的
   A. BDAE　　　　B. CADL　　　　C. SLTA　　　　D. RCBA　　　　E. WAB

4. 西方失语成套测验优点之一是
   A. 可对语言特征进行定性分析
   B. 确定失语症严重程度
   C. 省时
   D. 对失语症进行分类
   E. 对失语症的发音异常定量分析

5. 汉语标准失语症检查在大多项目中采用了
   A. 5 级评分方法　　　　B. 6 级评分方法　　　　C. 4 级评分方法
   D. 8 级评分方法　　　　E. 3 级评分方法

6. 汉语标准失语症检查包括
   A. 30 个分测验,分为 9 大项
   B. 29 个分测验,分为 5 大项
   C. 28 个分测验,分为 4 大项
   D. 27 个分测验,分为 3 大项
   E. 25 个分测验,分为 5 大项

7. Wernicke 失语
   A. 颞下回的损伤　　　　B. 表现为非流利性口语　　　　C. 出现电报式言语
   D. 表现为复述差　　　　E. 听理解障碍轻微

8. 言语交流中有不连续的言语表达,但大部分需要听者去推测、询问或猜测;可交流的信息范围有限,听者在言语交流中感到困难,是 BDAE 分级中的
   A. 2 级　　　B. 1 级　　　C. 3 级　　　D. 4 级　　　E. 5 级

9. 有极少可分辨得出的言语障碍,患者主观上可能有点困难,但听者不一定能明显觉察到,是 BDAE 分级中的
   A. 3 级   B. 1 级   C. 2 级   D. 6 级   E. 5 级

10. 失语症单一语言模式的评估方法是
    A. FCP   B. Token test   C. CADL   D. SLTA   E. WAB

三、简答题

失语症需要与哪些言语障碍和综合征进行鉴别诊断?

参 考 答 案

一、名词解释

言语错乱:是由脑损伤后失定向和记忆思维混乱而引起的一种言语障碍。

二、选择题

1. D 2. B 3. C 4. C 5. B 6. A 7. D 8. B 9. E 10. B

三、简答题

失语症需要与运动性构音障碍、言语失用、言语错乱、格斯特曼综合征和痴呆进行鉴别诊断。

(李胜利)

第九节　失语症治疗的适应证、原则与预后

学 习 要 求

1. 掌握　失语症治疗的适应证和治疗时机。
2. 熟悉　失语症治疗的训练顺序,失语症的预后与哪些因素有关。
3. 了解　失语症治疗的主要机制。

内 容 精 要

失语症治疗的适应证:原则上所有失语症患者都是语言训练的适应证,但有明显意识障碍,情感、行为和精神异常,以及全身情况差不能配合训练者除外。

失语症的治疗时机:原发疾病不再进展,生命体征稳定,意识清楚,应尽早开始训练。开始训练的时间越早,训练效果越好。

失语症治疗的主要机制:恢复的理论依据为脑的可塑性。有两种学说:功能代偿学说和功

能重组学说。

目前大多数学者肯定语言治疗是有效的,失语症的预后与以下因素有关:①原发病、病灶部位和大小;②病情轻重程度;③合并症的有无;④训练开始时间;⑤发病年龄;⑥失语类型;⑦利手;⑧智力;⑨性格;⑩训练的积极性和对恢复的期望。

习　题

一、选择题

【A1 型题】

1. 失语症患者合并以下哪种情况仍可予语言训练
   A. 嗜睡　　　　　　　　B. 严重的抑郁症　　　　　C. 认知障碍
   D. 精神病　　　　　　　E. 严重痴呆

2. 失语症患者合并以下哪种情况停止语言训练
   A. 原发疾病不再进展　　B. 生命体征平稳　　　　　C. 意识清楚
   D. 全身状态不佳　　　　E. 运动性失语

二、简答题

失语症的预后与哪些因素有关?

参 考 答 案

一、选择题

1. C　2. D

二、简答题

失语症的预后与以下因素有关:①原发病、病灶部位和大小:颅脑外伤比脑卒中的预后好;病灶小者预后较好;单一病灶者预后优于复发、多病灶者;②病情轻重程度:病情轻者预后好;③并发症的有无:无并发症者预后好;④训练开始时间:训练开始时间越早预后越好;⑤发病年龄:发病年龄越轻预后越好;⑥失语类型:表达障碍者比理解障碍者预后好;⑦利手关系:左利或双利者比右利者预后好;⑧智力:智商高者比低者预后好;⑨性格:外向性格者预后好;⑩训练的积极性和对恢复的期望:积极训练者预后好;迫切要求恢复者预后好。

(张建斌)

第十节　Schuell 刺激疗法

刺激是否恰当的唯一途径,是它能提供重要的治疗反馈而使治疗师能调整下一步的刺激。正确反应要强化以及矫正刺激,当患者作出对刺激的有利反应也就是正确的反应时,治疗师要及时给予反馈进行鼓励和肯定(正强化)并向患者展示这个正确的过程。当患者没有作出正确反应时,可能是刺激方式不适当或不充分,治疗师要修正刺激。

学 习 要 求

1. **掌握** Schuell 刺激疗法的原则。
2. **熟悉** 治疗程序的设定及注意事项。
3. **了解** 治疗课题的选择。

内 容 精 要

一、Schuell 刺激疗法原则

Schuell 刺激疗法的机制和原则很多,但重要的原则可以归纳为以下六条,见表 5-6。

表 5-6　失语症 Schuell 刺激疗法的主要原则

刺激原则	说明
使用一定强度的听觉刺激	是刺激疗法的框架,因为听觉模式在语言过程中居于首位,而且听觉模式的障碍是失语症患者的关键问题,但是听觉刺激并不是唯一使用的刺激方式,要理解在治疗中一种模式的使用可以强化另一种模式,因此,在有些失语症患者治疗中联合使用听觉刺激和视觉刺激可以是正确的
适当的刺激	采用的刺激必须能输入大脑,因此,要根据失语症的类型和程度,选用适当的控制下的,一定数量甚至是多维度的刺激。刺激的难度上要使患者感到有一定难度但尚能完成为宜,有研究证明,当患者对于刺激的平均反应正确率在 60%~80% 时是适当的,而当正确率达到 90%~95% 时就需要及时增加刺激的难度
多途径的刺激	多途径输入,如给予听刺激的同时给予视、触嗅等刺激(如实物)可以相互促进效果
反复使用感觉刺激	一次刺激得不到反应时,一定数量的反复刺激可以提高患者的反应性
刺激应引出反应	刺激应引出一个反应,这种反应不应该是被强迫或纠正后的反应,如果刺激是适当的,就一定会引出反应,如果没引出反应,就说明刺激是不适当的。这是评价刺激是否恰当的唯一途径,它能提供重要的治疗反馈而使治疗师能调整下一步的刺激
正确反应要强化以及矫正刺激	当患者作出对刺激的有利反应也就是正确的反应时,治疗师要及时给予反馈进行鼓励和肯定(正强化)并向患者展示这个正确的过程。当患者没有作出正确反应时,可能是刺激方式不适当或不充分,治疗师要修正刺激

二、治疗程序的设定及注意事项

治疗师在设计刺激治疗时需要注意以下的内容:

（一）刺激条件

1. **场所** 实施刺激治疗的主要在自由声场的环境中进行,研究证明,安静的场所、没有背景噪声(如电视、收音机、环境背景声)会促进失语症患者执行其语言功能,因此,Schuell刺激法的实施场所经常会选择在一间封闭、有一定环境声音控制的治疗室内进行,为使治疗时的刺激能够顺利被患者所接受并得到患者的反应,家属一般不允许陪同治疗。

2. **标准** 使用刺激调整的标准体现在听觉刺激训练对于患者的基本反应水平的测量(基线水平),根据患者在失语症评价中的基础能力(基线)去确定选用刺激用词的长度(单音节、多音节、复合词、修饰词)、种类(名词还是动词);干扰患者作出反应时的备选词数量,例如当患者进行听理解单词训练时,可供选择的单词的数量(3个、6个、9个或更多);采用的选择方式(单选、多选);所选用的词的使用频度,是常用词还是非常用词等。但无论采用什么的治疗内容,都应遵循由易到难,循序渐进的原则。

3. **方式** 包括听觉、视觉和触觉刺激等,但以听觉刺激为主的刺激模式,研究证明,人的言语声音要较录音和电子合成声音更容易促进失语症患者的语言功能的恢复,因此,人的言语声音作为听觉刺激的主要声音来源。治疗师和患者采用一对一,面对面的形式,治疗师用自己的言语声音作为主要的听觉刺激工具,对于患者实施治疗。要注意到听觉刺激并不是在刺激治疗中采用的唯一形式,在重症失语症患者常采取听觉、视觉、示意动作和触觉相结合的方式,在引出患者的反应后,逐渐减少刺激的类型,最终过渡到听觉刺激的模式。

4. **强度** 是指刺激的强弱选择,如刺激的次数、声音的大小,图片的大小、颜色、内容和有无辅助刺激。一定数量的重复刺激容易引出失语症患者的反应,有研究证明,在多次重复刺激中(20次),前4次的刺激对于失语症患者的反应是最重要的,在前四次的刺激中,第1次和第2次最容易引起患者的反应,而第3、4次刺激时患者的反应水平是基本稳定的,因此不少于3次的刺激是在刺激疗法中常用的频度。虽然没有研究证明,大的声音会促进患者的语言功能,但在实践中还是认为相对大声(50dB以上)、语音清晰和语速偏慢(低于150词/分)的言语刺激对于患者的反应是有积极作用的。对于图片的选择,尺寸大、彩色,以及立体的图片刺激强度要高于黑白、线条图的刺激,但在治疗中需要注意的是,避免采用卡通、幼儿用图片这些容易引起成人失语症患者反感和抗拒的治疗用具是必要的,需要使患者了解到,图片在语言治疗中的重要性,进行解释和说明在治疗中是需要的。

5. **材料选择** 进行Schuell刺激治疗时需要进行训练材料的选择和制备,训练材料主要包括实物模型、镶嵌板、卡片(图卡和词卡)、情景图画、阅读材料、书写材料、朗读材料等。选择和制备训练材料的原则是首先要根据患者实际的语言功能如听理解在单词水平、或是在句子和执行命令的阶段,表达主要是命名障碍等,这些都是由评价得来的结果;其次也要根据患者的日常生活交流的需要,以及个人的背景和兴趣爱好来选择训练材料;最后材料的选择原则是失语症患者熟悉的内容,以及利于进行扩展的内容,例如日常用具、生活起居这些范畴既是患者日常进行的活动,非常熟悉,又有利于在日常生活中进行应用,提高交流水平。需要知道的是,选择的材料是刺激的材料,并非教育使用,并非是失语症患者重新获取新的知识和理论,因此在治疗中要注意不要对患者进行教学教育,这样就去违背了刺激治疗的初衷了。

（二）提示

提示指的是当患者对于刺激后出现的反应缓慢、困难以及错误时,治疗师为了引出正确有利的反应所进行的帮助行为,提示的种类很多,治疗师需要根据患者的反应来调整提示的形式、方法、时间以及强度。

在提示时要注意以下几点：

1. **提示的前提**　要依据治疗课题的方式而定,如听理解训练时,当书写中有构字障碍时或阅读理解中有错答时,规定在多少秒后患者无反应才给予等,这方面也常常需要依据患者的障碍程度和运动功能来控制。如右利患者患右偏瘫而用左手书写时,刺激后等待出现反应的时间可以延长。

2. **提示的数量和项目**　在提示的项目上常有所不同,重症患者提示的项目较多,如呼名时要用的提示包括描述、手势、词头音和文字等,而轻度患者常常只需要单一的方式如词头音或描述即可引出正确的回答。

3. **提示的接受性**　治疗师用来进行提示的方式和内容需要根据患者的个人背景、情绪和提示后反应作出调整,提示应以患者能够接受为适合,而不会引起患者的负面情绪,使其乐于接受提示进行反应。

4. **避免过度的依赖提示**　提示是用来帮助患者进行刺激治疗中的出现有利反应的,但不应该是患者依赖提示去完成刺激治疗的内容,因此治疗师的提示应注意在治疗中避免留下过于明显的痕迹,是患者注意到提示而不去对刺激进行反应,结果造成患者在治疗中去等待提示的帮助,这样反倒会影响了刺激治疗的进行。

（三）治疗中的评价

这是指在具体治疗课题进行时,治疗人员对患者反应进行评价。要遵循设定的刺激标准和条件做客观的记录,举例表 5-7,该表中记录了常见的刺激治疗内容,又称为课题,因失语症的类型和严重程度不同,患者可能会在完成不同课题时作出各种反应,正确反应除了按设定时间作出的正确回答外,还包括延迟反应和自我更正,均以(+)表示;不符合设定标准的反应为误答,以(−)表示。无反应时要按规定的方法提示,连续无反应或误答要考虑预先设定的课题难度是否适合患者的水平,应下降一个等级进行治疗。经过治疗,患者的正答率逐渐增加,提示减少,当连续 3 次正答率大于 80% 以上时,即可进行下一课题的治疗,当某一方向（模式）的正答率达到了 90%~95%,该训练就可以认为达到了治疗目标而考虑进行其他模式的治疗了。

表 5-7　训练评价记录表

听理解（SP：P）	称呼（P：SP）	读解（P：W/W：P）	书写（P：WR/SP：W）
西红柿			
豆角			
茄子			
黄瓜			
白菜			
菠菜			
芹菜			
南瓜			
土豆			
辣椒			

注:SP(Speech):言语;P(Picture):图;W(Word):词;WR(Write)：书写;"："代表对应关系。
(1)(2)(3)　(1)(2)(3)　(1)(2)(3)　(1)(2)(3),采用 1/10 选择方式

（四）反馈

反馈可巩固患者的正确反应，减少错误反应。正确地应用反馈对加速失语症的康复很重要。当患者正答时采取肯定患者的反应，向患者重复正答的反应过程，并将答案与其他相关概念或动作比较，以扩展患者的正确反应，以上这些方法称正强化。当患者错误回答时要对此反应进行否定，但因部分失语症患者的情绪常不稳定，连续生硬的语言可能会使患者失去信心而不能配合治疗，因此在治疗中治疗师要注意进行否定时对于患者的刺激强度影响，避免过度刺激患者，此外治疗师还可以采用不去回应患者错误反应的弱化方式进行反馈，避免引起患者对于错误的愤怒和羞愧反应，这些对于患者错误的反应方式采用的反馈方法称为负强化。其他改善错误反应的方法还包括让患者保持注意，对答案进行说明性描述和改变控制刺激条件等。总之，反馈的目的在于鼓励和激励患者在刺激治疗中保持有利的反应，摒弃和消除不利的、错误的反应，并能扩展这些正确的反应，达到正性刺激的目的。

三、治疗程序的选择

（一）按语言损伤模式和失语程度选择治疗程序，参考表 5-8；

表 5-8 不同语言模式和严重程度的训练课题

语言模式	程度	训练课题
听理解	重度	单词与画、文字匹配，是或非反应
	中度	听短文作是或非反应，正误判断，口头命令
	轻度	在中度基础上，选用的句子和文章更长，内容更复杂（新闻理解等）
读解	重度	画和文字匹配（日常物品，简单动作）
	中度	情景画、动作、句子、文章配合，执行简单书写命令，读短文回答问题
	轻度	执行较长文字命令，读长篇文章（故事等）回答问题
口语	重度	复述（音节、单词、系列语、问候语），常用词命名，动作描述，读单音节词
	中度	复述（短文），读短文，称呼，动作描述（动词的表现，情景画及漫画说明）
	轻度	事物描述，日常生活话题的交谈
书写	重度	姓名、听写（日常生活物品单词）
	中度	听写（单词 - 短文），动作描写
	轻度	听写（长文章），描述性书写，日记
其他		计算练习、钱的计算、写字、绘画、写信、查字典、写作、利用、趣味活动等，均应按程度进行

（二）按失语症类型设计治疗程序，选择治疗课题，参考表 5-9；

表 5-9 不同类型失语症训练重点

失语症类型	训练重点
Broca 失语	构音训练、口语和文字表达
Wernicke 失语	听理解、复述、会话

续表

失语症类型	训练重点
命名性失语	执行口头指令、口语命名、文字称呼
传导性失语	听写、复述
经皮质感觉性失语	听理解（以 Wernicke 失语为基础）
经皮质运动性失语	以 Broca 失语课题为基础
完全性失语	视觉理解、听觉理解、手势、交流板应用

习　题

一、名词解释

Schuell 刺激疗法

二、选择题

【A1 型题】

1. 失语症治疗方法应用最广泛的治疗方法是
   A. 阻断去除法　　　　　　　B. 程序治疗法　　　　　　　C. 脱抑制法
   D. 功能重组　　　　　　　　E. Schuell 刺激疗法

2. Schuell 刺激疗法的刺激基础是
   A. 听觉刺激　　B. 视觉刺激　　C. 认知刺激　　D. 知觉刺激　　E. 感觉刺激

3. 传说的 schuell 刺激疗法必须遵循六个原则,当刺激后得不到病人的正确反应时,训练人员必须
   A. 指责病人
   B. 停止训练
   C. 得不到正确反应的原因多是刺激方式不当刺激不充分,应矫正刺激
   D. 继续加强难度
   E. 不告诉病人

4. 下列哪种方法**不属于**失语症的训练法
   A. Schuell 刺激疗法　　　　　　　　　B. 程序学习法
   C. 实用交流程序促进法　　　　　　　　D. Bobath 促进法
   E. 旋律语调训练法

5. 语言治疗中患者连续 3 次正答率大于多少时即可进行下一课题的治疗
   A. 50　　　　　B. 60　　　　　C. 70　　　　　D. 80　　　　　E. 90

三、简答题

简述 Schuell 刺激疗法的原理。

参 考 答 案

一、名词解释

Schuell 刺激疗法：是指在受损害的语言符号系统中采用强烈的、被控制的和一定强度的听觉刺激作为首要的治疗工具去促进和扩大失语症患者语言功能的重组和恢复。

二、选择题

1. E 2. A 3. C 4. D 5. D

三、简答题

Schuell 刺激疗法的原理，见表 5-10。

表 5-10 失语症 Schuell 刺激疗法的主要原则

刺激原则	说明
使用一定强度的听觉刺激	是刺激疗法的框架，因为听觉模式在语言过程中居于首位，而且听觉模式的障碍是失语症患者的关键问题，但是听觉刺激并不是唯一使用的刺激方式，要理解在治疗中一种模式的使用可以强化另一种模式，因此，在有些失语症患者治疗中联合使用听觉刺激和视觉刺激可以是正确的
适当的刺激	采用的刺激必须能输入大脑，因此，要根据失语症的类型和程度，选用适当的控制下的，一定数量甚至是多维度的刺激。刺激的难度上要使患者感到有一定难度但尚能完成为宜，有研究证明，当患者对于刺激的平均反应正确率在 60%~80% 时是适当的，而当正确率达到 90%~95% 时就需要及时增加刺激的难度
多途径的刺激	多途径输入，如给予听刺激的同时给予视，触嗅等刺激（如实物）可以相互促进效果
反复使用感觉刺激	一次刺激得不到反应时，一定数量的反复刺激可以提高患者的反应性
刺激应引出反应	刺激应引出一个反应，这种反应不应该是被强迫或纠正后的反应，如果刺激是适当的，就一定会引出反应，如果没引出反应，就说明刺激是不适当的。这是评价刺激是否恰当的唯一途径，它能提供重要的治疗反馈而使治疗师能调整下一步的刺激
正确反应要强化以及矫正刺激	当患者作出对刺激的有利反应也就是正确的反应时，治疗师要及时给予反馈进行鼓励和肯定（正强化）并向患者展示这个正确的过程。当患者没有作出正确反应时，可能是刺激方式不适当或不充分，治疗师要修正刺激

（张庆苏）

第十一节 针对功能障碍的失语症治疗

学习要求

1. **掌握** 各种功能障碍失语症的治疗方法。
2. **熟悉** 熟悉各功能障碍的临床表现。
3. **了解** 各功能障碍的定义及影响因素。

内容精要

一、表达障碍

口语表达的生成是将说话者头脑中要传达的意义转变为声音,能让听话者听到,这些声音由具有句法结构的语音序列构成,口语表达的生成包括两种主要信息的编码和转换活动。其一,从思想代码的转换。说话者运用语言知识将他所表达的意义进行编码,使其转化为具有句法和语音结构的言语信息;其二,从语言代码到生理的、运动代码的转换。为了发出句子的声音,说话者必须将语言表征转换成一套运动指令,由运动指令来规定产生系统的各个生理机制,特别是发音器官(喉头、声带、口腔、鼻腔、肺部)的活动,发出每个音素的声音。

二、听理解障碍

听理解的解剖径路:声音→cotti 器→听神经→耳蜗核→双侧外侧纵束→下丘核→下丘臂→内侧膝状体→听辐射→颞横回听觉皮层→次级语言区。次级语言中枢,即听觉联合区,进行语言高级信息处理,位于颞上回后部(22 区),此区受损,患者虽然听觉正常,但听不懂别人讲话的意思,也不能理解自己讲话的意义,称为感觉性失语或 Wernicke 失语,Wernicke 区则是语言理解中枢,颞顶枕部是理解的三级皮质区。

三、复述障碍

复述是一个重要的言语功能:婴儿咿呀学语、儿童学习说话、我们学习外语或某种方言,常从复述开始。复述(repetition)是在正常人交谈中,确切地重复他人说的数、词、短语和句子的能力。复述障碍是失语症中的重要症状之一。失语患者有无复述障碍也是失语症分类的重要依据之一。如外侧裂周围失语综合征患者有复述障碍;而分水岭失语综合征患者的复述则相对保留。复述也是语言康复训练中一个重要手段。复述看上去很简单,不过是语音模仿,但也需经过接受听信息、译码、再编码、口语表达的复杂过程才能完成。

四、命名障碍

命名障碍(anomia)也称找词困难或词回忆障碍,不能随意提取已熟知的词,对已熟记的物品或事物再次感知时不能正确说其名称,但是了解该物品或事物的用途或含义。所有失语症患者均有不同程度的命名障碍。

五、不同失语症的分类治疗

（一）Broca 失语的治疗

Broca 失语患者口语常减少,构音不清说话费力,常常一个字一个字地说出,因此,言语旋律很差或丧失,语句长度变短,言语常由单词组成。经常出现词的替代,失语法结构或类似电报式语言,不同类型的错语,听觉理解较轻。Broca 失语患者有时会有很好的构音并反复说出一些字词,一些是有具体意义的词。当一些患者的言语恢复到词句水平时,言语中的韵律障碍和构音费力便表现得比较突出。

（二）Wernicke 失语的治疗

许多失语患者都有不同程度形式的理解障碍。治疗人员应注意两个问题。①听觉理解并不是单独存在,而是作为所有失语表现的一部分;②失语患者所表现出的听觉理解障碍与言语表达障碍程度并不完全一致。Schuell(1953)研究了 130 名不同类型的失语患者发现在理解测验都有理解错误,但他们的基本机制不同,运动性患者表现为口语的思维和内部言语的丧失,语义性失语,没有能力抓住完整的语法结构。

（三）完全性失语的治疗

完全性失语是指全部语言模式受到了严重损害,因此他们见没有能力通过言语和书写进行交际并且几乎没有能力理解口语和书面语,他们所面临的是最大的康复挑战。虽然完全性失语是一种严重的失语,但是有人对完全性失语的患者进行了研究,观察到他们表现出不同程度的视觉交流能力:①执行指空;②回答问题;③描述事情;④表达感情;⑤表达即刻需要;⑥表达要求。这些发现表明在完全性失语一些自然语言所需的认知活动实存在的。临床治疗已证实了只要使用适当的暗示、提词和刺激,甚至最严重的失语患者也可以理解和产生语言。虽然他们不能明显的改善回忆能力,但可以临时帮助患者理解和表达。

习　题

一、名词解释

1. 命名障碍
2. 听理解障碍

二、选择题

【A 型题】

1. 所有失语症均有不同程度的
   A. 表达障碍　　　　　　　B. 命名性障碍　　　　　　C. 理解障碍
   D. 复述障碍　　　　　　　E. 书写障碍
2. 复述功能的基础在大脑半球
   A. 颞上回　　　　　　　　B. 枕叶　　　　　　　　　C. 额中回后部
   D. 外侧裂周区　　　　　　E. 颞下回
3. 失语患者的复述障碍因素<u>不包括</u>
   A. 音位组成

B. 词汇状态

C. 词的长度

D. 句法形式

E. 不可预见性和语法种类影响失语患者的复述能力

4. 经皮质混合性失语突出的特点为

A. 命名较好   B. 表达正常   C. 复述能力好

D. 自发语言好   E. 阅读较好

5. 李某,男性,46 岁。右利手,自发性脑出血,CT 示左额颞叶低密度灶。现患者右侧肢体无力伴言语障碍,变现为刻板语,任何问话均以"呀、呀"回答。该患诊断为

A. 传导性失语   B. 命名性失语   C. 完全性失语

D. 经皮运动性失语   E. 经皮感觉性失语

【X 型题】

6. 影响听理解的主要因素有

A. 信息长度   B. 句法结构的简单性   C. 词汇的使用频率

D. 语言速度   E. 语境因素

7. 属于命名障碍临床表现的有

A. 命名反应时延长   B. 错语   C. 陈旧语

D. 虚词替代   E. 替代语

三、简答题

1. 简述 Broca 失语的治疗方法。

2. 听理解障碍主要包括哪几种?

参 考 答 案

一、名词解释

1. **命名障碍**:也称找词困难或词回忆障碍,不能随意提取已熟知的词,对已熟记的物品或事物再次感知时不能正确说其名称,但是了解该物品或事物的用途或含义。

2. **听理解障碍**:是虽然可以听到声音,但是却不能理解听到的语音所表示的意思。

二、选择题

1. B   2. D   3. E   4. C   5. C   6. ACDE   7. ABD

三、简答题

1. ①教会语言表达技能;②自动性言语;③自动性言语;④描述训练。

2. ①音位识别障碍;②词汇识别障碍;③语句理解障碍;④句法理解障碍;⑤多维语义的理解障碍。

(陈慧娟)

第十二节　促进实用交流能力的训练

学 习 要 求

1. **掌握**　促进实用交流能力的训练的训练原则;交流效果促进法的治疗方法。
2. **熟悉**　交流效果促进法的治疗原则、具体的代偿手段、评分方法。
3. **了解**　促进实用交流能力的训练的训练目的;交流效果促进法的适应证、停止训练的标准。

内 容 精 要

一、训练目的

使语言障碍的患者最大限度地利用其残存的能力(语言的或非语言的),以确定最有效的交流方法,使其能有效地与周围人发生有意义的联系,尤其是促进日常生活中所必备的交流能力。

二、训练原则

1. **重视常用的原则**　采用日常交流活动的内容作为训练课题,选用接近现实生活的训练材料。
2. **重视传递性的原则**　不仅仅用口语,还应会利用书面语、手势语、图画等代偿手段传递信息,以达到综合交流能力的提高。
3. **调整交流策略的原则**　治疗计划中应包括促进运用交流策略的训练,使患者学会选择适合不同场合及自身水平的交流方法,丰富交流策略的类型和内容。
4. **重视交流的原则**　设定更接近于实际生活的语境变化,引出患者的自发交流反应,并在交流过程中得到自然、较好的反馈。

三、交流效果促进法

这是促进实用交流能力的训练的主要方法,是目前国际上最得到公认的促进实用交流的训练方法之一。

1. **理论依据**　在训练中利用接近实用交流的对话结构,信息在语言治疗师和患者之间交互传递,使患者尽量调动自己的残存的语言能力,以获得较为实用的交流技能。
2. **适应证**　适合于各种类型和程度的语言障碍者,应考虑患者对训练方法的理解。
3. **治疗原则**　①交换新的未知子信息;②自由选择交往手段;③平等交换会话责任;④根据信息传递的成功度进行反馈。
4. **训练方法**　将一叠图片正面向下扣置于桌上,治疗师与患者交替摸取,不让对方看见自己手中图片的内容。然后运用各种表达方式(如呼名、迂回语、手势语、指物、绘画等)将信息传递给对方,接收者通过重复确认、猜测、反复质问等方式进行适当反馈。

5. **具体的代偿手段** ①手势语的训练:手势语不单指手的动作,还应包括有头及四肢的动作,与姿势相比较,它更强调的是动态;②图画训练:此方法对重度语言障碍而保留一定的绘画能力的患者可能有效,训练前可以先画人体的器官、主要部位、漫画理解等检查;③交流板/交流册的训练:适用于口语及书面表达进行实用交流很困难的患者,但应有文字及图画的认识能力;④电脑及仪器辅助训练:应用高科技辅助交流代偿仪器,如触按说话器,环境控制系统等。

6. **评定** 可采用 PACE 评分法:①注意事项:选材应适合患者的水平,对较为严重的语言障碍患者应该限制图片的数量,对于需要示范代偿方法者,可同时进行手语、绘图等代偿手段的训练;②停止训练的标准:经过一段时间的训练(包括其他训练法),患者的语言功能已经超过应用此方法训练的水平,就应停止 PACE 训练。

习 题

一、名词解释

1. 交流效果促进法
2. 交流板

二、选择题

【A1 型题】

1. 有关交流效果促进法训练方法**错误**的是
   A. 将一叠图片正面向下扣置于桌上,治疗师与患者交替摸取
   B. 不让对方看见自己手中图片的内容
   C. 然后运用各种表达方式将信息传递给对方
   D. 接收者通过各种方式进行适当反馈
   E. 治疗师不应该向患者提供适当的示范

2. 交流效果促进法具体的代偿手段**不包括**
   A. 手势语的训练
   B. 图画训练
   C. 交流板/交流册的训练
   D. 电脑及仪器辅助训练
   E. 书写功能的训练

3. 应用交流板/交流册的训练时应注意哪些因素
   A. 患者能否辨认常见物品图画
   B. 患者能否辨认常用词
   C. 患者能否阅读简单语句
   D. 患者潜在的语言功能是什么
   E. 对有一定阅读能力的患者,不应用交流板/交流册的训练

4. 有关交流效果促进法适应证的描述**错误**的是
   A. 适合于各种类型和程度的语言障碍者
   B. 应考虑患者对训练方法的理解
   C. 可以在小组训练中应用

D. 不应将方法教会患者的家属进行家庭训练

E. 要清楚停止训练的标准

5. 有关手势语的训练**错误**的是

A. 手势语单单是指手的动作
B. 手势语包括有头、颈的动作

C. 手势语包括有四肢的动作
D. 手势语更强调的是动态

E. 手势语包括姿势的动作

6. 图画训练对哪个程度的语言障碍而保留一定的绘画能力的患者有效

A. 轻度　　　　B. 中度　　　　C. 重度　　　　D. 稍轻　　　　E. 以上都不是

7. 促进实用交流能力的训练时,常常应用 PACE 评分法,当语言治疗师通过的多次询问,或借助手势、书写等代偿手段将信息传递成功,应评为几分

A. 5 分　　　　B. 4 分　　　　C. 3 分　　　　D. 2 分　　　　E. 1 分

8. 交流效果促进法(PACE 法)进行语言训练停止训练的标准是

A. 患者习惯于传统的语言训练方法

B. 患者的语言功能已经超过应用此方法训练的水平

C. 患者的语言功能基本接近应用此方法训练的水平

D. 患者的语言功能无法达到应用此方法训练的水平

E. 以上均不对

【B1 型题】

9~11 题共用备选答案

A. 手势语的训练

B. 图画训练

C. 交流板 / 交流册的训练

D. 阅读的训练

E. 书写的训练

9. 对重度语言障碍而保留一定的绘画能力的患者可考虑进行

10. 口语及书面表达进行实用交流很困难的患者可考虑进行

11. 对于经过训练已经希望恢复实用性口语能力的失语症,可考虑进行

【X 型题】

12. 促进实用交流能力的训练原则

A. 采用日常交流活动的内容作为训练课题

B. 选用接近现实生活的训练材料:实物、图片、照片、新闻报道

C. 根据患者不同的交流水平,采取适当、对应的方式,调动患者的兴趣及训练动机

D. 在日常生活中复习和体会训练的成绩

E. 使患者逐渐参与到日常交流活动中来

13. 交流效果促进法的治疗原则

A. 交换新的未知子信息
B. 自由选择交往手段

C. 平等交换会话责任
D. 根据信息传递的成功度进行反馈

E. 以上全对

14. 与手势语训练比较,图画训练的优点在于

A. 图画不会瞬间消失
B. 可以让患者有充足的时间推敲领悟

    C. 可以保留可以供参照   D. 还可随时添加和变更

    E. 以上均不对

15. 手势语在交流活动中,具有哪些功能

    A. 标志功能   B. 说明功能   C. 强调功能   D. 指导功能   E. 以上均不对

三、简答题

    1. 促进实用交流能力的训练原则是什么?

    2. 交流效果促进法的治疗原则是什么?

    3. 交流效果促进法的具体代偿手段有哪些?

参 考 答 案

一、名词解释

    1. **交流效果促进法**:是促进实用交流能力的训练的主要方法,是由 Davis 和 Wilcox 创立的,是目前国际上最得到公认的促进实用交流的训练方法之一。

    2. **交流板**:一个简单的交流板可以包括日常生活用品与动作的图画,也可以由一些照片或从刊物上剪裁的照片组成。应根据患者的需要与不同的交流环境设计交流板。

二、选择题

    1. E   2. E   3. E   4. D   5. A   6. C   7. C   8. B   9. B   10. C   11. A   12. ABCDE
13. ABCDE   14. ABCD   15. ABC

三、简答题

    1. 促进实用交流能力的训练原则:①重视常用的原则;②重视传递性的原则;③调整交流策略的原则;④重视交流的原则。

    2. 交流效果促进法的治疗原则:①交换新的未知子信息;②自由选择交往手段;③平等交换会话责任;④根据信息传递的成功度进行反馈。

    3. 交流效果促进法的具体代偿手段有:①手势语的训练;②图画训练;③交流板 / 交流册的训练;④电脑及仪器辅助训练。

（郭艳芹）

第十三节   阅读障碍的治疗

学 习 要 求

1. **掌握**   阅读理解的训练方法。

2. **熟悉**   影响阅读理解的因素。

3. **了解** 阅读理解的思维过程。

内 容 精 要

一、阅读的概念

阅读是指从文字系统中提取信息的过程。阅读理解是通过视觉器官接受文字符号的信息,再经过大脑编码加工,从而理解文章的意义。

二、影响阅读理解的因素

在许多方面,书面语的理解类似于听理解。治疗师在设计训练活动时应考虑影响患者操作的因素。

1. **词汇的使用频率** 罕用词较常用词更难阅读理解。

2. **词汇的熟悉程度** 尽管有些词在语言中不常使用,但对某些患者来说,这些词汇可能更容易理解。

3. **词汇的形象化** 词汇的形象化水平越高,患者阅读理解成功的可能性越大。

4. **词序与语义** 词序是表达词的语法意义的手段。比较固定的词序提供了理解语言的线索。当词序颠倒时,人们常常借用某些句法手段来帮助理解语言。在语言的阅读理解中,语义知识起着更大的作用。

5. **语境** 语境是指语言交际的环境。在言语交际时,语境提供了各种时代背景知识,因而帮助人们迅速、准确的理解语言。

6. **句子的结构** 句子结构对语言理解有一定影响。对否定句的理解比对肯定句的理解需要较多的时间。

三、阅读理解的训练方法

治疗师在选择治疗活动前必须分析检测结果,以此决定患者的语言功能水平,更好的制订患者的治疗方案。

1. **促进词的辨认和理解** 对于严重阅读理解障碍的患者,应从词的辨认开始训练。词辨认要求患者从一系列词中选出与字卡上相同的词。①匹配作业:要求患者将手写体字与印刷体字、文字与听词(听刺激)、词与图画相匹配。判断患者是否有视觉辨认障碍,字与字匹配是非常重要的。②贴标签:可用于词汇练习。家庭成员在物品和家具上贴上写有物品名称的标签,患者每天多次看到这些词汇,可以增强患者对词与物的联系。③分类作业:阅读理解有赖于患者对名词语义的相似性进行辨别的能力,分类作业有助于训练患者这种辨别力。可要求患者对家具、饮料、食品等的词汇表进行归纳分类,也可对抽象词汇,如表示情感、颜色、疾病的词汇进行分类。④词义联系:同义词、反义词以及语义相关词的联系也可用于阅读理解作业中。

2. **促进词与语句的辨认和理解** ①词-短语匹配:当患者能够理解常用词后,就可进行词-短语匹配。这类作业是由词到句的过渡阶段的训练。要求患者读完短语后,找出一个合适的词,使它符合短语的意义。②执行文字指令:执行文字指令从简单的作业开始,如躯体动作、操作桌上的实物。治疗师应系统地应用词汇、长度、句法复杂性等影响因素,增加作业的难度水平。③找错:要求患者找出语句中的语义和句法错误,结果发现失语症患者更容易发现语义错误。这类作业是比较有价值的治疗作业,因为它可使患者在寻找错误时认真阅读和分析语句。④问句的理解:对失语症患者来说问句的理解也是比较难的阅读作业。关于个人情况的是非问题比较容易理解,需要回答时间、地点、人物的问题比较难理解。⑤双重否定句的理解:对双重否定句的理解要求比理解被动句更为复杂的转换。在语义上由肯定句到否定句是一次逆转,而从否定句到双重否定句是再次逆转的反演过程。对双重否定句的理解训练,可以使治疗师首先确定一下患者是否存在双重否定句的理解困难。⑥给语句加标点符号:促进患者阅读理解语句的一种方法是为患者提供一个句子,由患者阅读后加上标点符号。这类作业有助于提高患者分析句子的能力。⑦语句构成语句构成的练习是将一个完整的句子以词为单位分割开,顺序打乱,患者根据这些词,重新组成一个句子。

3. 篇章的理解 当患者对单一语段的理解达到 80% 的水平,就可将阅读材料增至两三个语段,再逐步增至篇章的理解。

4. 轻度阅读障碍的训练 有些患者经过训练或自发恢复,阅读能力达到轻度障碍的水平。训练时应教会患者找到主要思想。

5. 补偿方法 一种方法是听广播,另一种方法是请朋友、亲属给他们朗读报纸、小说,或他们阅读时有不理解的地方向身旁的人请教。

习　　题

一、名词解释

1. 阅读
2. 阅读理解
3. 词汇的形象化
4. 词序
5. 语境

二、选择题

【A1 型题】

1. 关于词汇使用频率在阅读理解中的应用,以下叙述**错误**的是
   A. 罕用词较常用词更难阅读理解
   B. 连词、代词等虚词使用频繁,比较容易难理解
   C. 语法缺失的语句更难阅读理解
   D. 常用词更容易为患者所理解
   E. 以上均正确

2. 以下有关影响阅读理解的因素描述**错误**的是
   A. 词汇的使用频率越高,患者阅读理解成功的可能性越大
   B. 词汇的熟悉程度越高,患者阅读理解成功的可能性越大
   C. 词汇的形象化水平越高,患者阅读理解成功的可能性越大
   D. 比较固定的词序会帮助提供理解语言的线索
   E. 对否定句的理解和对肯定句理解的难度是一样的

3. 有关完成执行文字指令训练描述**错误**的是

   A. 执行文字指令从简单的作业开始

   B. 可以采用躯体动作、操作桌上的实物

   C. 治疗师应系统应用词汇、长度、句法复杂性增加作业难度水平

   D. 真正理解运动指令中动词是完成指令的关键

   E. 真正理解运动指令中介词是完成指令的关键

4. 关于阅读理解训练方法中的找错练习的叙述，**错误**的是

   A. 这项练习是针对失读症患者阅读语义、句法错误语句而设计的

   B. 要求患者找出语句中的语义和句法错误

   C. 失读症患者更容易发现句法错误

   D. 这类作业是比较有价值的治疗作业

   E. 因为它可使患者在寻找错误时认真阅读和分析语句

5. 关于阅读理解训练的描述，**错误**的是

   A. 词 - 短语匹配作业是由词到句的过渡阶段的训练

   B. 执行文字指令作业中介词是理解完成运动指令的关键

   C. 找错练习时失语症患者更容易发现语义错误

   D. 问句的理解练习时患者对个人情况的是非问题理解比较困难

   E. 患者对双重否定句的理解要比被动句的理解更为复杂

6. 关于语段理解的叙述，**错误**的是

   A. 当患者对一般的语句理解较为准确时，则可进行语段阅读训练

   B. 所有患者阅读语段较阅读语句更困难，因语段中有更多的内容

   C. 语段理解的训练方法之一是语句的连接，将语句连接成语段

   D. 语段理解的训练方法之二是增加信息的复杂性

   E. 信息的复杂性包括两个方面：材料中细节的数量和材料的语义、句法水平

7. 有关篇章的理解的描述**错误**的是

   A. 当患者对单一语段的理解达到 60% 的水平，就可逐步增至对篇章的理解

   B. 训练方法是让患者逐段分析阅读材料

   C. 有的患者从头到尾阅读长的材料较分段阅读容易

   D. 如果患者不能分析语段，可让他试读篇章

   E. 当患者能够阅读篇章，要求他用自己的话总结阅读材料

8. 关于轻度阅读障碍训练的描述，正确的是

   A. 轻度阅读障碍患者无短时记忆障碍

   B. 轻度阅读障碍患者无高水平的书写困难

   C. 轻度阅读障碍患者无注意力不集中

   D. 轻度阅读障碍训练时应教会患者找到主要思想

   E. 患者不须将自己阅读的文字变成自己的话口述出来

9. 有关阅读理解训练的补偿方法的描述**错误**的是

   A. 有些患者在生活、工作中不需要阅读，阅读障碍对他们的日常生活影响不大

   B. 有些患者常常以阅读作为消遣，有些补偿方法对他们有帮助

   C. 可以让患者收听广播

D. 可以让患者朗读报纸、小说

E. 患者阅读时有不理解的地方向身旁的人请教

【B1 型题】

10~14 题共用备选答案

A. 词 - 短语匹配

B. 执行文字指令

C. 问句的理解

D. 找错

E. 语句构成

10. 训练题"用你的左手把书翻到第 30 页,再拿出一张纸放在书的下面"属哪种训练方法

11. 训练题"中国是一个多民族的西方国家"属哪种训练方法

12. 训练题"对以下词进行排序,组成语句:去 / 小李 / 今年 / 海边 / 夏天"属哪种训练方法

13. 训练题"理解'你是住在本市吗?'"属哪种训练方法

14. 训练题"鸟居住的地方(服务员 / 市长 / 鸟巢 / 文件袋)"属哪种训练方法

【X 型题】

15. 影响阅读理解的因素有

A. 词汇的使用频率   B. 词汇熟悉程度   C. 词汇的形象化

D. 词序与语义   E. 语境与句子的结构

16. 阅读理解的训练方法包括

A. 促进词的辨认和理解   B. 促进词与语句的辨认和理解

C. 语段、篇章的理解   D. 轻度阅读障碍的训练

E. 补偿方法

17. 促进词的辨认和理解的方法有

A. 匹配作业   B. 贴标签   C. 分类作业   D. 词义联系   E. 以上均是

18. 以下哪些方法是属于促进词与语句的辨认和理解的方法

A. 词 - 短语匹配   B. 执行文字指令   C. 找错、问句的理解

D. 双重否定句的理解   E. 给语句加标点符号

19. 哪些是阅读障碍训练的补偿方法

A. 听广播   B. 看画册

C. 请朋友、亲属给他们朗读报纸、小说   D. 有不理解的地方向身旁的人请教

E. 以上均不是

三、简答题

影响阅读理解的因素有哪些?

参 考 答 案

一、名词解释

1. **阅读:**指从文字系统中提取信息的过程。

2. **阅读理解**：是通过视觉器官接受文字符号的信息,再经过大脑编码加工,从而理解文章的意义。

3. **词汇的形象化**：指一个词如果能够激发出患者的思维想象,这个词就具有形象化的特征。

4. **词序**：是表达词的语法意义的手段。汉语的基本词序为主语 - 谓语 - 宾语。

5. **语境**：是指语言交际的环境。

二、选择题

1. B　2. E　3. D　4. C　5. D　6. B　7. A　8. E　9. D　10. B　11. D　12. E　13. C　14. A　15. ABCDE　16. ABCDE　17. ABCDE　18. ABCDE　19. ACD

三、简答题

①词汇的使用频率;②词汇的熟悉程度;③词汇的形象化;④词序与语义;⑤语境;⑥句子的结构。

（郭艳芹）

第十四节　书写障碍的治疗

学 习 要 求

1. **掌握**　书写训练三个阶段的训练内容,失写症的治疗。
2. **熟悉**　失写症的概念,书写训练三个阶段的训练对象与目标。
3. **了解**　书写训练的目的。

内 容 精 要

失写症概念是大脑病变所致的书写能力丧失或减退,称为失写症。

书写训练的目的:力求使失写患者逐渐将他书写的字的字形、语音、语义与手的书写运动联系起来,即有意义地书写和自发书写。

书写训练各阶段的主要对象及目标,见表5-11。

表 5-11　书写训练各阶段的主要对象及目标

书写训练阶段	主要对象	目标
临摹与抄写阶段	重度书写障碍	促进视文字→复制式书写表达的过程 重点在字的辨认和理解,书写中各器官的联合动作
	利手书写者	
	视空间性失写	
	中、重度智力障碍	

续表

书写训练阶段	主要对象	目标
临摹与抄写阶段	失用症	
提示书写阶段	轻、中度书写障碍者	促进视文字→按提示要求组织文字→书写表达的过程
	中度智力障碍	重点提示的形式（文字、图片或语音）、提示性质（直接提示、间接提示）提示的量
自发书写阶段	轻度书写障碍者	促进自发书写意愿→自发书写表达
	轻度智力障碍者	重点形成合乎逻辑的书写意愿，组织出完整的句子及章节，表达完整的故事情节

书写训练三个阶段的内容：

（1）临摹和抄写阶段：①临摹：目的是改善左手的书写运动技巧；②看图抄写：作业中的词汇要尽可能有意义；③分类抄写与短语完形；④回答问题：阅读理解为中度或轻度受损时。

（2）指示书写阶段：抄写作业达到 65%~70% 正确时，可考虑进行自发书写训练。①随意书写：按偏旁或部首随意书写；②字形构成：根据图画将字形的各偏旁部首组合成一个完整的字；③字形完成：阅读语句后写出一个字或一个词作为回答；④视觉记忆书写：目的是训练患者字（词）的视觉记忆能力。

（3）自发书写阶段：①句法构成；②语句完成；③动词短语的产生；④语句构成；⑤信息的顺序。

习 题

一、名词解释

失写症

二、选择题

【A1 型题】

1. 书写训练中属于临摹和抄写阶段训练内容的是

A. 听指令写 B. 分类抄写 C. 看图写故事

D. 默写 E. 视觉记忆书写

2. 当失写症患者抄写作业正确率达到多少时，可考虑进行自发书写训练

A. 65%~70% B. 55%~60% C. 40%~50%

D. 80%~90% E. 100%

【A2 型题】

3. 刘某，女性，64 岁。脑卒中后原右利手瘫痪，现需利手转换，用左手书写，最适合患者的书写训练是

A. 随意书写 B. 视觉记忆书写 C. 看图写故事

D. 默写 E. 分类抄写

4. 洪某,女性,9 岁。确诊精神发育迟滞,现书写内容欠缺逻辑,结构组织不完整,最适合患者的书写训练是

A. 听指令写   B. 分类抄写   C. 看图抄写

D. 语句完成   E. 临摹形状

【X 型题】

5. 以下属书写训练自发书写阶段训练内容的是

A. 句法构成   B. 语句完成

C. 动词短语的产生   D. 语句构成

E. 信息的顺序

6. 指示书写阶段包括

A. 抄写   B. 字形构成   C. 字形完成

D. 视觉记忆书写   E. 临摹

7. 以下原因导致的书写障碍可诊为失写症的是

A. 青光眼致双眼失明   B. 重症肌无力

C. Broca 失语   D. Wernicke 失语

E. 颈髓损伤致高位截瘫

三、简答题

1. 简述书写训练的目的。

2. 简述书写训练三个阶段的训练内容。

参 考 答 案

一、名词解释

失写症:大脑病变所致的书写能力丧失或减退称为失写症。

二、选择题

1. B 2. A 3. E 4. D 5. ABCDE 6. BCD 7. CD

三、简答题

1. 书写训练的目的:力求使失写患者逐渐将他书写的字的字形、语音、语义与手的书写运动联系起来,要达到有意义地书写和自发书写的目的。

2. 书写训练分三个阶段:

(1) 临摹和抄写阶段:①临摹:目的是改善左手的书写运动技巧;②看图抄写:作业中的词汇要尽可能有意义;③分类抄写与短语完形;④回答问题:阅读理解为中度或轻度受损时。

(2) 指示书写阶段:抄写作业达到 65%~70% 正确时,可考虑进行自发书写训练。①随意书写:按偏旁或部首随意书写;②字形构成:根据图画将字形的各偏旁部首组合成一个完整的字;③字形完成:阅读语句后写出一个字或一个词作为回答;④视觉记忆书写:目的是训练患者字(词)的视觉记忆能力。

（3）自发书写阶段：①句法构成；②语句完成；③动词短语的产生；④语句构成；⑤信息的顺序。

（陈卓铭）

第十五节 小 组 治 疗

学 习 要 求

1. **掌握** 语言治疗的主要形式。
2. **熟悉** 各种小组治疗的特点。

内 容 精 要

1. 语言治疗小组。
2. 家庭咨询和支持小组。
3. 心理治疗小组。

习 题

一、选择题

【A1 型题】

1. 有助于患者心理调节的治疗是
   A. 一对一治疗
   B. 小组治疗
   C. PACE 疗法
   D. 认知刺激疗法
   E. 功能性交际疗法

【X 型题】

2. 心理治疗小组的内容包括
   A. 作业训练
   B. 现实生活中的发挥
   C. 专题演讲
   D. 艺术展览
   E. 讨论

二、填空题

1. 语言治疗的形式包括一对一言语治疗形式和_____。
2. _____小组可以为失语病人宣泄情感和学习处理心理冲突提供支持气氛。

三、简答题

失语症心理治疗小组的特点是什么？

参 考 答 案

一、选择题

1. B   2. BCDE

二、填空题

1. 小组治疗形式
2. 心理治疗

三、简答题

失语症心理治疗小组的特点,是为失语患者宣泄情感和学习处理心理冲突提供支持氛围,增进个人之间的了解,改善患者的观察能力,帮助成员适应离院后的社会情绪,减少孤独感,使患者易于被社会接纳和增强自我意识。

（刘晓明）

第六章
构音障碍

第一节　构音障碍的定义和分类

学 习 要 求

1. **掌握**　构音障碍的分类。
2. **熟悉**　构音障碍的定义。
3. **了解**　构音有关的语言障碍。

内 容 精 要

一、定义

构音障碍是指由于构音器官先天性和后天性的结构异常,神经、肌肉功能障碍所致的发音障碍以及虽不存在任何结构、神经、肌肉、听力障碍所致的言语障碍,主要表现可能为完全不能说话、发声异常、构音异常、音调和音量异常和吐字不清,不包括由于失语症、儿童语言发育迟缓、听力障碍所致的发音异常。

二、分类

1. **运动性构音障碍**　由于神经病变、与言语有关肌肉的麻痹、收缩力减弱或运动不协调所致的言语障碍。
2. **器官结构异常所致的构音障碍**　指由于先天和后天原因的结构异常所致的构音障碍。临床上最常见的是由于唇腭裂所致的构音障碍,其次为舌系带的短缩。
3. **功能性构音障碍**　指发音错误表现为固定状态,但找不到明显原因的构音障碍,临床多见于儿童,特别是学龄前的儿童。

习 　 题

一、名词解释

构音障碍

二、选择题

【A1 型题】

1. 下面哪一项的发音异常**不属于**构音障碍

    A. 腭裂

    B. 巨舌

    C. 延髓性麻痹

    D. 舌系带短

    E. 失语症

【B1 型题】

    2~3 题共用备选答案

    A. 大脑损伤所致的语言丧失或受损

    B. 发音器官和听力等正常的语言障碍

    C. 语言发育落后于实际年龄的语言障碍

    D. 帕金森病所致的构音障碍

    E. 21- 三体综合征所致的发音问题

2. 运动性构音障碍

3. 功能性构音障碍

三、简答题

    什么是器官结构异常所致的构音障碍?

参 考 答 案

一、名词解释

    构音障碍:是指由于构音器官先天性和后天性的结构异常,神经、肌肉功能障碍所致的发音障碍以及虽不存在任何结构、神经、肌肉、听力障碍所致的言语障碍。

二、选择题

    1. E 2. D 3. B

三、简答题

    器官结构异常所致的构音障碍是指由于先天和后天原因的结构异常所致的构音障碍。临床上最常见的是由于唇腭裂所致的构音障碍,其次为舌系带的短缩,舌以及颌面部手术后所致的发音不清。

(李胜利)

第二节　运动性构音障碍的评估

学 习 要 求

1. **掌握**　构音障碍的分类,构音器官的评估方法
2. **熟悉**　构音障碍的定义,构音检查的方法
3. **了解**　有关的语言障碍,构音障碍的语音表现

内 容 精 要

一、运动性构音障碍的定义与分类

1. **运动性构音障碍（dysarthria）**　是由于神经病变、与言语有关肌肉的麻痹、收缩力减弱或运动不协调所致的言语障碍。此定义强调呼吸运动、共鸣、发音和韵律方面的变化,从大脑到肌肉本身的病变都可引起言语症状。病因常见于脑血管意外、脑肿瘤、脑瘫、肌萎缩侧索硬化、重症肌无力、小脑损伤、帕金森病、多发性硬化等。此种障碍可以单独发生也可以与其他语言障碍同时存在,如失语症合并运动性构音障碍。

2. **运动性构音障碍的特点**　根据神经解剖和言语声学特点运动性构音障碍分为以下六种类型,见表6-1。

表6-1　运动性构音障碍的分类及主要言语表现

分类与病因	运动障碍的性质	言语症状
痉挛型构音障碍(中枢性运动障碍):脑血管病、假性延髓性麻痹、脑瘫、脑外伤、脑肿瘤、多发性硬化	自主运动出现异常模式,伴有其他异常运动,肌张力增强,反射亢进,无肌萎缩或失用性萎缩,病理反射阳性	说话费力,音拖长,不自然中断,音量、音调急剧变化,粗糙音、费力音、元音和辅音歪曲,鼻音过重
弛缓型构音障碍(周围性构音障碍):脑神经麻痹、延髓性麻痹、肌肉本身障碍、进行性肌营养不良、外伤、感染、循环障碍、代谢和变性性疾病	肌肉运动障碍,肌力低下,肌张力降低,腱反射降低,肌萎缩	不适宜地停顿,气息音、辅音错误,鼻音减弱
失调型构音障碍(小脑系统障碍):肿瘤、多发性硬化症、酒精中毒、外伤	运动不协调(力、范围、方向、时机),肌张力低下,运动速度减慢,震颤	元音、辅音歪曲较轻,主要以韵律失常为主,声音的高低强弱呆板震颤,初始发音困难,声音大,重音和语调异常,发音中断明显
运动过强型构音障碍(锥体外系障碍):舞蹈病、肌震挛、手足徐动症	异常的不随意运动	构音器官的不随意运动破坏了有目的运动而造成元音、辅音歪曲,失重音,不适宜地停顿,费力音,发音强弱急剧变化,鼻音过重

分类与病因	运动障碍的性质	言语症状
运动过弱型构音障碍(锥体外系障碍):帕金森病	运动范围和速度受限,僵硬	由于运动范围和速度受限,发音为单一音量、单一音调,重音减少,有呼吸音或失声现象
混合型构音障碍(运动系统多重障碍):威尔森病、多发性硬化症、肌萎缩性侧索硬化症	多种运动障碍的混合或合并	各种症状的混合

3. 此症预后取决于神经病学状态和进展情况,双侧皮质下和脑干损伤、退行性疾病,如肌萎缩侧索硬化症等预后最差。脑瘫患者如有频繁的吞咽困难和发音很差预后亦较差。儿童患者比成人有更多的康复机会,随着他们的成长而症状常有所减轻。单纯构音障碍的患者预后比构音障碍合并失语症、听力障碍或智力障碍的患者好。

二、构音障碍评估

汉语构音障碍评估法是按照汉语普通话语音的发音的特点和我国的文化特点研制。评估法包括两大项目:构音器官检查和构音检查。通过此方法的评估不仅可以检查出患者是否患有运动性构音障碍和程度,也可用于器质性构音障碍和功能性构音障碍的评估。对治疗计划的制订具有明显的指导作用。

1. **评估的目的和内容** ①构音障碍的有无、种类和程度判定;②原发疾病及损伤部位的推定。可作为制订治疗计划的依据。

2. **构音器官评估**

(1)目的:通过构音器官的形态和粗大运动检查来确定构音器官是否存在器官异常和运动障碍。常常需要结合医学、实验室检查、言语评估才能作出诊断。另外,病史、交往史、听觉和整个运动功能的检查促进诊断的成立。

(2)范围:包括肺(呼吸情况)、喉、面部、口部肌肉、硬腭、腭咽机制、下颌、反射。

(3)用具:压舌板、笔式手电筒、长棉棒、指套、秒表、叩诊锤、鼻息镜等。

(4)方法:在观察安静状态下构音器官的同时,通过指示和模仿,使其做粗大运动,并对以下方面作出评估:①部位:构音器官哪个部位存在运动障碍;②形态:确认各器官的形态是否异常;③程度;判定异常程度;④性质:确认的异常,判定是中枢性、周围性或失调性;⑤运动速度:确认单纯运动,反复运动,是否速度低下或节律变化;⑥运动范围:确认运动范围是否受限,协调运动控制是否低下;⑦运动的力:确认肌力是否低下;⑧运动的精确性、圆滑性:可通过协调运动和连续运动判断。

3. **构音检查** 构音检查是以普通话语音为标准音结合构音类似运动对患者的各个言语水平极其异常的运动障碍进行系统评估。

(1)房间及设施要求:房间内应安静,没有玩具和可能分散患者注意力的物品。光线充足、通风良好、两把无扶手椅和一张训练台。椅子的高度以检查者与患者处于同一水平为准。检查时,检查者与患者可以隔着训练台相对而坐,也可让患者坐在训练台的正面,检查者坐在侧面,为避免患者注意力分散,除非是年幼儿童,患者的亲属或护理人员不要在室内陪伴。

(2)检查用具:单词检查用图卡 50 张、记录表、压舌板、卫生纸、消毒纱布、吸管、录音机、鼻息镜。上述检查物品应放在一清洁小手提箱内。

（3）检查范围及方法

1）会话：可以通过询问患者的姓名、年龄、职业等。观察是否可以说、音量、音调变化是否清晰、气息音、粗糙声、鼻音化、震颤等。一般5分钟即可，需录音。

2）单词检查：此项由50个单词组成，根据单词的意思制成50张图片，将图片按记录表中词的顺序排好或在背面注上单词的号码，检查时可以节省时间。

表中的所有单词和文章等检查项目均用国际音标，记录也采用国际音标，除应用国际音标记录以外，无法记录的要尽量描述。检查时首先向患者出示图片，让患者根据图片的意思命名，对不能自述者采取复述引出。50个词检查结束后，将查出的各种异常标记在下一页以音节形式出现的表上，音节下面的第一行数字表示处于前页第一音节的单词号码，第二行（在虚线之下）为处于第二音节的单词号，依此类推。记录方法见表6-2。

表6-2 构音障碍的记录方法

表达方式	判断类型	标记
自述引出、无构音错误	正确	○（画在正确单词上）
自述、由其他音替代	置换	—（画在错误音标之下）
自述、省略、漏掉音	省略	/（画在省略的音标上）
自述、与目的音相似	歪曲	△（画在歪曲的音标上）
歪曲严重、很难判定说出是哪个音	无法判断	×（画在无法分辨的音标下）
复述引出		（）（画在患者复述出的词上）

注：如有其他异常要加相应标记，四声错误要在单词上面或角上注明

3）音节复述检查：此表是按照普通话发音方法设计，共140个音节，均为常用和比较常用的音节，目的是在病人复述时，在观察发音点的同时并注意患者的异常构音运动，发现患者的构音特点及规律，方法为检查者说一个音节，患者复述，标记方法同单词检查，同时把患者异常的构音运动记入构音操作栏，确定发生机制，以利制订训练计划。

4）文章水平检查：通过在限定连续的言语活动中，观察患者的音调、音量、韵律、呼吸运用，选用的是一首儿歌，患者有阅读能力自己朗读，不能读，由复述引出，记录方法同前。

5）构音类型运动检查：依据普通话的特点，选用代表性的15个音的构音类似运动。方法是检查者示范，患者模仿，观察者是否可以作出，在结果栏的能与不能项标出，此检查可发现患者构音异常的运动基础，对指导今后训练有重要意义。

6）结果分析：将前面单词、音节、文章、构音运动检查发现的异常分别记此表加以分析，确定类型，共10个栏目，下面分别说明。

错音：是指发什么音时出现错误。

错音条件：在什么条件下发成错音，如词头以外或与某些音结合时。

错误方式：所发成的错音方式异常。举例见表6-3。

表 6-3 错音、错音条件、错音方式举例

错音	错音条件	错误方式
[k]	[a][o]结合时	[t]
[t]	词头以外	歪曲

一贯性：包括发声方法和错误。

发声方法：发音错误为一贯性的以"+"表示，非一贯性也就是有时正确以"−"表示。

错法：错误方式与错音是一致的，以"+"表示，各种各样以"−"表示。

举例：[ts][ts']发成[t'][t]，如发声方法标记"+"说明[ts]和[ts']发音错误是一贯性的，错法标记"−"说明患者将[ts][ts']发成[t][t']，有时发成其他的音。

被刺激性：以音节或音素形式进行提示，能纠正构音错误的为有刺激性，以"+"表示，反之为无被刺激性，以"−"表示。

构音类似运动：可以完成以"+"表示，不能完成为"−"。

举例：2（−）说明项目2的总体运动虽不能完成，但项目中的分项2-1的运动可以完成。

错误类型：根据目前所了解的构音异常，共总结出26种类型集中在方框内，经前面检查分析，依异常特点从中选一项或几项相符类型添入结果分析表的错误类型栏内。

举例：[k]发成[t]，[k']发成[t']，为齿龈化，置换

[s]发成[k]为软腭化，置换

7）总结：把患者的构音障碍特点归纳分析，结合构音运动和训练计划观点进行总结。见表6-4。

表 6-4 常见的构音异常

错误类型	举例	说明
省略	布鞋（buxie）	物鞋（wuxie）
置换	背心（beixin）	费心（feixin）
歪曲	大蒜（dasuan）	类似"大"中"d"的声音，并不能确定为置换的发音
口唇化		普遍的将辅音发成b、p、f的音
舌口唇化		普遍的将辅音发成d、t、b、p、f的音
齿背化		普遍的将辅音发成z、c、s的音
硬颚化		普遍的将辅音发成类似zh、ch、sh和j、q、x音
上齿龈化		普遍的将辅音发成d、t、n音
送气音化	大蒜（dasuan）	踏蒜（tasuan）普遍将不送气音发成送气音
不送气音化	踏（ta）	大（da）将普遍将送气音发成不送气音
边音化		普遍的见辅音发成"l"
鼻音化	怕（pa）	那（na），普遍将非鼻音声母和韵母发成鼻音
非鼻音化		把m、n的音发成其他非鼻音的声母或韵母
无声音化		发音时部分或全部音只有构音器官的运动但无声音

135

续表

错误类型	举例	说明
摩擦不充分	发（fɑ）	摩擦不充分而不能形成清晰的摩擦音
软腭化		齿背音,前硬颚音等发成类似"g、k"的音
卷舌音化		将辅音普遍发成 zh、ch、sh、r 的音
腭化构音		发音时舌在硬腭和软腭前部形成卷曲气流从舌腭之间的空隙通过,发 g、k、c 音较常见
声门破裂音		发某些辅音时,声音似从咽喉部强挤出,重症可能会完全省略掉摩擦和爆破的动作
破裂不充分		b、p、d、t 等音爆破减弱
破裂音化		普遍发音表现为爆破现象,类似于 b、p 的爆破表现
不卷舌音化		常见将 zh、ch、sh、r 发成 z、c、s 或者 d、t 的音
侧音化构音		发音时气流与颊黏膜之间产生共振,常把 ki 发成 gi,并能听到气流的杂音
有声音化		可发声或有噪音,几乎形不成具体的构音,含糊不清
鼻腔构音		发音时软腭振动形成软腭摩擦音,气流逸出鼻腔,常见把 gu 发成 ku
齿间音化		发音时,舌尖位于上下切牙(前牙之间,多发生于 z、c、s、zh、ch、sh,听起来其像咬着舌头说话的感觉

举例:

例1:[t][t'][k][k']音在词头时发音正常,在词头以外时表现为省略和歪曲音。[p][p'][f]音在词头时发音尚可分辨,在词头以外表现为省略音,共同问题为发音时词头与词中存在差别。

例2:[ts][ts'][s]发成[k][k'][x],判定为软腭化、置换音,构音类似运动检查发现患者存在明显的舌前伸和上举障碍。

第三节 运动性构音障碍的治疗

学 习 要 求

1. **掌握** 运动性构音障碍的定义、分类,各类型运动性构音障碍的言语表现。
2. **熟悉** 音障碍的评估,运动性构音障碍治疗方法。
3. **了解** 运动性构音障碍的病因,构音障碍的语音表现,脑瘫儿童构音训练中韵律训练方法。

内 容 精 要

一、运动性构音障碍的定义与分类

1. **运动性构音障碍**（dysarthria） 是由于神经病变、与言语有关肌肉的麻痹、收缩力减弱或运动不协调所致的言语障碍。此定义强调呼吸运动、共鸣、发音和韵律方面的变化，从大脑到肌肉本身的病变都可引起言语症状。病因常见于脑血管意外、脑肿瘤、脑瘫、肌萎缩侧索硬化、重症肌无力、小脑损伤、帕金森病、多发性硬化等。此种障碍可以单独发生也可以与其他语言障碍同时存在，如失语症合并运动性构音障碍。

2. **运动性构音障碍的分类** 根据神经解剖和言语声学特点，运动性构音障碍分为以下六种类型：①痉挛型构音障碍（中枢性运动障碍）；②迟缓型构音障碍（周围性构音障碍）；③失调型构音障碍（小脑系统障碍）；④运动过强型构音障碍（锥体外系障碍）；⑤运动过弱型构音障碍（椎体外系障碍）；⑥混合型构音障碍（运动系统多重障碍）。

二、构音障碍评估

1. **评估的目的和内容** ①构音障碍的有无、种类和程度判定；②原发疾病及损伤部位的推定。可作为制订治疗计划的依据。

2. **构音器官评估** 包括肺（呼吸情况）、喉、面部、口部肌肉、硬腭、腭咽机制、下颌、反射。

三、构音障碍治疗

1. 成人治疗

1）轻、中度构音障碍的治疗在临床工作中比较常见，要熟练掌握其训练的常用方法。因为呼吸是发声的动力源，呼吸训练是治疗中的重要环节。改善构音的训练包括口腔构音器官的训练、发音的训练、减慢言语速度和训练。鼻音化构音是由于软腭运动减弱，腭咽部不能适当闭合而将非鼻音发成鼻音，这种情况会明显降低音的清晰度而使听者难以理解，可采用引导气流通过口腔的方法进行训练，如吹蜡烛、喇叭、哨子等可以用来集中和引导气流。克服费力音的训练是让患者获得容易的发音方式，通过打哈欠、头颈部放松训练等手段可以完成。通过"推撑"方法可以促进声门闭合以克服气息音。可以用节拍器，设定不同的节律和速度，患者随节奏发音纠正韵律异常。

2）重度构音障碍多见于无法进行自主运动或自主运动很差的患者。通过手法介入可以促进患者逐步自主完成构音运动。训练包括：呼吸、舌运动、唇的训练和交流辅助系统的应用等。

2. 脑瘫儿童构音障碍治疗

（1）抑制异常姿势反射训练方法：①让患儿躺在床上，治疗师协助患儿将髋关节、膝部、脊柱、肩屈曲，头后仰；②让患儿躺在床上，治疗师协助患儿将膝关节屈曲下垂于床边，髋关节与脊柱伸展，头向前屈曲，肩放平；③在患儿的后面将患儿抱起，令患儿坐在治疗师（跪姿）的腿上，然后轻轻地转动患儿的躯干、骨盆，以缓解患儿躯干、骨盆的紧张度，然后将患儿双手放到前面桌面或训练台上，双腿在地上放平。

（2）构音器官运动训练

1）深呼吸及吸气的控制训练：①将口鼻同时堵住，屏住呼吸，在一定时间后急速放开，从而促进深呼吸；②让患儿取仰卧位，膝关节和髋关节同时屈曲，用大腿的前部压迫腹部，然后迅速伸展下肢，使腹部的压迫迅速解除，从而促进深呼吸；③对有一定理解能力年龄偏大的患儿，可以给予口头指令"深吸一口气，然后慢慢地呼出去"；④如果患儿呼气时间短而且弱，可采取卧位，帮助进行双臂外展和扩胸运动的训练。

2）改善下颌肌口唇的控制：①用冰块对口唇及舌进行冷刺激；用刷子快速地进行刺激，部位是口周、口唇、下颌内侧。诱发下颌反射，促进下颌上抬，口唇闭合。②颌抬高：尽可能大的张嘴，使下颌下降，然后再闭口。③唇闭合、唇角外展：双唇尽量向前撅起（发 u 音位置），然后尽量向后收拢（发 i 音位置）。

3）改善舌的控制：第 1 阶段：舌和下颌的协调，也就是咀嚼运动，以及舌和口唇的协调性。可以利用吸管来加以促进。第 2 阶段：治疗师让患者的口稍稍张开，并促进下颌的这一位置，上舌尖向前齿方向运动，当出现所希望的动作时，治疗师可以逐渐减少对下颌的支持，向能够自我控制方向过渡。第 3 阶段：将海绵、软木塞等放入患者口中，让其舌按前后左右等指定方向移动，为防止误咽，可在后面用线系上，也可以用棉签和糖等，放在口内或口边，用舌来舔等。

4）构音训练：按照构音检查的结果对患者进行正确的构音训练。先由构音容易的音开始（双唇音），然后向较难的音（软腭音、齿音、舌齿音等）方向进展。训练是先由单音节→单词→句子→短文的顺序进行的，在发各种音时姿势非常重要。

四、脑瘫儿童构音障碍的康复治疗

脑性瘫痪儿童常伴有的全身、躯干或肢体粗大运动及精细运动的障碍，这种障碍会直接影响到发音器官的运动功能即形成运动性构音障碍。其异常表现为：

1. 不随意的下颌上抬运动、口唇运动、张口、伸舌等所致的言语清晰度低下。

2. 不能进行口唇开合、撅嘴、龇牙等交替的协调运动或运动范围受限，速度低下等所致言语清晰度低下。

3. 舌运动功能低下，如舌外伸、舌上抬困难或有不随意运动及精细构音运动的准确性障碍所致的言语清晰度低下。

4. 下颌开合困难，协调运动速度降低所致言语速度缓慢，清晰度低下。

5. 可见鼻咽腔闭锁功能不全所致鼻音过重。

脑瘫儿童的构音训练主要可分为基础性运动训练、粗大构音运动训练和精细构音运动训练。

（一）基础运动训练

1. 抑制异常姿势反射训练 脑性瘫痪患儿对反射抑制姿势适应后，肌张力会渐渐地接近正常，为此，语言治疗师首先必须将与构音密切相关的异常反射姿势予以抑制。为了有效地抑制异常反射姿势，必须从头、颈、肩等大运动开始训练逐渐向下颌、口唇、舌等精细运动过渡。

方法一：让患儿躺在床上，语言治疗师协助患儿将髋关节、膝部、脊柱、肩屈曲，头后仰。

方法二：让患儿躺在床上，语言治疗师协助患儿将膝关节屈曲下垂于床边，髋关节与脊柱伸展，头向前屈曲，肩放平。

方法三：在患儿的后面将患儿抱起，令患儿坐在语言治疗师（跪姿）的腿上，然后轻轻地转动患儿的躯干、骨盆，以缓解患儿躯干、骨盆的紧张度，然后将患儿双手放到前面桌面或训练台上,双脚在地上放平。

方法四:(辅助用具)能抑制异常反射姿势、能降低肌张力的轮椅。

方法五:(辅助用具)便携式儿童坐姿矫正带,可以将独坐有困难的儿童固定于训练椅上,然后治疗师进行训练。

2. 口腔知觉训练 脑性瘫痪患儿多数都有颜面及口腔内触觉异常敏感,因此特别反感接触这些部位。有的患儿甚至会出现全身性紧张、痉挛性反应。正常儿童发育阶段,特别喜欢将手里的东西放在口内来感知物体形状等,促进口腔的知觉,而脑性瘫痪患儿由于敏感及运动障碍,缺乏这种经验。

(二)粗大构音运动训练

1. 深呼吸及吸气的控制训练 ①将口鼻同时堵住,屏住呼吸,在一定时间后急速放开,从而促进深呼吸;②让患儿取仰卧位,膝关节和髋关节同时屈曲,用大腿的前部压迫腹部,然后迅速伸展下肢,使腹部的压迫迅速解除,从而促进深呼吸;③对有一定理解能力年龄偏大的患儿,可以给予口头指令"深吸一口气,然后慢慢地呼出去";④如果患儿呼气时间短且弱,可采取卧位,帮助进行双臂外展和扩胸运动的训练,也可在呼吸末向前下方轻轻按压腹部来延长呼气的时间以增加呼气的力量。同时,可采用吹喇叭、吹口琴、吹泡泡等游戏来进行训练,还可以锻炼用吸管喝水。

2. 改善下颌及口唇的控制 下颌控制不良口唇就难以闭合,这就是我们常常看到脑性瘫痪患儿流涎的原因,以致无法进行构音训练。①用冰块对口唇及舌进行冷刺激;用刷子快速地(5次/秒)进行刺激,刷的部位是口周、口唇、下颌内侧。诱发下颌反射,促进下颌上抬,口唇闭合。②颌抬高:尽可能把嘴张大,使下颌下降,然后再闭口。以后加快速度,但需要保持上下颌最大的运动范围;下颌前伸,缓慢地由一侧向另一侧移动。③唇闭合、唇角外展:双唇尽量向前撅起(发 u 音位置),然后尽量向后收拢(发 i 音位置)。

3. 改善舌的控制 如果孩子下颌的随意运动得到控制,就可以说已进入了神经肌肉的发育阶段,虽然这时还需要对舌的控制训练,对于脑性瘫痪患儿能够正确掌握舌的运动功能是非常难的,这种促进运动是非常必要的。

(三)精细构音运动训练

构音训练是按照构音检查的结果,对患者进行正确的构音训练。原则是先由容易的音(可视音)开始如双唇音,然后向较难的音(软腭音、齿音、舌齿音等)方向进展。顺序是先由单音节→单词→句子→短文进行的,在完成各种音的精细构音运动非常重要。

(1)双唇音([p]、[b]、[m]、[w])。

(2)软腭音([k]、[g]、[h])。

(3)齿音、舌齿音([t]、[d]、[s]、[n]、[z])。

(四)韵律训练

由于运动障碍,很多患儿的语言表达缺乏阴阳顿挫及重音变化,而表现出音调单一、音量单一以及节律的异常。可采用电子琴等乐器让患儿随音的变化训练音韵、音调和音量,也可以用可视语音训练器(Visi-Pitch)来训练,使患儿在玩的过程中进行韵律的训练。

(五)其他相关训练

1. 摄食训练 摄食功能与说话的关系十分密切。下颌、口唇、舌、软腭等发音器官,本身又担负着维持生命的进食功能。为进食而出现的下颌,口唇、舌、软腭的协调运动是发音所必需的,且是完成构音更复杂的协调运动的基础。脑性瘫痪儿童的进食功能发育较正常儿童要

延迟,并常常伴有下颌口唇、舌、软腭等异常,其主要表现为:

(1) 突然、不自主地伸出、回缩舌头及不自主地做侧向运动。

(2) 下颌运动稳定性低下。

(3) 颈部过度后伸,前屈或侧伸;甚至有扭转。

(4) 咬肌强力收缩,牙关紧闭;少数患儿有磨牙症。

(5) 口腔敏感,觅食反射、呕吐反射残存。

(6) 可有无效的、不协调的吞咽和缺乏口唇关闭的同步动作。

(7) 软腭运动功能低下等。

为使进食训练能顺利地进行,必须让患儿采取抑制原始反射的姿势。抑制原始反射的姿势是让患儿髋关节屈曲90°,骨盆与脊柱的位置保持正常状态。缓慢的活动头部,降低颈部的紧张性,从而使头部能稳定在身体正中位置。进食训练时,根据摄食功能障碍的程度选择食物。为了抑制原始反射运动的随意性,食物的内容必须适合口腔器官的发育,顺序从糊状→软食→固体食物→正常食物。在训练进食糊状食物和软食时,最好采取抱姿。脑性瘫痪患儿的进食训练,要在口、鼻呼吸分离的情况下进行。另外脑性瘫痪儿童还存在口腔器官的原始反射,如咬合反射、吸吮反射、呕吐反射等,及口腔和口腔周围存在敏感性。因此,在进食训练之前必须对口腔器官进行"脱敏"训练。

2. 交流板 对于严重的脑瘫构音运动障碍,语音清晰度及可懂度极差者,可采用交流板。

习 题

一、名词解释

1. 运动性构音障碍
2. 鼻音化构音
3. 被刺激性
4. 费力音
5. 音辨训练

二、选择题

【A1 型题】

1. 现在一般把运动性构音障碍分为

A. 4 种类型　　　B. 5 种类型　　　C. 6 种类型

D. 8 种类型　　　E. 2 种类型

2. 费力音常见于

A. 弛缓型构音障碍　　　B. 痉挛型构音障碍

C. 运动过强型构音障碍　　　D. 运动过弱型构音障碍

E. 混合型构音障碍

3. 气息音常见于

A. 弛缓型构音障碍　　　B. 痉挛型构音障碍

C. 运动过强型构音障碍　　　D. 运动过弱型构音障碍

E. 混合型构音障碍

4. 运动过弱型构音障碍的言语常出现

    A. 粗糙音   B. 鼻音

    C. 单一音量、单一音调   D. 音量大

    E. 痉挛音

5. 以下哪一项**不是**评价声质

    A. 费力音   B. 气息音   C. 无力音

    D. 粗糙音   E. 单一音量

6. 下面哪一项的是不送气音

    A. d、b   B. h、k   C. ch、sh   D. c、q   E. m、n

7. 在构音障碍的评估中,结合哪种运动进行评估

    A. 突唇   B. 伸舌   C. 构音类似运动

    D. 吹   E. 呼吸

8. 鼻音化构音是由于

    A. 舌肌无力   B. 腭咽机制异常   C. 硬腭有裂

    D. 咽肌无力   E. 悬雍垂过长

9. 脑瘫儿童摄食训练前需抑制原始反射,应首先

    A. 让患儿髋关节屈曲 50°   B. 让患儿髋关节屈曲 60°

    C. 让患儿髋关节屈曲 70°   D. 让患儿髋关节屈曲 80°

    E. 让患儿髋关节屈曲 90°

10. 脑瘫儿童进行摄食训练时,哪组食物的顺序正确

    A. 糊状 固体食物 软食 正常饮食   B. 固体食物 糊状 软食 正常饮食

    C. 糊状 软食 固体食物 正常饮食   D. 软食 糊状 固体食物 正常饮食

    E. 固体食物 软食 糊状 正常饮食

11. 下述关于成人构音障碍的治疗原则中,哪一个是正确的

    A. 针对构音障碍的类型进行治疗,而不是根据异常的言语表现进行治疗

    B. 构音器官评估所发现的异常部位,便是构音运动训练的出发点

    C. 遵循由难到易的原则

    D. 治疗从哪一环节开始和先后的顺序如何根据治疗师个人经验进行

    E. 轻度构音障碍患者可以通过使用交流板来进行治疗

12. 轻中度构音障碍的治疗,构音改善的训练中**不包括**

    A. 下颌、舌、唇的训练   B. 发音的训练

    C. 减慢言语速度   D. 音辨训练

    E. 听理解训练

13. 脑瘫儿童构音障碍抑制异常姿势反射训练有几种方法

    A. 4   B. 5   C. 2   D. 1   E. 3

14. 脑瘫儿童构音障碍治疗,一个疗程时间一般为

    A. 2 个月   B. 6 个月   C. 4 个月   D. 5 个月   E. 3 个月

15. 脑瘫儿童的构音障碍治疗应首先从哪项开始训练

    A. 基础运动训练   B. 注意力训练   C. 粗构音运动训练

D. 匹配训练　　　　　　　　　　E. 精细构音运动训练

16. 脑瘫儿童构音障碍治疗中的相关训练首选是

　　A. 舌运动训练　　　　　　B. 韵律训练　　　　　　　C. 摄食训练

　　D. 命名训练　　　　　　　E. 听理解训练

【A2 型题】

17. 一老年女性患者,因脑干出血两个月收入康复科。患者两个月来一直卧床,体质虚弱,坐起时有明显的直立性低血压表现,查体:神志清,发声不能,听理解正常。临床考虑为重度构音障碍。请问在构音障碍的治疗上该患者首要的训练项目应为

　　A. 耸肩训练　　　　　　　B. 饮食训练　　　　　　　C. 呼吸功能训练

　　D. 听理解训练　　　　　　E. 放松训练

【A3 型题】

　　18~19 题共用题干

　　患者,男性,72 岁。以脑梗死、言语不利来诊。检查发现言语清晰度低于30%,以鼻音化为主,声音粗糙。舌、唇张力高、活动差。其他语言模式检查正常。

18. 该患者最可能的构音障碍诊断是

　　A. 痉挛型　　　　　　　　B. 混合型　　　　　　　　C. 失调型

　　D. 运动过多型　　　　　　E. 弛缓型

19. 经过训练患者的鼻音化仍很严重,这时应考虑

　　A. 冷刺激训练　　　　　　B. 应用腭托　　　　　　　C. 吹的训练

　　D. 舌运动训练　　　　　　E. 推撑训练

　　20~23 题共用题干

　　一个 7 岁患儿,言语过程中有较多的鼻音,因语言清晰度低而难以与人交流,而且说话时音调单一、音量单一,家人担心影响患儿学校生活,来医院就诊。经口腔科检查没有构音器官的异常。

20. 该患儿属于哪种类型的构音异常

　　A. 硬腭化　　　　　　　　B. 软腭化　　　　　　　　C. 齿背化

　　D. 鼻音化　　　　　　　　E. 送气音化

21. 该种类型的构音异常是指

　　A. 把 d、g 发成 t、k

　　B. 把相当数量的音发成 l 音

　　C. 把相当数量的音发成 n 或 m 音

　　D. 把相当数量的音发成 m、f、n 音

　　E. 把相当数量的音发成 z、c、s 音

22. 最适合该患儿的训练方法是

　　A. 韵律训练　　　　　　　B. 下颌运动训练　　　　　C. "推撑"疗法

　　D. 发音训练　　　　　　　E. 呼吸训练

23. 该患儿语调单一应该采用何种训练措施

　　A. 韵律训练　　　　　　　B. 呼吸训练　　　　　　　C. 发音训练

　　D. 克服鼻音化训练　　　　E. "推撑"疗法

24~25 题共用题干

18 个月听力正常的患儿,口角长期流涎,发音困难,考虑构音障碍。

24. 该患儿目前最主要的构音器官训练项目是

  A. 深呼吸及吸气的控制训练   B. 改善下颌及口唇的控制

  C. 改善舌的控制   D. 改善腭咽机制

  E. 口腔知觉训练

25. 对该患儿进行冷刺激时**不应**包括哪个部位

  A. 软腭   B. 口周   C. 口唇

  D. 下颌内侧   E. 硬腭

【B1 型题】

26~27 题共用备选答案

  A. 弛缓型构音障碍

  B. 痉挛型构音障碍

  C. 失调型构音障碍

  D. 运动过弱型构音障碍

  E. 混合型构音障碍

26. 假性延髓性麻痹导致的构音障碍类型是

27. 帕金森病导致的构音障碍类型是

28~29 题共用备选答案

  A. 失调型构音障碍

  B. 痉挛型构音障碍

  C. 弛缓型构音障碍

  D. 混合型构音障碍

  E. 运动过强型构音障碍

28. 手足徐动型脑瘫构音障碍是

29. 肌萎缩性侧索硬化症的构音障碍是

30~31 题共用备选答案

  A. 相当数量的辅音发成 b、p、f 的音

  B. 相当数量的音发成 z、c、s 的音

  C. 相当数量的音发成 zh、ch、sh 和 j、q、x 音

  D. 相当数量的音发成 d、t、n 音

  E. 相当数量的音发成 l

30. 齿背化是指

31. 硬腭化是指

32~33 题共用备选答案

  A. 把 d、g 发成 t、k

  B. 把相当数量的音发成 l 音

C. 相当数量的音发成 n 或 m 音

D. 相当数量的音发成 m、f、b 音

E. 相当数量的音发成 g、k

32. 送气音化指

33. 鼻音化指

34~35 题共用备选答案

A. ([t]、[d]、[s]、[n]、[z])

B. ([p]、[b]、[m]、[w])

C. ([zh]、[ch]、[sh]、[r])

D. ([j]、[q]、[x])

E. ([k]、[g]、[h])

34. 脑瘫儿童构音训练的软腭音是

35. 脑瘫儿童构音训练的双唇音是

【X 型题】

36. 脑瘫儿童构音障碍的康复治疗包括几个方面的内容

A. 基础运动的训练　　　　　　　　　B. 粗大构音运动的训练

C. 精细构音运动的训练　　　　　　　D. 韵律的训练

E. 摄食能力的训练

37. 脑瘫儿童构音器官运动训练包括

A. 深呼吸,吸气训练　　　B. 下颌控制训练　　　C. 舌的灵活性训练

D. 口唇控制训练　　　　　E. 脑功能训练

38. 重度构音障碍患者的交流设计包括以下哪些内容

A. 随着患者交流水平的提高,调整和增加交流板上的内容

B. 声音与画面结合

C. 交流板上的内容适合患者的水平

D. 名词为主

E. 考虑患者如何使用

三、简答题

1. 简述运动性构音障碍的预后。

2. 构音器官评估过程中,需要对哪些方面进行评估?

3. 如何进行音节复述检查?

4. 简述脑瘫儿童构音治疗抑制异常姿势反射训练的方法。

5. 痉挛性构音障碍患者如何进行放松训练?

6. 如何进行克服鼻音化的训练?

7. 简述脑瘫儿童构音障碍粗大构音运动的主要训练内容。

8. 简述脑瘫儿童构音器官运动的主要异常表现。

9. 简述运动性构音障碍的分类。

10. 简述运动性构音障碍的治疗方法。

参 考 答 案

一、名词解释

1. **运动性构音障碍**:是由于神经病变、与言语有关肌肉的麻痹、收缩力减弱或运动不协调所致的言语障碍。

2. **鼻音化构音**:是指构音障碍的患者发音的过程中将一定量非鼻音发成鼻音。

3. **被刺激性**:以音节或音素形式进行提示,能纠正构音错误的为有被刺激性,以"+"表示,反之为无被刺激性,以"-"表示。

4. **费力音**:这种音是由于声带过分内收所致,听起来喉部充满力量,声音好像从其中挤出来似的。

5. **音辨训练**:患者对音的分辨能力对准确发音非常重要,所以要训练患者对音的分辨,首先要能分辨出错音,可以通过口述或放录音,也可以采取小组训练形式,由患者说一段话,让其他患者评议,最后由治疗师纠正。

二、选择题

1. C 2. B 3. A 4. C 5. E 6. A 7. C 8. B 9. E 10. C 11. B 12. E 13. B 14. E 15. A 16. C 17. C 18. A 19. B 20. D 21. C 22. C 23. A 24. B 25. A 26. B 27. D 28. E 29. D 30. B 31. C 32. A 33. C 34. E 35. B 36. ABCDE 37. ABCD 38. ACE

三、简答题

1. 运动性构音障碍的预后取决于神经病学状态和进展情况,单纯型的构音障碍,发病时间短以及接受正规及时的康复训练预后较好。双侧皮质下和脑干损伤、退行性疾病,如肌萎缩侧索硬化症等预后最差。脑瘫患者如有频繁的吞咽困难和发音很差预后亦较差。儿童患者比成人有更多的康复机会,随着他们的成长而症状常有所减轻。构音障碍合并失语症、听力障碍或智力障碍的预后较差。

2. 在观察安静状态下构音器官,然后让患者做粗大运动并对以下方面作出评估:

(1)部位:构音器官哪个部位存在运动障碍。

(2)形态:确认各器官的形态是否异常。

(3)程度;判定异常程度。

(4)性质:确认异常属于中枢性、周围性或失调性。

(5)运动速度:确认属单纯运动还是反复运动,是否速度低下或节律变化。

(6)运动范围:确认运动范围是否受限,协调运动控制是否低下。

(7)运动的力:确认肌力是否低下。

(8)运动的精确性、圆滑性:可通过协调运动和连续运动判断。

3. 检查常用和比较常用的音节,目的是在病人复述时,在观察发音点的同时并注意患者的异常构音运动,发现患者的构音特点及规律,方法为检查者说一个音节,患者复述,标记方法同单词检查,同时把患者异常的构音运动记入构音操作栏,确定发生机制。

4. 脑性瘫痪患儿对反射抑制姿势适应后,肌张力会渐渐地接近正常,为此,语言治疗师首先必须将与构音密切相关的异常反射姿势予以抑制。必须从头、颈、肩等大运动开始训练逐渐向下颌、口唇、舌等精细运动过渡。①让患儿躺在床上,语言治疗师协助患儿将髋关节、膝部、脊柱、肩屈曲,头后仰;②让患儿躺在床上语言治疗师协助患儿将膝关节屈曲下垂于床边,髋关节与脊柱伸展,头向前屈曲,肩放平;③在患儿的后面将患儿抱起,令患儿坐在语言治疗师(跪姿)的腿上,然后轻轻地转动患儿的躯干、骨盆,以缓解患儿躯干、骨盆的紧张度,然后将患儿双手放到前面桌面或训练台上,双脚在地上放平。

5. 痉挛型构音障碍的患者,往往有咽喉肌群紧张,同时肢体肌肉张力也增高,通过放松肢体的肌紧张可以使咽喉部肌群也相应地放松。通过一系列的运动达到松弛状态,取放松体位,闭目,精力集中于放松的部位。包括:①足、腿、臀的放松;②腹、胸和背部的放松;③肩、颈、头的放松。做这些活动的目的是鼓励患者通过身体各部位的紧张与放松的对比来体验松弛感。这些活动不必严格遵循顺序,可根据患者的情况,把更多的时间花在某一部位的活动上。如果患者在治疗室学会了某些放松的技巧并能在家中继续练习则非常有益。

6. 鼻音化构音是由于软腭运动减弱,腭咽部不能适当闭合而将非鼻音发成鼻音,这种情况会明显降低音的清晰度而难以使对方理解。可采用引导气流通过口腔的方法,如吹蜡烛、喇叭、哨子等可以用来集中和引导气流。另外也可采用"推撑"疗法,做法是让患者把两手放在桌面上向下推或两手掌放在桌面下向上推,在用力的同时发"啊"音,可以促进腭肌收缩和上抬功能,另外发舌根音"卡"也可用来加强软腭肌力促进腭咽闭合。

7.(1)深呼吸及吸气的控制训练:可采用吹喇叭、吹口琴、吹泡泡等游戏来进行训练,还可以锻炼用吸管喝水。

(2)改善下颌及口唇的控制:下颌控制不良口唇就难以闭合,这就是我们常常看到脑性瘫痪患儿流涎的原因,以致无法进行构音训练。

(3)改善舌的控制:如果孩子下颌的随意运动得到控制,就可以说已进入了神经肌肉的发育阶段,虽然这时还需要对舌的控制训练,对于脑性瘫痪患儿能够正确掌握舌的运动功能是非常难的,这种促进运动是非常必要的。

8.(1)不随意的下颌上抬运动、口唇运动、张口、伸舌等所致的言语清晰度低下。

(2)不能进行口唇开合、撅嘴、龇牙等交替的协调运动或运动范围受限,速度低下等所致言语清晰度低下。

(3)舌运动功能低下,如舌外伸、舌上抬困难或有不随意运动所致精细构音运动的准确性障碍所致的言语清晰度低下。

(4)下颌开合困难,协调运动速度降低所致言语速度缓慢,清晰度低下。

(5)可见鼻咽腔闭锁功能不全所致鼻音过重。

9. ①痉挛型构音障碍(中枢性运动障碍);②迟缓型构音障碍(周围性构音障碍);③失调型构音障碍(小脑系统障碍);④运动过强型构音障碍(锥体外系障碍);⑤运动过弱型构音障碍(椎体外系障碍);⑥混合型构音障碍(运动系统多重障碍)。

10. ①轻中度构音障碍:呼吸是发声的动力源,呼吸训练是治疗中的重要环节。改善构音的训练包括口腔构音器官的训练、发音的训练、减慢言语速度和训练。鼻音化构音是由于软腭运动减弱,腭咽部不能适当闭合而将非鼻音发成鼻音,这种情况会明显降低音的清晰度而使听者难以理解,可采用引导气流通过口腔的方法进行训练,如吹蜡烛、喇叭、哨子等可以用来集中和引导气流。克服费力音的训练是让患者获得容易的发音方式,通过打哈欠、头颈部放松训练等手段可以完成。通过"推撑"方法可以促进声门闭合以克服气息音。可以用节拍器,设定不同的节律和速度,患者随节奏发音纠正韵律异常。②重度构音障碍:通过手法介入可以促进患者逐步自主完成构音运动。训练包括:呼吸、舌运动、唇的训练和交流辅助系统的应用等。

(李胜利　万桂芳　冯兰云)

第四节　功能性构音障碍

学 习 要 求

1. **掌握**　功能性构音障碍的治疗。
2. **熟悉**　功能性构音障碍的评估原则。
3. **了解**　功能性构音障碍的原因与鉴别。

内 容 精 要

一、定义和原因

1. **定义**　功能性构音障碍是指发音错误表现为固定状态,但找不到明显原因的构音障碍。

2. **原因**　目前还不十分清楚功能性构音障碍的原因,一般认为是幼儿在学习发音的过程中因某种原因学会了错误的构音动作,有些研究资料显示功能性构音障碍主要与儿童语音的听觉接受、辨别、认知因素有关。

3. **常见的构音错误**

(1) g、k 发成 d、t,如把"哥"说成"的"或者相反的发音方式。

(2) zh、ch、sh 发成 z、c、s,如把"知"发成"滋""吃"发成"次""是"发成"四"。

(3) 把 l 发成 n(除外地方语音的发音地点,比如我国的部分地区 n、l 不加区分)。

(4) 把部分非鼻音发成鼻音。

二、诊断

1. 构音器官形态无异常(无腭裂、错位咬合、严重的舌系带短缩)。

2. 构音器官运动功能无异常(无脑瘫、先天性软腭麻痹等)。

3. 听力正常,但要注意在轻度至中度听力障碍,高频突发性聋、如高频区辅音的听力障碍,往往会出现发音异常。要注意除外这些原因。

4. 如果有构音错误,但语言发育大致达到 4 岁以上,构音错误已经固定化。如儿童未达 4 岁出现构音错误,也可以看作是发育过程中未成熟的发音。

三、构音评估

主要依靠检查者的听觉判断是否存在发音错误,并仔细观察构音动作是否异常。

1. 资料收集及检查

（1）构音障碍发生和经过的调查：①口腔技能、进食动作、吸管的使用、吹气、吹的游戏等；②运动功能发育；③语言发育情况；④目前日常会话的状况。

错误的持续性及其程度，会话时的可懂度，本人的意识，有无继发性问题，如回避谈话、书写错误、被讥讽等。

（2）构音检查（见构音障碍检查）。

（3）构音器官检查：见表6-5。

（4）语言发育检查（见语言发育迟缓检查法）。

（5）听力检查（纯音听力检查）。

（6）智力检查（必要时可做智商测定）。

表 6-5　构音器官检查

构音器官	形态	功能
口唇	对称性，闭合的状态	突出的程度和速度，开闭的程度和状态
齿	咬合的状态，牙齿缺损	咬合是否紧密，哪些牙齿缺损
舌	大小，对称性，有无不随意运动，有无萎缩	前伸后缩、上下左右活动的程度和速度
硬腭 软腭	长度充分与否，腭裂或黏膜下腭裂，悬雍垂形状	发"啊"时软腭上举的程度
咽喉	软腭与咽后壁的距离是否过长	
协调运动	吹气观察鼻咽腔的关闭功能，观察连续构音功能	

2. 整理评估结果，见表6-6。

表 6-6　评估结果

主要项目	表现	意义
错误构音种类	错误和正确发音的种类	错误发音种类有哪些，以较容易发的音的错误判定轻重度
错误的一贯性	能否使其正确，发音环境的影响，单词与音节水平，检查和生活中有何不同	不稳定的错误为未成熟构音，一贯性的错误为固定、习惯化的构音，有时可成为训练的关键词
错误的类型	音节省略、替代、歪曲有无特异性错误型	距构音发育的阶段有多大
被刺激性	能否纠正为正确构音，达到此目标的方法（复述、构音动作的模仿，其他）	训练的难易程度或提示有自然治愈的可能性
听觉记忆力	语音、数字等的记忆表现	如有问题应采用专门的方法考虑
语音辨别力	能否区分正确与错误的发音	训练途径的选择不同
构音器官	形态、功能	器质性与功能性的区别
错误的内容	在错误构音中共同缺少的构音动作是什么，此动作是否在正确构音时也存在	采用何种构音训练，从哪一音开始训练等，作为制订训练计划的指标

四、训练原则

1. 改变固定化了的构音习惯

（1）错误的构音动作。

（2）正确构音动作的再学习。

2. 构音训练方法

（1）必须训练听辨别音。

（2）必须严格训练构音动作。

（3）要设法排除错误构音习惯的影响,如为了矫正和巩固正确发音,需要临时挑选一些单词、句子并持续的使用。

五、训练计划的制订

1. 训练的适应证及训练方针的制定

（1）语言发育水平大体在 4 岁以上,习惯化的构音异常,特别是在被别人嘲笑的情况下,应进行早期的构音训练。并且应该教会家长协助训练。

（2）在构音错误无特异性,错误方式不固定或有波动,有构音的被刺激性或伴有语言发育迟缓时,一边促进语言发育,一边观察构音发育。

2. 发音训练内容

（1）参考构音发育标准,选择一贯性低、未定型的音,尽量选择容易发的音,例如不能发 k 和 s 时,应先选择训练 k。

（2）可以根据构音点、构音方法的相似性制订训练计划。例如同类音 g、k、h 的波及效果等。

（3）训练过程中发现一个音训练效果不好,也可以实验性的训练另一个音。

3. 训练方法的选择
在训练过程中,并非只选择哪一种,而是多种方法相互补充,以求达到最佳效果。

（1）利用听觉的训练方法：

1）听音辨别训练:适应不能分辨语音或分辨能力较差的儿童,听取语言治疗师发出的正确音,辨别自己的错误发音并让其复述正确发音。也可以先教患儿正确拼音和文字,并将他们写在纸上,当治疗师发音时,让患者指出相应拼音和词。已上学的儿童可以将其错误音放在词的不同位置,治疗师说出包含该音的词时,患儿可以指出音的位置。如能分辨语音则可以训练单词。

2）听觉刺激法:适应于错误语音具有被刺激性（未定形时）,方法是复述单词和音节。一般只用此方法难以改善,可以作为配合训练方法。

（2）构音动作训练法:几乎适用所有构音错误呈固定化、习惯化的儿童。必须使用避开错误构音习惯的构音动作训练方法。

4. 构音训练顺序

（1）训练过程:引导构音动作→自发正确发音→熟练正确发音→向其他发音泛化。

（2）构音运动的学习：

1）诱导目的音正确动作:从构音动作较相似的音开始,在形成新的构音动作时,让其模仿动作,用语言说明和使用镜子加深理解。

2）用单音节稳定正确音的构音动作。

3）在说话中引用正确的发音：A：使用为训练特别挑选的词汇。B：单词、句子、短文的应用从音节数少，发音的组成容易的实用性词语开始，例如自己或小朋友的名字，问候语，称呼词等。C：用录音机再现自己错误的发音和正确音进行比较。D：促进实用化。

对儿童可以利用说儿歌，做游戏等方式逐步向训练过程以外的言语活动过渡。这种过渡存在个体差异，一般说年龄越大，难度越大。但至少应做到在训练场所能够熟练应用，并且在出现错误时能自己纠正。

5. 选择训练教材 可以选择画片、图册、向练习册上贴画等，根据不同情况选择不同的方法。

六、构音训练

训练开始时，要带有游戏性尽量争取使其保持对训练有兴趣，尽量不要挫伤他们讲话的愿望而能积极配合训练。

1. g、k 的训练

（1）g 被 d 代替时，让患儿发 ga 或 ka，同时用压舌板或勺子把压舌尖。

（2）利用漱口的方法，逐渐减少口中水量，从"无水漱口"诱导 ga 音。

（3）发音时利用舌根和软腭闭锁的方法。

2. d、t 的训练

（1）让患儿把舌放在上下齿之间，水平伸出。一天做五分钟左右，进行一个月。

（2）在伸舌状态呼气发破裂音。

习　题

一、名词解释

功能性构音障碍

二、选择题

【A1 型题】

1. 功能性构音障碍的发音特点是

　　A. 音不连贯　　　　　　　　B. 固定化的音　　　　　　　　C. 发音多变

　　D. 发音拖长　　　　　　　　E. 声音粗糙

2. 功能性构音障碍的诊断在年龄上是

　　A. 会说话就存在　　　　　　　　　　　B. 2 岁后还存在

　　C. 3 岁半后还存在　　　　　　　　　　D. 一般在 4 岁以后还存在

　　E. 一般在 3 岁以后还存在

3. 哪项**不是**功能性构音障碍的发音错误

　　A. zh、ch、sh 发成 z、c、s　　　　　　　B. g、k 发成 d、t

　　C. 粗糙音　　　　　　　　　　　　　　D. l 发成 n

　　E. 部分音发成鼻音

4. 功能性构音障碍首先可训练

    A. 不连贯的音   B. 一贯性低、未定型的音

    C. 非鼻音   D. 不会发的音

    E. 伴发声异常的音

5. 功能性构音障碍**不需要**评估

    A. 构音器官形态   B. 构音器官运动功能

    C. 听力   D. 命名

    E. 语音

【A3 型题】

6~7 题共用题干

男孩,4 岁,吐字不清来诊,检查发现言语清晰度低,g、k、d、t 发音不清,肢体运动正常,舌、唇、腭结构,运动正常,平均听力阈值 30dB,智商正常。

6. 患儿最可能的语言障碍诊断是

    A. 失语症   B. 器质性构音障碍   C. 运动性构音障碍

    D. 运动过多型   E. 功能性构音障碍

7. 纠正 d、t 需要

    A. 舌上挑训练   B. 舌的摆动训练

    C. 舌的旋转训练   D. 舌水平伸出上下齿之间

    E. 缩舌训练

【B1 型题】

8~9 题共用备选答案

    A. b、p、f

    B. z、c、s

    C. zh、ch、sh

    D. d、t、n

    E. g、k

8. 漱口训练是纠正

9. 卷舌动作是纠正

三、简答题

功能性构音障碍需要整理和总结哪些内容?

参 考 答 案

一、名词解释

功能性构音障碍:是指发音错误表现为固定状态,但找不到明显原因的构音障碍。

二、选择题

    1. B   2. D   3. A   4. B   5. D   6. E   7. D   8. E   9. C

三、简答题

功能性构音障碍需要对以下项目进行总结:错误构音种类,构音错误是否为一贯性,发音错误时受否有被刺激性,听觉记忆力情况,语音听辨别能力,构音器官形态和结构是否正常。

(李胜利)

第七章
腭裂

第一节 腭裂的概念与语音表现

学 习 要 求

1. **掌握** 腭裂的定义,腭裂患者的语音学表现以及评价方法。

2. **熟悉** 腭裂的检查方法,腭咽功能的评价,黏膜下腭裂、先天性腭咽闭合功能不全的检查。

3. **了解** 腭的解剖,腭裂的病因、分类、发病机制及临床表现。

内 容 精 要

一、腭裂的概念

1. **概念** 腭裂是口腔颌面部最常见的先天性畸形,发病率在 1‰~2‰,因为胎儿第 6 周至第 12 周,硬腭、软腭未能正常地发育融合,以至出生时遗有长裂隙。可单独发生也可与唇裂同时伴发。

2. **分类** 主要分为软腭裂、不完全性腭裂、单侧完全性腭裂、双侧完全性腭裂。

3. **分度** Ⅰ度裂,只是悬雍垂裂;Ⅱ度裂,部分腭裂,但未至切牙孔;Ⅲ度裂,全腭裂开,由悬雍垂至切牙孔,包括牙槽突,常与唇裂伴发。

4. **临床表现** 患者可以出现腭咽解剖形态的异常、进食功能异常、中耳疾病、腭咽闭合功能不全、构音障碍、语言发育迟缓以及日常生活交流中出现的心理问题。

5. **腭咽功能** 腭咽功能是指在语音活动以及吞咽运动时,由软腭、悬雍垂、咽侧壁和咽后壁的相互运动,正常人在发音以及吞咽活动室通过腭咽功能调节腭咽部的关闭与开放来影响口腔和鼻腔的关系,举例来讲,呼吸时腭咽部处于开放状态,使鼻腔气流进入咽腔,完成鼻吸气、鼻呼气的生理过程;当发音进行口腔共鸣时需要腭咽部在发音过程进行闭合,从而使气流不会从鼻腔后部进入鼻部,当值口腔共鸣因口内气流不足而不能有效完成;吞咽时食物向咽部递送时,腭咽部也会执行关闭的功能,从而避免了食物的反流以及进食时口咽的压力。

6. **腭咽闭合功能不全**(velopharyngeal insufficiency,VPI) 腭裂患者由于腭部的缺损导致腭部诸结构的共同关闭鼻咽腔过程不能完成,称为腭咽闭合功能不全。腭咽关闭不全时仅仅遗留 10~20mm 的缺口就会影响正常言语的产生,腭咽功能不全的原因可以是腭咽口结构异常

(包括腭裂、深鼻咽腔、短软腭等),也可以是神经功能障碍和学习发音方法不当。是影响腭裂患儿语言清晰度的一个主要原因。

7. 先天性腭咽闭合功能不全(congenital velopharyngeal insufficiency,CVPI) 先天性腭咽闭合功能不全是一种常染色体显性遗传性疾病,发病率约为 1/8000~1/5000。其主要临床症状是没有明显的解剖异常,但在口腔检查中,可发现此类患者有软腭过短过薄,或咽腔深于正常,或软腭、咽侧壁没有动度,以至于发音时,不能达到足够的腭咽闭合,气流自鼻腔逸出,形成以严重鼻音为主的语音障碍,影响其言语清晰度。由于 CVPI 患者的口腔和颌面部无明显的解剖异常(可伴黏膜下隐裂或悬雍垂裂),常常延误了最佳治疗时机。由于 CVPI 的临床表现较复杂,又常伴全身的先天性畸形,最常见先天性心血管疾患,有些患者常伴有智力发育低下,他们的 IQ 值一般在 55~87 之间。患者可以既有严重的过度鼻音,又有典型的 CVPI 面容,即:眼细小,内眦间距过宽,眶下扁平。头颅侧位片能较客观地评价腭咽部的形态,同时能观测和评价发音时软腭和咽后壁的间隙,是较好的检查先天性腭咽闭合功能不全的方法。目前将 CVPI 主要分为两类。第一类,可见黏膜下裂的三联征,硬腭后切迹、悬雍垂分叉和软腭肌层不融合的一种或多种表现;第二类,视诊无腭异常,影像学检查可以发现腭咽区异常,软腭过短或过薄,由颈椎或颅板发育异常而引起咽腔过深。

8. 治疗 目前比较公认的腭裂治疗是综合序列治疗原则,即通过手术首先来恢复腭部的解剖形态和生理功能,重建良好的腭咽闭合以及获得正常的语音;对于面中部塌陷畸形,牙列不齐和咬合紊乱者也要予以手术纠正,以改善患者的面容和恢复正常的咀嚼功能;及早治疗因腭裂引起的鼻、耳疾患,注意预防和纠正听力损失;对于患者进行系统的心理支持与辅导。使患者达到身心健康;此外对腭裂语音障碍进行系统纠正,改善患者的言语清晰度,提高言语交流技巧,促进患者正常的言语交流能力。

二、腭裂的语音表现

1. 产生机制 腭裂患者的呼吸功能和发声功能均无明显异常,腭裂语音障碍的言语病理基础主要是由于:腭部结构缺失引起鼻腔和口咽腔交通、软腭和悬雍垂发育畸形以及软腭肌肉缺陷引起的腭咽闭合功能不全、腭扁桃体和腺样体肥大、牙列发育异常、唇裂舌体位置后移、舌体体积过大或过小,由此造成了共鸣能力和构音能力的异常。

2. 语音异常表现 患者可以出现共鸣异常如开放性鼻音、闭塞性鼻音、鼻漏气等;构音异常如腭化构音、侧化构音、鼻咽构音以及其他发音异常如声门爆破音、咽喉摩擦音和咽喉爆破音等。

三、腭裂的评价

1. 主观评价 包括构音器官形态的评价,构音器官运动功能的评定以及语音的评价;其中语音的评价又包括汉语语音清晰度测试和语音错误方式评价。

2. 客观评价 包括鼻咽纤维内窥镜的评价,鼻息镜检查法,语图仪—计算机语音频谱分析与评价,鼻音计,X 线检查,电子腭图检查,计算机断层扫描(CT)和磁共振检查以及肌电图的检查。

习 题

一、名词解释

1. 腭裂
2. 腭咽闭合功能不全

二、选择题

【A1 型题】

1. 腭裂患者出现语音异常主要是由于

    A. 呼吸功能异常   B. 构音器官运动障碍   C. 共鸣和语音异常

    D. 听理解障碍   E. 嗓音障碍

2. 对于腭裂临床表现的描述,正确的是

    A. 口面部发育基本正常   B. 共鸣功能基本正常

    C. 牙齿序列基本正常   D. 鼻部发育基本正常

    E. 以上均不对

3. 对于鼻漏气的评估,正确的是

    A. 听理解的检查   B. 言语清晰度的检查

    C. 构音器官运动检查   D. 鼻流量计的检查

    E. 以上均不对

【A2 型题】

4. 关于黏膜下腭裂,下面哪项是**错误**的

    A. 腭黏膜下裂又称腭隐裂,是先天性腭裂的一种。

    B. 具有三大特征,即悬雍垂裂、软腭肌肉在中线不连续及硬腭中线切迹。

    C. 可以通过透光试验进行诊断。

    D. 测量软腭相对长度、腭帆提肌附着位置及发音时软腭抬高角度是诊断腭隐裂的重要指标。

    E. 一般不会引起发音的异常。

5. 腭裂的语音特点,**不包括**以下哪项

    A. 开放性鼻音   B. 腭化构音   C. 声门爆破音

    D. 非送气音化   E. 咽喉爆破音

【B1 型题】

6~8 题共用备选答案

    A. 咽喉摩擦音

    B. 侧化构音

    C. 卷舌音化

    D. 送气音化

    E. 鼻漏气

6. 腭裂共鸣异常会出现

7. 构音异常会出现

8. 腭咽闭合不全会出现

9~11 题共用备选答案

　　A. 鼻息镜检查

　　B. 纤维鼻咽镜检查

　　C. 构音运动检查

　　D. 失语症检查

　　E. X 线检查

9. 检查腭咽形态可以用

10. 评估腭咽闭合功能最重要和最常用的是

11. 检查鼻漏气程度的是

【X 型题】

12. 下属哪些检查方法属于腭咽闭合功能的相关评估

　　A. 呼吸流量计　　　　　　B. 语图仪　　　　　　　　C. 电子腭图

　　D. 多角度 X 线动态录像　　E. 头颅侧位片

三、简答题

1. 简述腭裂语音产生的机制。

2. 腭咽闭合功能不全会出现哪些语音异常？

参 考 答 案

一、名词解释

1. **腭裂**：是口腔颌面部最常见的先天性畸形，发病率在 1‰ ~2‰，因为胎儿第 6 周至第 12 周，硬腭、软腭未能正常的发育融合，以至出生时遗有长裂隙。可单独发生也可与唇裂同时伴发。

2. **腭咽闭合功能不全**：是指在语音活动时，由软腭、悬雍垂、咽侧壁和咽后壁的相互运动，共同关闭鼻咽腔的过程不能完成。

二、选择题

1. C　2. E　3. D　4. E　5. D　6. E　7. B　8. A　9. E　10. B　11. A　12. ABCDE

三、简答题

1. 腭裂患者的呼吸功能和发声功能均为正常，其所出现的异常语音是由于构音能力和共鸣能力出现障碍所致。腭裂语音障碍的言语病理基础主要是由于：腭部结构缺失引起鼻腔和口咽腔交通、软腭和悬雍垂发育畸形以及软腭肌肉缺陷引起的腭咽闭合功能不全、腭扁桃体和腺样体肥大、牙列发育异常、唇裂舌体位置后移、舌体体积过大或过小。

2. 腭裂患者发音过程中由于腭咽部闭合不全，总是试图在气流通过腭咽部进入鼻腔前利用咽部与喉部肌肉的紧张性变化阻挡住进入鼻腔的气流,此时就会形成气流在声门处的异常摩擦和舌咽部的异常摩擦,这些共同组成了腭裂患者特殊的发音。按其发音的特点又可分为以下几种:

1)声门爆破音:在言语病理学上又称为"腭裂语音"的代表音,其音声特点为发某些辅音时,声音似从咽喉部强挤出,辅音起声时间消失或过短,在发 /pa/、/ta/、/ka/ 等音时最易检出,严重的患者在发辅音时完全会省略掉摩擦和爆破的动作,并且会有面部表情的伴随。

2)咽喉摩擦音:是腭咽闭合功能不全患者特有的一种异常语音,其表现为在发塞擦音时咽腔缩小,舌根和咽喉摩擦而形成的异常语音,在发声时几乎看不见患者的舌尖活动,语音清晰度较低。临床上以 /z/、/c/、/s/、/j/、/q/、/x/ 等音较容易检查到。

3)咽喉爆破音:也是腭咽功能闭合不全的特有语音,患者发音的过程几乎都是靠舌根和咽后壁的闭锁和开放来完成的,在 /k/、/g/ 的音群中最容易发现。正常构音者在发 /ka/、/ga/ 时,可见舌背向上抬的运动,但在发咽喉爆破音的患者,舌背呈水平向后移动。

(张庆苏)

第二节 腭裂的构音训练

学 习 要 求

1. **掌握** 腭裂术后异常语音的特点,腭裂术后语音训练的具体方法。
2. **熟悉** 腭裂语言训练的原则和注意事项。
3. **了解** 腭裂语言训练开始的时间。

内 容 精 要

一、语音训练的时间和方式

1. 腭裂语音训练一般为术后 2~3 个月开始,此时术后肿胀已基本消退,缝线大部分已脱落,上腭知觉已开始慢慢恢复。

2. 训练方式应以一对一训练为好,每周 1~2 次,每次 30~60 分钟,训练过程中采用强化练习和游戏交替方式进行。也可选择家长陪伴儿童训练。

二、腭裂术后语音训练的原则和注意事项

1. 腭裂术后语音训练原则上,应在伤口恢复良好的基础上越早进行越好。
2. 对腭裂儿童的父母要给予很好的心理安慰。同时要做好患儿的心理辅导。
3. 腭裂儿童解剖条件得到改善以后,应早期获得良好的腭咽闭合功能。
4. 腭裂术后语音训练应是"音素—音节—词汇—短句—短文、会话",由易到难进行的。
5. 部分腭裂儿童可能会伴有听力、智力、心理等方面异常,要及时添加相关干预训练。
6. 年龄相对较大的腭裂术后患者,要树立治疗的信心,才能提高治疗的效果。

7. 对年龄小的儿童,训练可用形象化的可视仪器、图片,玩具,图书,相册等等。

8. 语音训练患者家属的配合作用也相当重要。

三、腭咽闭合不全的训练

正常人在发辅音时(除鼻音外),软腭上升,腭咽闭合阻塞鼻腔通道,舌不同部位在口腔内形成不同的阻碍,气流冲破阻碍,迸裂而出,爆发形成,除爆破音和摩擦音外,正确发其他辅音时并不需要腭咽闭合。为此,可以理解腭裂患者发音障碍主要在 16 个爆破音和摩擦音上。

1. 唇肌运动功能的训练。

2. 气流训练。

3. 软腭按摩训练。

四、语音训练顺序和内容

1. **音素训练** 音素是最小的语音单位。

2. **音节训练** 音节是由声母(主要是辅音)和韵母组成。

3. **词汇训练** 可采用双音节词训练,根据不同声母组成相关词组。

4. **句子训练** 根据词汇内容,组成相关短句。

5. **短文、会话训练** 等患者能熟练准确的读出每个声母,即可进行短文和会话训练。

五、腭裂术后常见异常语音训练方法

1. **双唇音**(p-b)

(1) p 送气塞音。 (2) b 不送气塞音。

2. **唇齿音**(f)

f 送气擦音。

3. **舌尖中音**(t-d)

(1) t 送气塞音。 (2) d 不送气塞音。

4. **舌根音**(k-g)

(1) k 送气塞音。 (2) g 不送气塞音。

5. **舌尖前音**(s-c-z)

(1) s 送气擦音。 (2) c 送气塞擦音。 (3) z 不送气塞擦音。

6. **舌尖后音**(sh-ch-zh)

sh 送气擦音、ch 送气塞擦音、zh 不送气塞擦音。

7. **舌面前音**(x-q-j)

x 送气擦音、q 送气塞擦音、j 不送气塞擦音。

8. **舌边音** l 为舌边音。

六、腭裂术后异常语音的生物反馈治疗

生物反馈治疗是恢复语音功能较为常用的方法之一,它是利用患者的视、听、触觉等感觉,借助灵敏的电子仪器或设备将测到的患者生理和形态变化信息显示给患者,指导患者学会在某种程度上自我调节控制这些机能,以达治疗的目的。

1. 视觉反馈治疗。

2. 听觉反馈治疗。

3. 触觉反馈治疗。

习　题

一、名词解释

生物反馈治疗

二、选择题

【A1 型题】

1. 腭裂语言训练应该开始于术后

　A. 半个月　　　B. 5~6 个月　　C. 2~3 个月　　D. 3~4 个月　　E. 1~2 个月

2. 下面哪项**不是**腭咽闭合功能不全的训练

　A. 半月采用中指指腹按摩硬腭、软腭

　B. 快吸气训练

　C. 软毛笔轻触刷软腭部位

　D. 依靠舌根反射压迫使软腭活动

　E. 发长音 "a" "i"，逐步增强音高及音长

3. 下面哪项**不是**腭裂的训练原则

　A. 一对一训练方式　　　　　　　　　B. 每周一到两次

　C. 每次训练时间为 40~60 分　　　　　D. 训练过程中应调整儿童情绪

　E. 训练开始越早越好

4. 腭裂术后语音训练的顺序是

　A. 音素训练；音节训练；词汇训练；句子训练；短文会话训练

　B. 音节训练；词汇训练；音素训练；句子训练；短文会话训练

　C. 音素训练；句子训练；短文会话训练；音节训练；词汇训练

　D. 短文会话训练；音素训练；音节训练；词汇训练；句子训练

　E. 句子训练；短文会话训练；音素训练；音节训练；词汇训练

【B1 型题】

　A. 构音错误的自我认识

　B. 错误构音的自我矫正

　C. 以放松喉部压力为主

　D. 先使其舌体平展于齿、唇外

　E. 将舌尖抵住上下齿缝

5. 声门破裂音的训练要注意

6. 齿间化构音训练要注意

【X 型题】

7. 腭裂语言训练原则和注意事项

　A. 减轻父母对腭裂儿童口语交流能力改善可能性的过渡焦虑

B. 训练原则上采取一对一训练方式,训练过程中应调整儿童情绪,适当休息或游戏

C. 鼓励儿童口语交流中任何细微的,甚至是尚未表现出的潜在的积极因素

D. 最大限度改善其口语交流能力,改正不正常的代偿发音方法及异常的发音习惯

E. 尽可能于早期使患者获得良好的腭咽闭合功能及口语能力

三、简答题

简述腭裂术后异常语音的生物反馈治疗?

参 考 答 案

一、名词解释

生物反馈治疗:是恢复语音功能较为常用的方法之一,它是利用患者的视、听、触觉等感觉,借助灵敏的电子仪器或设备将测到的患者生理和形态变化信息显示给患者,指导患者学会在某种程度上自我调节控制这些机能,以达治疗的目的。

二、选择题

1. C 2. B 3. E 4. A 5. C 6. E 7. ABCDE

三、简答题

生物反馈治疗是恢复语音功能较为常用的方法之一,它是利用患者的视、听、触觉等感觉,借助灵敏的电子仪器或设备将测到的患者生理和形态变化信息显示给患者,指导患者学会在某种程度上自我调节控制这些机能,以达治疗的目的。

其包括:

(1)视觉反馈治疗。

(2)听觉反馈治疗。

(3)触觉反馈治疗。

(冯兰云)

第八章
嗓音障碍

学习要求

1. **掌握** 嗓音障碍的基本概念,声音的基本要素,嗓音障碍评估的基本方法,发声障碍的预防措施。
2. **熟悉** 嗓音障碍的主观 GRBAS 评价内容,嗓音障碍的康复训练原则与方法。
3. **了解** 嗓音障碍的客观评价方法、病因、临床表现、治疗方法。

内 容 精 要

一、概念

1. 发音 正常人的发音(phonation)是由呼吸运动产生的吸气呼气动作为动力来源,由声带的振动产生了基本的声音,由声带以上的结构产生共鸣,以及由神经中枢系统对声音的韵律和音调进行控制调节,最后形成声音的过程,是人说话和唱歌时的生理基础,人所发出的声音称为嗓音(voice)。

2. 嗓音与言语 发音产生了嗓音,嗓音经过构音器官的调音作用形成了言语,嗓音(voice)是言语的组成部分,言语除了有嗓音的基本特征以外,还是由一系列的音节、词、句按照语法的规则来组成,具有语言的特征,可以传递思想和信息,是沟通交流中最有效的工具。

二、应用解剖和生理

1. 发音器官 人体的发音器官是喉和声带。成年男性的声带长度为 17~21mm,厚度为 2.2~6.0mm,成年女性声带长为 11~15mm,厚度为 2.0~4.5mm。由于人的声带长短和厚薄均不相同,声带短、薄而且紧张者,振动的频率快,音调高,例如女性的声音,声带长、厚而且松弛的,振动的频率慢,音调就低,例如男性的声音,因此个体之间的发音频率也不相同。

2. 声道与共鸣腔 声道(sound track)是指声门上方到口腔外界的腔管状结构,其外形状如倒"L"形,由声门上区,喉咽部,口咽部,鼻腔以及鼻窦腔共同构成。

3. 气流与声门下压力 声音的产生需要声带的振动,而声带的振动则需要足够强的气流量对声带下缘区域形成一定的压力才可以产生,这是声带振动起始及维持的重要作用力,称为声门下压。正常人在安静呼吸时呼气所产生呼气流约为 500~600ml,由此形成的声门下压力约为 49Pa,而发声时呼吸流达到 1000~1500ml,产生的声门下压力为 294~981Pa。

4. 对声音特征的描述 对于声音的描述可以分为客观和主观两个方面,物理意义上的声音主要包括声强和频率,主观对声音的感受则是响度,音调以及音色。

三、嗓音障碍

1. **定义** 嗓音障碍(voice disorder),也称为发声障碍(dysphonia),是日常生活中常见的发音异常,嗓音障碍的分类方法较多,目前并没有统一,一般来讲,根据其病变性质,可以分为器质性嗓音障碍和功能性嗓音障碍。器质性嗓音障碍主要指各种疾病、外伤或先天发育原因导致的声带和与声带相关的肌肉组织出现形态和组织病理结构的改变,导致了发音异常,常见的有声带水肿、声带小结、声带息肉、声带麻痹、喉癌等。器质性发声障碍需要进行临床药物治疗和手术治疗,经过临床的治疗其中的一些疾病可以得到改善或治愈,从而使嗓音障碍的情况好转,但也有因治疗后遗留下的发音不可逆的永久损伤例如喉癌中的声带部分切除或全部切除。功能性嗓音障碍主要是由于声带和声道的任何部分在发音活动中应用不当或过度应用所致例如声音疲劳和声音嘶哑,按照发病机制功能性嗓音障碍又可分为功能不良性嗓音障碍和精神性(心因性)嗓音障碍,这类疾病早期发病时并没有声带的形态改变而只是运动上的异常,但如果这种不良的发音行为不能得到及时纠正,将引起声带的形态和振动形式的变化,进一步会形成声带的器质性病变如声带息肉、声带小结等。

2. **病因** 引起嗓音障碍的因素很多,主要包括过度用声、炎症、声带结构异常、神经损伤及其他因素包括听力障碍、内分泌功能异常、心因性或精神创伤性。

3. **常见嗓音障碍** 主要包括功能性不良性嗓音障碍、慢性喉炎、声带小结、声带息肉、声带慢性水肿(或 Reinke 间隙水肿)、喉麻痹、痉挛性发声障碍以及精神性失声。

四、嗓声障碍的评价

1. **主观感知评价** 包括他觉性评价和自我评价,其中他觉性评价以 GRBAS 评价法最为代表性。GRBAS 评价标准,该标准包括 5 个描述参数,分别是:声音嘶哑总分度 G(overall grade degree,G)、粗糙声 R(rough,R)、气息声 B(breath,B)、无力声 A(asthenia,A)、紧张声 S(strained,S)。每个参数分为四个等级,正常为 0 级,轻度为 1 级,中度为 2 级,重度为 3 级。

气息声是指发音时声带不完全闭合导致振动周期中不断有气流逸出,发声时便伴有周期性的呼吸音,将这种声质称为是气息声。严重的气息声可以导致无声化,如声带麻痹的早期。粗糙声是指声带表面形态的改变如声带肿胀、小结、息肉或附着黏液时,声带振动的周期变的不规则,声带不能正常闭合或出现代偿性改变时,声音呈粗糙性的一种主观感知表现称为粗糙声。无力声是指音强弱的一种表现,声带此时的振动表现微小而且不规则,发出的声音显得虚弱无力,临床上常见于一些弛缓性瘫痪和长期卧床患者的说话声音。费力声又称紧张声,是由于发音时声带过分紧张,喉肌张力过高而引起声带振动周期的改变所致,此时的发声中夹杂了很多不应该出现的噪声。常见于痉挛性瘫痪以及假声的患者。

一般来讲,紧张声和粗糙声可以伴随存在,无力声和气息声可以伴随存在,而紧张声、粗糙声和无力声、气息声则不会同时存在。

自我评价以嗓音障碍指数较为常见,该项调查是以交谈的方式让患者自己对存在的障碍或嗓音缺陷进行评价。

2. **客观评价** 对喉功能的客观检测主要包含四个部分:①嗓音声学分析;②声带形态及运动检查;③喉空气动力学检查;④喉肌电图分析。

五、嗓音障碍的预防以及康复

1. **原则** 对于患者进行康复训练要遵循以下的基本原则:选择合理的训练时机;重新建立正常的运动模式;进行有针对性的训练;确定适合的训练量;补偿和接受;指导和训练相结合。

2. **嗓音障碍的预防** 主要包括避免长时间、高强度地的用嗓,使用适当的音量、音调说话,避免使用过大的音量如叫喊、吼叫,也要避免使用较小的音量来交谈如耳语声;注意适当休声,在咽喉炎症或长时间用声感觉喉部疲劳时应该及时休声或禁声,让声带充分"休息";避免刺激性的食物,避免吸烟,避免食用过热、过冷、辛辣的食物及长时间的吸烟,保持心理、情绪的稳定,避免用声音来发泄心中郁闷,在这样的情况下,声带被不适当地硬性振动发声,更容易造成损伤,此外也增加了心因性嗓音障碍如癔病性失声的可能。最后要适当饮水,保持声带表面湿润,避免采用硬起声如咳嗽、清嗓的方式。

3. 嗓音障碍的康复训练是指通过功能锻炼的方法系统纠正患者错误的发音模式,异常的音质、音调和音量的过程。对于患者进行的功能锻炼要遵循以下的基本原则:选择训练时机;重新建立正常的运动模式;进行有针对性的训练;确定适合的训练量;补偿和接受;指导和训练相结合。训练常分为两个基本阶段,基础发声功能的训练阶段和有针对性的训练阶段。

六、嗓音障碍的治疗

1. **炎症早期或急性期的治疗** ①休声或禁声,使声带得以充分休息;②针对声道的炎症进行抗感染治疗,合理应用抗菌药物;③局部采用雾化吸入治疗,选择皮质类固醇如布地奈德混悬液进行雾化吸入,促进声带炎症和肿胀的消退;也可以口含片减轻喉部疲劳感以及局部抗炎;④可以在急性期口服泼尼松或地塞米松,对局部有持久的抗炎和消肿作用;⑤止咳、化痰等对症治疗,减轻对声带的损伤。

2. **慢性炎症的治疗** ①适当地休声;②中医中药的治疗,如口服黄氏响声丸、清音丸、润喉糖等药物;③局部进行理疗;④适当进行发声训练;⑤对于声带慢性水肿可以考虑手术治疗。

3. **声带的良性增生性病变** 如声带小结、声带息肉等:①休声或禁声;②局部雾化吸入抗炎消肿;③如短期内不见好转则首选手术切除增生物;④术后禁声、雾化吸入以及进行发声康复训练。

4. **痉挛性发生障碍的治疗** ①进行发声训练;②局部进行肉毒素的注射治疗;③嗓音外科治疗如喉返神经切断术等。

5. **功能性发声障碍的治疗** ①祛除病因的治疗;②发声训练;③针灸以及声带注射治疗。

6. **精神性失声的治疗** ①暗示治疗;②发声训练。

七、无喉者语言训练

无喉者是指由于喉部肿瘤和喉外伤的情况下,为了挽救生命而不得不接受全喉切除术的人群,患者术后失去了喉部的正常结构,无法正常通过喉部进行呼吸和发声。无喉者由于丧失了正常的发声交流能力,其以后的生活将发生极大的变化,包括心理、社会、经济、就业等方面,因此对无喉者进行言语能力的康复训练具有十分重要的意义。

少数无喉者未经过特殊训练就可以运用食管发声,但对大多数患者来讲,还是需要系统的训练才能掌握食管发声的技巧。目前在一些综合医院里以及无喉者成立的协会组织都有专门的食管发声训练班,对无喉者进行食管发声的训练,同样康复机构的言语治疗部门也对无喉者提供术后言语训练的帮助。

习 题

一、名词解释

1. 发声
2. 器质性嗓音障碍
3. 声道

二、选择题

【A1 型题】

1. 下面哪种检查是属于对嗓音障碍的主观评价
   A. 间接喉镜检查
   B. 内镜检查
   C. 喉空气动力学检查
   D. 喉肌电脑图检查
   E. GRBAS 评价

2. 经过了喉部的发声以及声道的传递作用后,人言语声的主要频率范围在
   A. 16~20 000Hz
   B. 64~1300Hz
   C. 500~2000Hz
   D. 250~2000Hz
   E. 1000~8000Hz

3. 关于 GRBAS 评估方法的叙述,正确的是
   A. 紧张声和粗噪声可以伴随存在
   B. 紧张声和无力声可以伴随存在
   C. 无力声和粗糙声可以伴随存在
   D. 气息声和粗糙声可以伴随存在
   E. 无一定规律

4. 预防嗓音障碍,下列哪项是**错误**的
   A. 避免长时间、高强度的用声
   B. 小声说话,保护声带避免过度运动
   C. 保持心理稳定,不用声音去发泄
   D. 适当饮水,保持声带表面湿润
   E. 注意适当休声

5. 嗓音障碍的训练,**不包括**下面的哪项
   A. 体位、呼吸功能的改善
   B. 纠正鼻漏气的训练
   C. 吹的训练
   D. 放松训练
   E. 构音器官运动训练

【B1 型题】

6~8 题共用备选答案
   A. 四声音调的辨别和发声训练
   B. 放松训练、软起声的训练
   C. 引导气流法,如吹的练习
   D. 喉部气流的变化训练如吹气球、吹口琴等
   E. 听理解的训练

6. 针对音调异常的训练应选择

7. 纠正鼻漏气的训练应选择

8. 痉挛性发声障碍的训练应选择

9~11 题共用备选答案

A. 发声空气动力学检查

B. 鼻流量计检查

C. GRBAS 评价

D. 喉肌电图检查

E. 内镜检查

9. 通过分析发声时喉部气流动力学参数来进行评价的方法是

10. 主观评价声音特征的是

11. 观察患者声带形态和运动的方法是

【X 型题】

12. 下面哪些训练方法属于针对嗓音障碍的训练

A. 复述训练

B. 音量音调的训练

C. 构音器官运动训练

D. 呼吸训练

E. 交流能力训练

三、简答题

1. 简述 GRBAS 主观评价的内容。

2. 简述嗓音障碍的训练原则。

参 考 答 案

一、名词解释

1. **发声**:是指在人在正常身体姿势基础上,使用正确的呼吸方法,使呼出气流冲击声带产生不同的频率振动,通过声道的传导和共鸣腔的共鸣而获得可听声的过程,是人说话和唱歌时的生理基础。

2. **器质性嗓音障碍**:主要指各种疾病、外伤或先天发育原因导致的声带和与声带相关的肌肉组织出现形态和组织病理结构的改变,导致了嗓音障碍,常见的有声带小结、喉返神经损伤、声带肿瘤术后等。器质性嗓音障碍一部分经过临床的治疗可以得到改善或治愈,但也有很大部分无法治愈,遗留下发声不可逆的永久损伤。

3. **声道**:是指声门上方到口腔外界的腔管状结构,其外形状如倒"L"形,由声门上区、喉咽部、口咽部、鼻腔及鼻窦腔共同构成。

二、选择题

1. D 2. C 3. A 4. B 5. E 6. A 7. C 8. B 9. A 10. C 11. E 12. BC

三、简答题

1. 目前临床上应用较多的是日本音声语言医学会 1979 年制定的 GRBAS 评价标准。该标准包括 5 个描述参数,分别是:声音嘶哑总分度 G(overall grade degree,G)、粗糙声 R(rough,R)、气息声 B(breath,B)、无力声 A(asthenia,A)、紧张声 S(strained,S)。每个参数分为四个等级,正常为 0 级,轻度为 1 级,中度为 2 级,重度为 3 级。

2. 嗓音障碍的训练,是指通过功能锻炼的方法系统纠正患者错误的发音模式,异常的音质、音调和音量的过程。对于患者进行的功能锻炼要遵循以下的基本原则:选择合理的训练时机,重新建立正常的运动模式,进行有针对性的训练,确定适合的训练量,补偿和接受,指导与训练相结合。

(张庆苏)

第九章
口吃

学 习 目 标

1. **掌握** 儿童和成人的口吃治疗。
2. **熟悉** 儿童口吃及成人口吃的评估原则。
3. **了解** 口吃的原因、口吃儿童父母指导。

内 容 精 讲

第一节　口吃的概述

一、口吃的定义

口吃是一种言语的流畅性障碍,俗称"结巴"。世界卫生组织对口吃的定义为:口吃是一种言语节奏的紊乱,即口吃者因为不自主的声音重复、延长或中断无法表达清楚自己所想表达的内容。人们认识口吃已有很长的时间。口吃的流行率在各种语言和文化中十分相似,在10%左右。据估计,在中国大约有 11 000 000 人口吃。因此,口吃是一种重要的言语障碍。正常人偶尔也会出现以上的情况或因想不起恰当的词汇,而说中断、重说一遍或自我修正等所致的非流畅性言语不属于口吃,真正的口吃多表现为慢性的状态。

二、口吃的病因

传统的观点认为口吃在一些儿童语言的发展过程中,学口吃者说话所致,即口吃的习得理论。近年来,口吃的研究者开始从医学的角度寻找口吃的原因。一种研究是探索口吃的遗传起源。有一些重要的现象表明遗传因素参与发展性口吃的发生率,口吃集中于某些家庭中,口吃者一级亲属口吃的发生率是普通人群的 3 倍以上,单合子双胎比杂合子双胎易同时发生口吃,领养儿童口吃与他的实际父母口吃密切相关而非养父母。另一种研究是探询口吃的神经学起源,研究口吃的脑功能影像。这种研究可以追溯到 20 世纪 30 年代,两位美国学者,Salmelin 和 Lngham 提出了口吃的大脑优势理论。他们认为正常人的双侧半球在言语的产生中需互相协作,一侧半球起主导作用,一般是左半球,而口吃者缺乏这种大脑优势造成激活言语肌肉的双侧神经冲动的不合拍。近年来两大重要技术 PET(阳离子发射断层摄影术)和FMRI(功能性磁共振)被用来研究口吃者的脑功能在流利言语和不流利言语时是否存在差异;在从事一些言语或语言活动时口吃者的脑功能和正常人脑功能的差别。这些研究总的表明:

口吃的确存在神经因素。

三、口吃的症状、容易出现口吃的场景

口吃的症状:指说话困难或预感说话困难时所引起的一系列反应。从言语、运动、情绪方面来考虑,又分别以"言语症状""伴随症状""情绪性反应""努力性"等亚项来进行具体总结。这些症状根据具体病例不同,有的是同时出现,有的是先后出现,根据症状的不同,性质也不同,因此必须在检查和评价时予以全面分析为好。

容易出现口吃的场景:

(一)成人

在以下几种场合较多见:

1. 必需给对方一个好的印象。

2. 听者的反应(事先预感)。

3. 表达内容的重要程度。

4. 发觉自己口吃。

5. 全身性紧张。

(二)儿童

孩子们在下列情况时,说话会欠流利。

1. 在他们非常激动时。

2. 急于表达和与他人抢话时。

3. 在严厉的束缚下说话时。

4. 与不喜欢自己的人说话时。

5. 使用较难的词汇或使用尚不习惯的词句时。

6. 在吃惊、害羞、恐惧、窘迫、失望等情绪下谈话。

四、其他表现

1. **波动性** 口吃者初期流畅性与非流畅性常常交替出现,称为"波动"。在儿童期多见,可在生病时、寒暑假期间、居住环境改变后等多种原因下发生,但随着年龄的增长及口吃的进展,波动期越来越短。

2. **一贯性** 指在反复朗读同一篇文章时,在同一位置、同一音节中出现口吃表现,在谈话中常可见到。重复口吃患者一般一贯性都很高。

3. **适应性** 指在反复朗读同一篇文章时,口吃的频率会降低。

第二节　口吃的评价

由于容易引起每个口吃者口吃的语音不同,所以在设定检查课题时,要考虑语言学方面的要素。这些要素包括:语音的种类、词类、词汇的使用频率、抽象度、音的组合、词、句的长度及语法复杂程度等。除此之外,也要评价口吃者口吃时所伴随的表现。

一、病史询问

要了解从开始口吃到现在的发展经过,还必须详细了解居住环境、家族史、语言环境、家庭

环境及其变迁情况。另外,随着口吃的进展,还会出现心理方面的问题,比如在自己觉察到有口吃的情况下和由此所造成的问题及不愉快自己是如何看待的。而且要了解患者如何自我评价。

二、症状评价

(一)无阅读能力前儿童口吃的评价

在口吃的评价方法中,儿童的阅读能力低于小学三年级,被划归为没有阅读能力。以下项目适合这类儿童。

1. **向口吃儿童的父母询问** 适用于年龄较小的儿童和不太配合检查的孩子,也适合怀疑孩子口吃的父母而又非常紧张很担心孩子到医院来心理方面会受到影响的家长。

2. **会话** 可以由检查者和孩子进行单独会话,也可观察口吃孩子和其父母的会话。目的是了解口吃孩子在实际生活当中的会话情况,还可了解口吃孩子是否对自己口吃情况有回避现象。已就读幼儿园的儿童可以问孩子喜欢什么小动物,幼儿园的情况,喜欢什么玩具等,就读学前班的孩子可以询问学校的情况等,最好选用能让孩子多说话和感兴趣的话题来互动交流。

3. **图卡单词命名** 根据孩子的年龄选用10~20张名词和动词图片,可以在命名和动作描述中使用,了解在口语中出现口吃的情况和特征。

4. **句子描述** 选用简单和较复杂的情景画图片各5张,予以少量的引导语引导孩子进行描述。了解在不同句子长度及不同句型当中口吃的状况。在评定中给予孩子一定的时间进行思考。

(二)有阅读能力和成人期口吃的评价

在评价方面与无阅读能力儿童有所不同,一是在评价难度方面增加,另外适当增加朗读的内容。

1. **自由会话** 以了解日常生活中说话状态及口吃的状态。

2. **单词命名和句子描述** 用名词、动词和情景画图片了解不同层级语句中口吃的表现和数量。

3. **朗读单词** 用单词、字卡,了解单词朗读时,尤其根据词头音不同时口吃表现的差别,检查结果与口语命名结果相比较。

4. **朗读句子** 用句子卡片以了解在句子朗读时口吃的状态,还可以了解口吃在句子内的位置及不同句法难度对口吃的影响,还可以了解口吃一致性和适应性效果。

5. **复述及一起复述** 了解口吃在被刺激及相伴复述的情况下改善程度。

6. **回答提问** 以了解回答问题时说话状态及口吃的状态。

三、口吃评定记录表

口吃的评定记录表(表9-1)

表9-1 口吃评定记录表

姓名:	性别:	年龄:	评定日期:
职业或学校:	利手:		
一、问诊			
主诉			
(现病史)			

口吃史

对口吃的态度（本人及家属）

既往史

1. 生长发育史

2. 家族史

3. 生活环境史

4. 既往疾病史

二、辅检结果

三、口吃临床检查小结

1. 言语症状

2. 伴随症状

3. 努力性症状

4. 情绪性反应

5. 口吃的一贯性、适应性，具体表现

四、口吃程度分级

根据口吃的出现频率，将口吃分为轻、中、重度三级。

轻度口吃：2 分钟内出现口吃 1~5 次，说话时偶尔出现口吃，一般能表达自己的意愿。

中度口吃：2 分钟内出现口吃 6~10 次，说话时常出现口吃，但还能表达自己的意愿。

重度口吃：2 分钟内出现口吃 10 次以上或无法说话，说话时频繁出现口吃很难表达自己的意愿。

第三节　口吃的治疗

口吃的问题也是情绪问题，如果不能进行及时有效的指导与纠正。其行动和情绪方面的反应就会变得复杂和多样化，目前还没有找到造成口吃的确切原因，而且影响口吃波动和加重的因素也很多，因此，口吃治疗是一件很不容易的事，经过治疗大约有 1/3 的儿童能够治愈，2/3 的儿童症状得到改善。当口吃完全形成后，它的治疗就变得更加困难，预后效果就越不理想。

一、儿童口吃的治疗

（一）口吃儿童父母指导

儿童在成长时期，行为和语言主要受父母及其他家庭成员的影响，由于很多家长对口吃的治疗并不了解，以下七种方法，能有助于家长早日解决口吃问题。

1. **速度**　影响流畅性的因素之一，儿童经常加快语速以紧跟成人的语言节奏。当儿童语速加快时，特别是 2~4 岁的小孩，他们可能出现重复和拖音现象，因为其口唇和下颌不能快速移动，同时，在语速快时很有可能出现语音的形成与呼吸的不协调。儿童一旦学会快速说话，要想减慢速度就较难，如果家长和家庭其他成员能减慢速度，并且提示"不要急，爸爸（妈妈）有时间听"。而不应该对他说："慢慢说、放松点"之类的话，这种建议会使孩子感到说话时犯了错误，以后应该闭嘴。当他努力地从"错误"中解脱出来，他的肌肉会变得僵硬。非流畅性言语会增加。当有些儿童语速加快时,言语尽管流利,但不清晰。当他们处在较兴奋状态时。某些言语就难以理解。语速加快后,使单词连在一块。语音变得模糊,音节省略。

2. 提问 尽量减少闭合式提问,问问题的量很多时,儿童非流畅性言语就会增多,许多成人与儿童的交流为提问式,而问题常常把儿童卡住。改变口语交流方式,减少提问次数,如减少 50% 的问题数量,效果较佳。

3. 言语表达 不要难为小孩,避免“做给我看,说说看”的习惯。因为这样来,扰乱儿童的思维过程,需要大量回忆。如提示小孩:“告诉爸爸,你去过哪里?”“告诉爷爷,你生日得到了什么?”家长在提问的同时可以加以描述父亲、母亲、爷爷过去的某些事情,尽量给孩子插嘴的时间,让孩子能发表自己的看法。

4. 随时随地 家长利用休息时间谈论当时发生的事情,儿童的流畅言语增加。当谈论的物体和事情摆在他面前时,儿童发音会更加流畅,利于他的流畅性言语的表达。实物特征就可能会促进口语形成,当然,也可以用图画代替实物,与儿童一块看图书或故事书时,避免采用“合上书考试”的方式,可以问“这是什么?”或“小狗有尾巴吗?”等。可以给图画命名或描述图画的特征或评论图画的行为,如小孩能自发地给图画命名或进行评论,就更容易诱导流畅性言语。

5. 即刻重复 对于 3 岁以下的儿童,如我们能重复他们刚才说过的话,非流畅性可以减轻。当儿童口吃时,小心地简单流畅地重复刚刚说的话而不引起他对口吃的注意,这不是一种愉快的交流方式,但可以使儿童知道我们已经明白他的意思,这时他就能放松地愉快的交流。另外,还可以使儿童感到成人认真倾听他们讲话。没有改变话题。建议只有父母亲采取“重复”技巧,并在 2~3 个月后逐渐停止。

6. 倾听与关注 儿童要求我们注意听他们说话时。其言语非流畅性增加。他们不善于等待说话的机会。为了引起注意,他们经常打断家长说话或打扰家长的活动。许多儿童说话时要求我们看着他们,注视他们的眼睛,不希望我们边听边做饭或看书。往往要求我们 100% 的注意力。如果当时我们不能集中全部注意力来听,可以让小孩稍等片刻。当父母边听边做别的事,如集中注意力开车时,那么小孩就有可能说话更加不流畅,因为当时不可能很集中地注意孩子,另外,他要求你注意的东西随着汽车的奔驰可能会消失得无影无踪。

7. 语言发育 2~4 岁儿童非流畅性言语为语言发育的一个阶段,他们正学习新词汇并尝试用这些新的词汇连成句子,正在学习不同于陈述句的疑问语序,正拓展言语的表达和理解。对在单词获取和言语形成阶段,儿童表现出的不流畅性言语。我们的目标是减轻语言发育过程中的阻力,减少对孩子单词、概念、颜色和书写的教育,在 2~3 个月内非常有用。尽管他们可能中断学习,但可以在很轻松的环境中学习,一旦流畅性语言建立,父母就可以对其继续进行教育。

谈话时尽量使用简短句;将长句分成几个短语,中间稍加停顿,如将电话号码分成几个部分一样。我们观察到小孩用“3~4 个单词”简单句说话,言语就流畅,那么对保持语言的流畅性来说句子长度至关重要。儿童努力尝试超出生理能力以外的呼吸、发声、说话的协调运动导致儿童非流畅性增加。

（二）建立言语流畅性的技巧

经过咨询和医生的指导后,有些儿童的口吃消失了,有些口吃得到了改善,但也有一些儿童严重程度改善不明显,可能是环境的干预和交往方式的改变对儿童口吃的效果不明显,那么直接改变儿童说话行为就很有必要了。对口吃儿童的干预,传统的方法是不进行自接的训练,但近年来的研究证实对一些儿童也需要进行直接的干预或训练。

对下列三种口吃的儿童需要直接进行干预：

1. 话时呼吸气流的处理不当或声音紧张。

2. 有意识地中止口吃。

3. 有意识地回避口吃。

医生根据两岁半至四岁半儿童运动协调、理解、思维不成熟的特点设计合适的治疗方案。治疗重点不在口吃本身，而应尽可能地应用合适的指导性技巧教口吃儿童如何在发起始音或词时口唇处于放松状态。

这个年龄段的儿童对口头指令理解较少，许多儿童即使在"模仿"游戏中也难以顺从医生的指导，他们个性较强，有时，我们可以对一些学龄前儿童示范发声技巧并教他们"看着我嘴，跟着我说"，能使他们学会说单词的技巧，对一个个性强、敏感的儿童"说出这个词，容易"往往效果不好，他会拒绝你，也不与你合作。较明智的选择是"做下一个，非常容易"来达到你所要求的言语行为模式。治疗和干预的目的是教儿童"控制嘴、轻松说话"，对于学龄前的儿童，通常不教他们感到"太容易"或"太难"的词。当儿童不能说出某个难词时，他会想方设法去说相近的词，以至于出现"阻塞"现象、恐惧心理。对年幼儿童一个棘手的问题是能寻求一种通过游戏，能一定程度地控制儿童说话方式的技巧。下面每一个治疗技巧，儿童每天能练习 3~5 分钟即可。

在治疗方法应用之前，应向其父母解释因为他们的小孩口吃持续时间较长，喉的闭合呼吸气流已经出现功能紊乱，单纯减轻压力的方法已不能减轻或消除口吃，同时解释说话的复杂行为，告诉他们的孩子流畅说话过程中，有一些方面还没有做好，需要进行必要的训练。根据儿童异常情况有针对性地进行治疗。治疗的方法和原理如下：

1. 速度 需要设计一种缓慢说单词或短语的游戏。缓慢地说上 15~25 个单词。儿童还不能察觉到医生说话很缓慢，因此要求儿童缓慢地说话并示范如何缓慢说话，杜绝儿童那种"波浪"（时快时慢）式的语言，减慢语速可减少单词重复的次数，易化起始音的发出。

2. 音量 为减轻口吃，设计一种大家说话都柔和的训练。也许儿童能说些特别的短语或句子但不柔和，要求小孩轻轻地说话时，许多时候他们会说悄悄话（声带不振动而用呼吸声说话），这是能接受的。如喉部紧张度还没达到预期的放松状态，轻柔、缓慢地说话有可能导致轻微多次"阻塞"或"重复"现象，而没有气流中止的"阻塞"现象，那么口吃就已经有所改善。当阻塞时间短或仅有"重复"现象，临床观察发现儿童拖词或重新整理句子的可能性就小，也就可能继续发出目标词或当目标词出现时对口吃的影响也比较小。要让孩子有针对性地练习选择性的词汇，最大限度地提高喉功能。

3. 构音 口吃儿童说话时"元音""浊辅音""清辅音"会对口吃产生影响，也要关注词的"起始音"与"终止音"对喉功能的影响，许多儿童当遇到起始音为元音或双元音时，口吃更加严重，有时发起始词困难，出现停顿现象。

4. 呼吸和呼吸气流的控制 深呼吸，喉与口腔气流中断：喘气、说话气流不足、长句"拖延"为某些口吃患者常见的症状。对儿童来说，呼吸气流的控制可能较难，因此，我们设计一种儿童可以放松呼吸，回到正常呼吸模式的游戏。我们做不需要说话的活动，如父母、小孩、医生背对背坐着，放松（不是"睡眠休息"）。看着天花板，极轻松地吸入、呼出，不改变正常的呼吸模式。放松后，再以极小量轻柔地呼出气体，这是父母与小孩参与性的治疗模式，首先是医生示范，然后父母模仿，再后小孩模仿。接着我们以"微风"方式发"ooo""uuu"音，如小孩情愿的话,医生可以以同样的方式说一些数字或词,然后小孩模仿。开始时,每次呼气发一个单词,再后每次呼气发短语和短句,保持气流和发音的连续性。同样有效的技巧是儿童和父母做一种慢慢移动海龟的游戏。

5. **努力性和肌肉紧张** 有时儿童说话时似乎在挤出某个单词,胸腹部僵硬紧张,要告诉他放松,但是他往往不知道怎么做。医生可一边轻轻按摩其腹部,一边说"保持你的肚子软软的",对某些儿童比较奏效。

6. **节律** 如儿童喜欢唱歌,我们可以用一些词或音节唱歌,唱歌时可以用拍手或用木勺敲击塑料碗以获得节律效应。节拍手段应多样化,我们也可以利用敲鼓来训练节律。

7. **态度** 在适当的情况下,儿童应该倾听我们谈话,我们也应该学会如何与他交谈。当我们说话出现错误时,我们能够及时地去改正错误。

在当今文化氛围中对待个人感受和生活的各个方面,许多家庭部在尝试一种开放式的教导方式。当儿童口吃出现时避免口头处理这个局面,父母关心小孩撞伤、碰伤、弄脏手、撕破衣服,而小孩期望父母关心他们说话困难,帮助他们说话。那么父母能给小孩包扎伤口,修理自行车,为什么就不能纠正口吃问题呢?儿童以哭叫、口语表达他们关心的问题,直接的原话如"你是不是不喜欢我说话的方式?""我发 n、i 音时很难""医生忘记问我哪些单词发音困难"。如果儿童已经开始关心自己语言流畅性的问题,就没必要去忽略。父母可以平心静气地说"是啊,有时说话是很困难,但并非总是这样,有人知道怎么帮你说话。"医生与父母共同努力,减少对言语流畅性的干扰因素,建立言语流畅的技巧,改变儿童口吃行为。

二、成人口吃的治疗

成人的治疗方法也适合较大年龄又能配合治疗的儿童,在方式上:可以采用强化的形式,用 1~2 周的时间对口吃者进行集体的强化训练,也可以到医院接受语言治疗师训练的形式,每次训练的时间为 30 分钟至 1 小时,但后者治疗需要的时间较长。

1. **控制节律与速度** 语速快的口吃者可以用节拍器控制口语语速,节拍器上具有不同刻度可以按要求设定需要选定的节律速度,开始可以从每 1 分钟 40 拍节开始训练,逐渐提高速度,也可以用口吃训练仪器训练。

2. **韵律训练** 利用韵律的方式进行治疗,选用一些单词让患者将字与字之间用韵律连起来,熟练以后可以用同样的方法训练句子。也可以让患者先用"哼"语的方法将口语读出,句子训练的方法相同。

3. **齐读** 与其他人朗读同一内容,选定说话内容,治疗师与患者齐读,开始时读的速度要稍微放慢,并逐渐减少齐读部分,转为以患者为主。治疗师哼唱,过渡至治疗师在患者说话开始阶段进行哼唱或齐读。

4. **听觉反馈仪器的训练** 口吃患者的听觉反馈也尤为重要,改变听觉反馈对提高口吃者言语流利性的潜在临床价值被越来越多的人认识到,尤其是延迟听觉反馈的引用受到了广泛的关注。

5. **肌肉放松训练** 利用放松肌肉的方法使患者全身放松,在放松的情况下说话,并可合并运用齐读法,逐渐减少身体的放松部位,然后说话,最后慢慢适应在非放松的条件下说话。

6. **心理治疗** 成年人口吃比儿童存在更严重的心理伴随症状,初期阶段以重复为主,口吃者本身没有自我感知。由于症状的加重,口语出现堵塞的情况发生后,患者逐渐有所认识。并伴随情绪反应,更有甚者口唇、舌出现震颤的现象。这对于患者本人是一个极大的打击,表现出无能为力和绝望的心情,口吃症状逐渐恶化和加重。在口吃的心理治疗方面,应该让经验丰富的心理治疗专家参与治疗,给予战胜疾病的信心,积极配合治疗。接触患者的欲求不满、心理不安、自责和有恐惧感等。

7. 药物疗法 目前尝试的药物治疗有抗焦虑、抗抑郁、支气管扩张剂等,这些药物可一定程度改善口吃症状,常用药物如氟哌啶醇,对治疗口吃有一定效果,但副作用较大,而且容易引起药物的依赖。

三、口吃的治愈标准

在达到预期的治疗目标后,一般还要观察 1 年到 1 年半左右,才能将治疗完全结束,这是因为在训练中虽然恢复了流畅性语言,但在训练结束后还会出现非流畅性语言。

评价治疗的成功是看是否符合以下三个标准:

1. 不流利的言语数量在正常的范围内。
2. 正常范围流利言语持续 5 年。
3. 患者本身确认不再有口吃症状,不存在流利性障碍。

学 习 小 结

目前为止还没有找到造成口吃的确切原因,影响口吃波动和加重的因素也很多。经过治疗,大约有 1/3 的儿童能够治愈,2/3 的儿童症状得到改善。患者在达到预期的治疗目标后,不管成人或儿童均需要密切观察或间歇性治疗 1 年到 1 年半左右,才能完全结束训练,但易反复。所以治疗中要正确引导,克服心理障碍,坚持长期训练,才能巩固疗效。

习 题

一、名词解释

1. 解除反应
2. 助跑现象

二、选择题

【A1 型题】

1. 口吃流行率为
   A. 2%   B. 3%   C. 4%   D. 1%   E. 5%
2. 口吃的言语症状分为
   A. 5 群   B. 4 群   C. 2 群   D. 6 群   E. 3 群
3. 孩子们说话会欠流利的情况多是由于
   A. 必须给对方一个好的印象   B. 急于表达和与他人抢话时
   C. 表达内容的重要程度   D. 发觉自己口吃
   E. 全身性紧张
4. 成人口吃发生的常见情况是

A. 发觉自己口吃时

B. 急于表达和与他人抢话时

C. 在严厉的束缚下说话时

D. 与不喜欢自己的人说话时

E. 使用较难的词汇或使用尚不习惯的词句时

5. 哪一个是口吃 A 群中的表现

A. 异常呼吸（在说话前的急速呼吸）

B. 音、音节的重复

C. 词的部分重复

D. 在不自然的位置当中出现重音或爆发式发音

E. 中断

6. 哪一项**不是**口吃者努力性表现

A. 辅音延长   B. 助跑现象   C. 构音运动停止

D. 脸红   E. 解除反应

7. 学龄前儿童口吃的评估哪点与成人不同

A. 回答提问   B. 会话

C. 向口吃儿童的父母询问   D. 图片单词命名

E. 句子描述

8. 成人口吃的评估哪点与儿童不同

A. 回答提问   B. 自发语言   C. 会话

D. 文字命名和阅读   E. 句子描述

9. 口吃治愈的标准中关于流利程度的界定是

A. 在正常范围内持续至少半年   B. 在正常范围内持续至少 1 年

C. 在正常范围内持续至少 2 年   D. 在正常范围内持续至少 3 年

E. 在正常范围内持续至少 5 年

10. 成人口吃的强化治疗时间一般是

A. 4~5 周   B. 3~4 周   C. 1~2 周   D. 5~6 周   E. 6~8 周

三、简答题

1. 口吃儿童父母指导包括哪些?

2. 哪些儿童需要建立专门流畅性技巧?

3. 口吃儿童针对性的治疗包括哪些内容?

参 考 答 案

一、名词解释

1. **解除反应**:是口吃者出现口吃时努力从口吃中解脱出来,用力、加进拍子、再试试等。

2. **助跑现象**:是口吃者为了不出现口吃,想办法用助跑的方式,即在插入、速度、韵律方面出现问题时,有目的地使用、重复开始的语句。

二、选择题

1. D　2. A　3. B　4. A　5. A　6. D　7. C　8. D　9. E　10. C

三、简答题

1. 口吃儿童父母指导是治疗师教父母如何鼓励孩子在放松的语言环境下说话,主要包括:①父母和孩子的适当语速;②减少提问次数;③鼓励孩子言语表达;④随时随地和孩子交流;⑤即刻重复孩子的话;⑥父母要培养倾听与关注的态度。

2. 以下三种口吃儿童需要直接进行干预:①说话时呼吸气流的处理不当或声音紧张;②有意识地中止口吃;③有意识地回避口吃。治疗师还要根据两岁半至四岁半儿童运动协调、理解、构思的不成熟特点设计合适的治疗方案。治疗重点不在口吃本身,而应尽可能地应用合适的指导性技巧教口吃儿童如何发起始音或词而口唇处于放松状态。

3. 根据儿童异常情况有针对性地进行治疗。治疗的方法包括:①速度;②音量;③语音;④呼吸和呼吸气流的控制;⑤减少努力性和肌肉紧张;⑥节律;⑦态度。

（谢　谨）

第十章
儿童语言发育迟缓

第一节　概　述

学 习 要 求

1. **掌握**　儿童语言发育迟缓的定义和表现。
2. **熟悉**　儿童语言发育迟缓的病因。
3. **了解**　儿童语言发育迟缓康复的简史。

内 容 精 要

对语言发育迟缓儿童进行教育和康复已有 100 多年的历史,从 20 世纪初至中期对语言发育迟缓儿童的指导,仅限于对听觉障碍儿童的语言指导,对其他类型语言障碍儿童不进行语言指导。后来对由于轻度智力障碍及不适当的语言环境导致的语言发育迟缓儿童,采取多说话等方面的强化训练和语言环境调整,也就是进行"语言卫生指导(Speech hygiene)"。自 20 世纪 60 年代,受语言学、心理学等相关学科的影响、语言发育迟缓的临床工作也开始发生变化,在语言学领域里对语言发育的关心得到增加。受斯金纳(Skinner)的行为主义心理学的影响,从语法,语言整体方面,对其特定的语言现象进行"刺激 - 反应 - 强化"的训练方法得到推广。到了 20 世纪 70 年代,认知研究又开始兴起,语言能力到底怎样发育,从这一方面对语言行为的起始进行探索和研究。对语言前期和语言功能侧面的研究也很热门,语言的应用和对象,与此相关的研究也很多。以后一般将语言行为分为语法规则(syntaclics)、语意学(semantics)、语用论(pragmatics)等三大方面。

一、语言发育迟缓的定义和病因

1. 定义　语言发育迟缓是指在发育过程中的儿童其语言发育没达到与其年龄相应的水平,由于听力障碍和构音障碍的发生和表现和康复具有特殊性所以不包括这些障碍引起的语言发育迟缓。

2. 原因

(1)听觉障碍:听觉对儿童的语言发育非常重要,如果在语言发育期间长期存在对口语的输入障碍,如中度以上的听觉障碍状态,则语言信息的接受(理解)和信息发出(表达)等会受其影响,导致语言发育迟缓。这种情况下其语言障碍程度与耳聋程度相平行。

（2）儿童自闭症：如果对作为语言交流对象的存在及语言刺激本身的关心不够，其语言发育必然会受到影响。自闭症儿童即是这一情况的典型病例。其行为方面的特征是视线不合，即使招呼他也无反应，专注于某一事物及保持某种行为（保持同一行为的欲望）等等。并且在语言症状的方面，有反响语言（模仿语言 echolalia）及与场合不符的自言自语，人称代词的混乱使用，没有抑扬顿挫的单调讲话方式等。

（3）智力发育迟缓（精神发育迟缓）：精神发育迟缓在语言发育迟缓中所占的比例最大，其定义为：在发育期间整体智能较正常平均水平显著降低，并伴有适应性行为障碍。如先天性的唐氏综合征。

作为语言症状，其语言的接受和表达均较实际年龄迟缓，在学习过程中，语言的接受（理解）迟缓，结果语言的发出（表达）迟缓。另外，模仿语言等语言症状在精神发育迟缓中也可见到。在行为方面易伴有多动，注意力不集中等异常行为。

已知作为精神发育迟缓的原因很多。如染色体异常，胎儿期感染性疾病，新生儿窒息及重症黄疸等围产期障碍，脑炎及脑膜炎，先天性代谢异常，脑肿瘤等等。但是，其病因清楚者不过20%，目前多数的精神发育迟缓原因不明。

（4）受语言学习限定的特异性障碍

1）发育性运动失语：即语言的接收（理解）与年龄相符但语言表达的障碍。这样的病例预后良好，比如即使在3周岁时完全没有自发言语在6岁时多能达到正常儿童的发育。

2）发育性感觉性失语：与成人和后天语言所致的儿童失语不同，是指历来对语言的接受（理解）和发出（表达）同时极度迟缓的病例使用的用语，这样的病例，语言发育的预后不理想。最近发现在局限于颞叶的颅内感染及抽搐性疾病中可产生这样的语言症状。

（5）构音器官的异常：构音器官异常是指以脑性瘫痪为代表的运动障碍及以腭裂为代表的构音器官结构的异常等。这些因素单独或同时存在会引起语言发育迟缓。

（6）语言环境的脱离：在儿童发育的早期被剥夺或脱离语言环境可以导致语言发育障碍。如长期完全被隔离的儿童脱离语言环境而致语言发育迟缓。现已证实缺乏适宜的语言环境将影响正常的语言发育过程。

二、语言发育迟缓的表现

1. 过了说话的年龄仍不会说话。
2. 说话晚或很晚。
3. 开始说话后，比别的正常孩子发展慢或出现停滞。
4. 虽然会说话，语言技能较低。
5. 语言应用，词汇和语法应用均低于同龄儿童。
6. 只会用单词交流不会用句子表达。
7. 交流技能低。
8. 回答问题反应差。
9. 语言理解困难和遵循指令困难。

语言发育迟缓大多是由于大脑功能发育不全或功能障碍所致，所以除了语言的问题以外，还多伴有其他问题，如不愿与他人交流，智力低下，部分患儿还存在注意力不集中，乱扔东西与别人缺少目光接触，烦躁、多动、不合群、甚至自伤和他伤等异常行为。

习　题

一、名词解释

语言发育迟缓

二、选择题

【A1 型题】

1. 关于语言发育迟缓认知研究的兴起是在 20 世纪
   A. 50 年代　　　　　　　　B. 60 年代　　　　　　　C. 70 年代
   D. 80 年代　　　　　　　　E. 90 年代

2. 受语言学习限定的特异性障碍是指
   A. 发育性皮质下失语
   B. 发育运动性和感觉性失语
   C. 发育感觉性失语和传导性失语
   D. 发育传导性失语和经皮质感觉性失语
   E. 发育性经皮质运动性和感觉性失语

3. 人称代词的混乱应用常出现在
   A. 听力障碍儿童　　　　　　B. 智力低下儿童　　　　　C. 脑瘫儿童
   D. 腭裂儿童　　　　　　　　E. 自闭症儿童

【X 型题】

4. 造成儿童语言发育迟缓的原因有
   A. 听力障碍　　　　　　　　B. 智力低下　　　　　　　C. 脑瘫
   D. 癫痫　　　　　　　　　　E. 自闭症儿童

5. 语言发育迟缓的表现有
   A. 说话晚或很晚
   B. 过了会说话的年龄仍不会说话
   C. 开始说话后,比别的正常孩子发展慢或出现停滞
   D. 语言应用,词汇和语法应用均低于同龄儿童
   E. 交流技能低

三、简答题

语言发育迟缓还多伴有哪些问题?

参　考　答　案

一、名词解释

语言发育迟缓: 是指在发育过程中的儿童其语言发育没达到与其年龄相应的水平。

二、选择题

1. C　2. B　3. E　4. ABCDE　5. ABCDE

三、简答题

语言发育迟缓大多是由于大脑功能发育不全或功能障碍所致,所以除了语言的问题以外,还多伴有其他问题,如不愿与他人交流,智力低下,部分患儿还存在注意力不集中,乱扔东西与别人缺少目光接触,烦躁、多动、不合群、甚至自伤和他伤等异常行为。

(李胜利)

第二节　儿童语言发育迟缓的评估和诊断

学 习 要 求

1. **掌握**　语言发育迟缓评估内容。
2. **熟悉**　汉语儿童语言发育迟缓评估法。
3. **了解**　语言发育迟缓评估的内容。

内 容 精 要

一、评估目的

是发现和确定患儿是否存在语言发育迟缓,语言发育迟缓属于哪一种类型,患儿的语言与正常儿童相比处于哪一个阶段,评估的结果将成为制订训练计划的依据。在训练过程中,患儿的语言会发生变化或取得不同程度的改善,因此,必须进行再评估。为进一步的训练和调整计划提供依据。

二、评估的程序和内容

1. **评估流程**　语言发育迟缓儿童评估涉及多学科和专业的知识,基本的评估诊断、流程如图 10-1 所示。

2. **评估内容**

(1) 病史采集包括:①现病史;②既往史;③家族史;④康复治疗及训练史。还要尽量了解相关专业和学科的情况,比如儿童的整体的发育情况,吞咽和咀嚼能力的发展,是否有吞咽困难;听力情况,是否曾经检测听力和结果等;另外,心理方面要注意儿童的性格特点、情绪变化、注意力、社会适应性能力发展、智力等。

(2) 儿童语言发育迟缓评估

1) 评估的理论基础和语言行为的获取:语言行为大体上存在三个观点:即语法规则,语意学,语用论等来进行,这也就是 Bruner 所说的,第一是语言的构造形式(form),第二是辨别、记

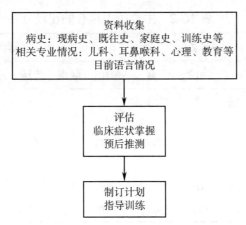

图 10-1 语言发育迟缓评估流程图

忆、产生、范畴化等的内容(content),第三是交流关系的建立、维持、展开等使用方面(use)。在语言发育迟缓评估法(Sign-Significate relations,S-S)法中这些分别被称为记号形式 - 指示内容关系;基础性过程;交流态度。语言行为的 3 个侧面参照表 10-1。

表 10-1 语言行为的 3 个侧面

(a) 语言行为的基础	(辨别、记忆、产生)
(b) 构造性侧面	(符号形式——指示内容关系)
(c) 功能性侧面	(交流态度)

语言发育迟缓患儿也可以从三个侧面进行评估。语言发育迟缓语言障碍的性质不只是言语(speech)障碍,更主要的是语言(Language)的障碍。而且,很多孩子还伴有智力和人际关系障碍,另外不少儿童还具有行为障碍。所以,应该对这些儿童的语言行为和相关活动进行综合评估。

2) 汉语儿童语言发育迟缓评估法:S-S 法由三个侧面组成,即符号形式 - 指示内容的关系、交流态度、基础过程。此评估法能比较全面地对各种儿童语言障碍进行评估并对引起语言障碍密切相关的交流态度和非言语功能进行评估。

(3) 其他相关检查:

①听力检查:有些儿童对声音反应很差,必须鉴别是由于听力障碍还是注意力的问题,所以对于儿童语言发育迟缓儿童要进行听力检查。应该对每个孩子都要进行听力检查,要根据儿童年龄和发育情况选择检测方法,主要听力检查的比较可参考表 10-2,适用于各种年龄的检测方法可参考表 10-3。

例如:

4 个月儿童:BOA,ABR

8 个月:COR,BOA,ABR

1 岁 10 个月:COR,BOA,ABR,PS

言语发育迟缓儿童:BOA,COR

表 10-2　主要听力检查的比较

检查的种类		音源			得到的情报				
检查	指标	月龄	音	输出	频率	音压	左右	骨导	结果
行为观察检查（BOA）	听觉反应	0	社会音						听力障碍的有无与大概程度
条件探索听力反应检查（COR）	音源定位反应	5	啭音	喇叭	○	○			健耳的听力
配景听力检查（PS）	条件形成	18	啭音	喇叭	○	○			健耳的听力
游戏听力检查（PA）	条件形成	20	纯音	耳机	○	○	○	○	左右耳的听力

表 10-3　适用于各种年龄的检测方法

	0	6m	1Y	2Y	3Y	4Y
BOA	—————————————————— ---------					
COR	------ —————————————————————					
PS	------ ———————————————					
PA	---					
ABR	———					

②皮博迪图片词汇检查（PPVT，Peabody Picture Vocabulary Test）。

③伊利诺斯心理语言能力测验（ITPA，Illinois Test of Psycholinguitic Abilities）。

④韦氏学龄儿童智力检查修订版（WISC-R）。

⑤韦氏学龄前儿童智力量表（WPPSI）。

⑥构音障碍检查。

三、汉语儿童语言发育迟缓评估法

1. **S-S 法原理**　从认知研究的角度，一般将语言行为分为语法规则、语意、语言应用三方面。S-S 法是依照此理论对语言发育迟缓儿童进行评估的，在此检查法中对"符号形式与指示内容关系""促进学习有关的基础性过程"和"交流态度"三方面进行评估，并对其语言障碍进行诊断、评估、分类和针对性的治疗。

2. **适应年龄和适应证**　各种原因所引起的语言发育迟缓，原则上适合 1 岁半至 6 岁半的语言发育迟缓儿童，有些儿童的年龄已超出此年龄段，但其语言发展的现状如不超出此年龄段水平，也可应用。

3. **S-S 法的构成与优点**　检查内容包括语言符号与指示内容的关系、基础性过程、交流态度三个方面进行综合评估。但以语言符号与指示内容的关系的评估为核心，后者的比较标准分为 5 个阶段，见表 10-4。将评估结果与正常儿童年龄水平相比较，即可发现语言发育迟缓儿童。

表 10-4　评估语言符号与指示内容关系的 5 个阶段的评估内容

阶段	内容
第 1 阶段	对事物、事物状态理解困难
第 2 阶段	事物的基础概念
2-1	功能性动作
2-2	匹配
2-3	选择
第 3 阶段	事物的符号
3-1	手势符号（相关符号）
3-2	言语符号
	幼儿语言（相关符号）
	成人语言（任意性符号）
第 4 阶段	词句,主要句子成分
4-1	两词句
4-2	三词句
第 5 阶段	词句,语法规则
5-1	语序
5-2	被动语态

（1）阶段 1:对事物、事物状态理解困难的阶段。此阶段语言尚未获得,并且对事物、事物状态的概念尚未形成,对外界的认识尚处于未分化阶段。此阶段对物品的抓握、舔咬、摇动、敲打,一般为无目的性。例如,拿起铅笔不能够做书写操作而放到嘴里舔咬。另外对于自己的要求,不能用某种手段来表现,这个阶段的儿童,常可见到身体左右摇晃、摇摆、旋转等;正在干什么突然停住、拍手或将唾液抹到地上、手上等反复的自我刺激行为。

（2）阶段 2:对事物有基本概念的阶段。此阶段虽然也是语言未获得阶段,但是与阶段 1 不同的是能够根据常用物品的用途大致进行操作,对于事物的状况也能够理解,对事物开始概念化。

此时可以将人领到物品面前出示物品,向他人表示自己的要求。一般认为在阶段 2 又包括从初级水平到高级的水平。因此在阶段 2 中设定了 3 个亚项:阶段 2-1——事物功能性操作;阶段 2-2——匹配;阶段 2-3——选择。其中匹配与选择都是利用示范项进行操作,因为检查顺序不同,对儿童来说意义也不同,因此分为两项。

1）阶段 2-1:能对事物进行功能性操作的阶段。例如:拿起电话、将听筒放到耳朵上,或拨电话号码等基本都能操作。在生活当中,外出穿鞋、戴帽等,如反复练习,会形成习惯。检查分三项进行,即事物、配对事物、镶嵌板。

2）阶段 2-2:有匹配行为的阶段。在日常生活当中不难判断是否有"匹配行为",如果能将两个以上物品放到合适的位置上的话,可以说"匹配行为"成立。例如:将书放到书架上（或书箱里）,将积木放到玩具箱里,像这样将书和积木区别开来放到不同的地方为日常生活场面,在这样的场景中是很容易将"匹配行为"引出来的。

3）阶段2-3：有选择行为的阶段。此阶段是当他人出示某种物品或出示示范项时，儿童能在几个选择项中将出示物或与示范项有关的物品适当的选择出来。与阶段2-2匹配不同的匹配是儿童拿物品去匹配示范项，而选择则是他人拿着物品或出示物品作为示范项。

检查选择行为时，儿童与被出示的示范项之间，要有一定程度的空间距离，也就是儿童用手抓不到物品的状况，如果太远出示物就起不到示范项作用。发育阶段低的儿童视线转向很困难，因此选择行为很难成立。

（3）阶段3：事物的符号阶段。此阶段为语言符号与指示内容的关系开始分化。语言符号大致分为两个阶段，一是具有限定性象征性符号的阶段，也就是手势符号（手势语）阶段；二是语言符号阶段（又分为幼儿语阶段及与事物的特征限定性少的任意性较高的成人语阶段）。

本检查法将手势语、幼儿语包括在阶段3里，具体分项目为：阶段3-1：手势符号（象征性符号）；阶段3-2：言语符号，即幼儿语（象征性符号）成人语（任意性符号）。①阶段3-1手势符号：开始学习用手势符号来理解与表现事物。此阶段可以通过他人的手势开始理解意思，还可以用手势向他人表示要求等。手势语与幼儿语并不是同一层次的符号体系。手势符号为视觉→运动回路，而幼儿语用的是听力→言语回路，因为听力→言语回路比视觉→运动回路更难以掌握。②阶段3-2言语符号：此阶段是将言语符号与事物相联系的阶段。但是事物的名称并不都能用手势语、幼儿语、成人语来表达。

a. 能用三种符号表达的，例如"剪刀"，手势语用食指与中指同时伸开做剪刀剪物状，幼儿语"咔嚓、咔嚓"声，成人语用"剪刀"一词。

b. 无幼儿语，只能用手势语及成人语表达的（例如：眼镜）。

c. 只能用幼儿语及成人语表达的（例如"公鸡"）。

d. 仅能用成人语表达的。在理论上儿童是按a→b→c→d顺序来获得言语符号的。

在检查中，阶段3-2共选食物、动物、交通工具和生活用品方面名词16个，身体部位6个词，动词5个词，表示属性的2个种类。阶段3-1手势符号的检查词汇中，使用的是阶段2（事物）的基本概念中用的词汇以及阶段3-2词汇中的手势语。

（4）阶段4：组句，语言规则（非可逆态）。本阶段能将某事物、事态用2~3个词组连成句子。此阶段中又将两词句和三词句分成两个阶段。

1）阶段4-1：两词句。开始学习用两个词组合起来表现事物、事态的阶段。儿童在此阶段能够理解或表达的两个词句有各种各样，在本检查法中仅举了四种形式即：［属性（大、小）+事物］、［属性（颜色）+事物］、（主语+宾语）、（谓语+宾语）。

在日常生活中，如不设定一定的场面检查是很困难的。另外，注意选择项图片不宜太多，否则儿童进行起来很困难。

2）阶段4-2：三词句。此阶段与阶段4-1同样，但考虑到句子的多样化，在此仅限定两种形式。即［属性（大小）+属性（颜色）+事物］，例如"大红帽子""小黄鞋"等；［主语+谓语+宾语］，例如"妈妈吃苹果"。

另外，在阶段5中也有三词句，但有所不同，阶段4的句型是非可逆句，主语与宾语不能颠倒，如"妈妈吃苹果"，而不能为"苹果吃妈妈"。

（5）阶段5：能够理解三词句表现的事态，但是与阶段4-2的三词句不同的是所表现的情况为可逆。阶段5-1为主动语态，如"乌龟追小鸡"。阶段5-2为被动态，此阶段中要求能理解事情与语法规则的关系。如"小鸡被乌龟追"等。

4. 检查用具和检查顺序

（1）检查用具详见表 10-5 所示。

表 10-5　检查用具及图片目录

检查用具及图片目录		数量
实物	帽子、鞋、牙刷、玩具娃娃	4
	电话 - 听筒、鼓 - 鼓槌、茶壶 - 茶杯	3
镶嵌板	鞋、剪刀、牙刷	3
操作性课题用品	小毛巾、小玩具、小球、积木 6 块、装小球容器 1 个、3 种图形镶嵌板、6 种图形镶嵌板、10 种拼图	
图片	日常用品　鞋、帽子、眼镜、手表、剪子、电话	6
	动物　大象、猫、狗	3
	食物　面包、香蕉、苹果、米饭	4
	交通工具　飞机、火车、汽车	3
	身体部位　眼、嘴、手、鼻、耳、脚	6
	动词　睡觉、洗、吃、哭、切	5
	大小　帽子（大、小）	2
	颜色　红、黄、绿、蓝	4
	词句　妈、弟 +（吃、洗）+ 香蕉、苹果	8
	大小 + 颜色 + 事物　大小 + 红黄 + 鞋、帽	8
语言规则	小鸡、乌龟、猫 +（小鸡、乌龟、猫）+ 追	6

（2）检查顺序：一般较差的患儿应从头开始，为了节省时间，对年龄较大或水平较高的患儿没有必要进行全部的检查，可按以下顺序：①不可用图片检查的患儿：可用实物进行第 1、2 阶段检查；②可用图片检查的患儿，在阶段 3-2 以上，用图片检查单词 - 词句检查；③发育年龄在 3 岁以上、能进行日常会话者，进行阶段 4 至阶段 5，以词句检查为主。

5. 儿童语言发育迟缓的评估总结、诊断和分类

（1）评估总结和诊断：检查结束后，要对检查结果和问诊情况进行分析、综合各种信息。如对磁共振成像、CT 结果等进行评估、诊断。S-S 法检查结果显示的阶段要与实际年龄语言水平阶段进行比较，如低于相应阶段，可诊断为语言发育迟缓。语言发育各阶段与年龄的关系，见表 10-6、表 10-7。

（2）分类

1）按交流态度分类：分为两群：Ⅰ群，交流态度良好；Ⅱ群，交流态度不良。

表 10-6　符号形式 - 指示内容的关系及年龄可通过阶段

年龄	1.5 岁 ~	2.0 岁 ~	2.5 岁 ~	3.5 岁 ~	5~6.5 岁
阶段	3-2	4-1	4-2	5-1	5-2
	语言符号	主谓 + 动宾	主谓宾	语序规则	被动语态

表 10-7　基础性过程检查结果（操作性课题）与年龄阶段对照表

年龄	镶嵌图形	积木	描画	投入小球及延续性
5 岁以上			◇	
3 岁 6 个月至 4 岁 11 个月			△、□	
3 岁至 3 岁 5 个月	10 种图形 10/10+		十、○	
2 岁至 2 岁 5 个月	10 种图形 7/10+	隧道		
1 岁 9 个月至 1 岁 11 个月	6 种图形 3/6~4/6	排列	｜、一	
1 岁 6 个月至 1 岁 11 个月	3 种图形 3/3+	堆积		+
1 岁 ~1 岁 5 个月				部分儿童 +

2）按言语符号与指示内容的关系分群：原则上适用于实际年龄 3 岁以上儿童。分为 ABC 三个主群。但是要注意到这种分群并不是固定不变的，随着语言的发展，有的从某一症状群向其他的症状群过渡。

根据言语符号与指示内容的相关的检查和操作性课题（基础性过程）的完成情况相比较，将以上的 A 和 C 群又分为 6 个亚群：

A 群：言语符号尚未掌握，符号与指示内容关系的检查在 3-1 阶段以下，不能理解口语中的名词。

A 群 a：操作性课题与符号形式与指示内容的相关检查均落后于实足年龄。

A 群 b：操作性课题好于符号形式与指示内容的相关检查。

B 群：无亚群，但应具备以下条件和言语表达困难。条件：

a. 实足年龄在 4 岁以上。

b. 词句理解在 4-1 阶段以上。

c. 一般可以用数词表达。

d. 言语模仿不可，或有波动性。

上述 b~d 的状态，持续 1 年以上。

无明显的运动功能障碍。

3）C 群：语言发育落后于实际年龄，条件为言语符号与指示内容相关检查在阶段 3-2 以上。亚项分类：

C 群 a：动作性课题和言语符号与指示内容相关的理解和表达全面落后。

动作性课题 = 言语符号的理解 = 表达

C 群 b：动作性课题好于言语符号与指示内容的相关情况。

动作性课题 > 言语符号的理解 = 表达

C 群 c：言语符号的理解好于表达，操作性课题检查基本与言语符号理解相当。

动作性课题 = 言语符号的理解 > 表达

C 群 d：言语符号表达尚可，但理解不好，此亚群多见于孤独症或有孤独倾向的儿童。

（3）鉴别诊断：首先应排除是否为听觉障碍所致。中度和重度听力障碍会造成语言发育迟缓，即便是轻度耳聋，有时也会对语言发育造成较大的影响。如果考虑是听觉障碍，首先一定要详细进行听力检查，然后佩戴助听器。另外，语言发育迟缓患儿中多数具有智能障碍和交往障碍。这时如仅仅进行语言评估,而忽略了心理等方面的评估,也不能正确进行诊断。

习 题

一、名词解释

1. 语言发育迟缓 C 群 b
2. 语言发育迟缓 Ⅱ 群

二、选择题

【A1 型题】

1. 符号形式 - 指示内容的关系评估的阶段 4-2 是语言发育在

A. 1.5 岁以上　　　　　　　B. 2.5 岁以上　　　　　　　C. 3.5 岁以上

D. 4.5 岁以上　　　　　　　E. 5.5 岁以上

2. 言语符号的理解好于表达,操作性课题检查基本与言语符号理解相当是属于

A. C 群 a　　　B. C 群 b　　　C. C 群 c　　　D. C 群 d　　　E. C 群 e

3. 语言发育迟缓的 B 群的条件出了阶段 4-1 以上,年龄要

A. 满 6 岁以上　　　　　　　B. 满 2 岁以上　　　　　　　C. 满 3 岁以上

D. 满 4 岁以上　　　　　　　E. 满 5 岁以上

4. 语言发育迟缓的 A 群的条件是符号与指示内容关系的检查在哪个阶段

A. 3-1 以上　　B. 3-1 以下　　C. 4-1 以上　　D. 4-1 以下　　E. 5-1 以上

5. 如果患儿被诊断为 Ⅰ 群的 A 群 b,那么此患儿语言方面的情况为下面的哪一种

A. 交流态度好,言语符号已掌握,动作性课题 = 言语符号

B. 交流态度不好,言语符号已掌握,动作性课题 > 言语符号

C. 交流态度不好,言语符号未掌握,动作性课题 = 言语符号

D. 交流态度好,言语符号未掌握,动作性课题 > 言语符号

E. 交流态度好,言语符号已掌握,动作性课题 < 言语符号

6. 以下哪项检查**不适合**对语言发育迟缓儿童的评估

A. 听力检查　　　　　　　　　B. PPVT 检查

C. 语言发育迟缓检查　　　　　D. 构音检查

E. WISC-R 成人智力检查

7. 根据符号形式与指示内容关系(S-S)法共分为几个阶段

A. 五个阶段　　B. 三个阶段　　C. 四个阶段　　D. 两个阶段　　E. 六个阶段

8. 语言发育迟缓儿童语言障碍的症状表现在哪一个方面

A. 构音　　　　B. 声音　　　　C. 流畅性　　　　D. 言语　　　　E. 符号化

【B1 型题】

9~10 题共用备选答案

A. 10 种图形 10/10+

B. 10 种图形 7/10+

C. 6 种图形 3/6 至 4/6

D. 3 种图形 3/3+

E. 2 种图形 2/2

9. 2 岁至 2 岁 5 个月的儿童可以完成

10. 1 岁 9 个月至 1 岁 11 个月的儿童可以完成

三、简答题

1. 语言发育迟缓阶段 4-1 如何检查?

2. 语言发育迟缓的鉴别诊断应考虑哪些障碍?

参 考 答 案

一、名词解释

1. **语言发育迟缓 C 群 b**:是指语言发育落后于实际年龄,言语符号与指示内容相关检查在阶段 3-2 以上,动作性课题好于言语符号与指示内容,动作性课题 > 言语符号的理解 = 表达。

2. **语言发育迟缓 Ⅱ 群**:是指交流态度不良的语言发育迟缓儿童。

二、选择题

1. B 2. C 3. D 4. B 5. D 6. E 7. A 8. E 9. B 10. D

三、简答题

1. 用两个词组合起来表现事物,事态的阶段。儿童在此阶段能够理解或表达的两个词句有各种各样,在本检查法中仅举了四种形式即:[属性(大、小)+ 事物]、[属性(颜色)+ 事物]、[主语 + 宾语]、[谓语 + 宾语]。

2. 首先应排除是否有听力障碍,中度和重度听力障碍会造成语言发育迟缓,即便是轻度耳聋,有时也会对语言发育造成较大的影响。如果考虑是听觉障碍,首先要详细进行听力检查,然后佩戴助听器。另外,语言发育迟缓患儿中多数具有智能障碍和交往障碍。这时如仅仅进行语言评估,而忽略了心理等方面的评估,也不能正确进行诊断。

(李胜利)

第三节　语言发育迟缓训练概论

学 习 要 求

1. **掌握**　语言发育迟缓训练程序的制定。

2. **熟悉**　语言发育迟缓的训练原则、训练方式。

3. **了解**　治疗师对儿童反应的处理方法,增进互动沟通的技能。

内 容 精 要

一、语言发育迟缓的训练原则

1. 以儿童语言发育达到的阶段为训练的出发点。
2. 横向扩展与纵向提高相结合。
3. 专业训练与家庭训练相结合。
4. 语言训练与病因治疗相结合。
5. 训练应因人施教。

二、训练目标

1. 改善或消除患儿的基本语言缺陷,使之达到正常水平。
2. 改善儿童的异常情况,根据其语言学上的基本缺陷,教会其特别的语言行为,使其尽量正常化。
3. 根据儿童的能力,提供补偿性的策略来学习语言及沟通技能。

三、训练方式

1. **直接训练** 是以治疗师为主导的主要训练,治疗师制订计划并执行训练;通常也会与患儿父母或其他专业人员合作制订训练计划,选择训练场所、训练频率、个体或集体等。
2. **间接训练** 是指治疗师指导患儿父母或其照顾者执行治疗工作。当治疗师通过评估认为父母或其照顾者是改变儿童行为的最佳人选时,可采用此方法。治疗师协助,与父母共同制订训练计划,并根据儿童的训练反应修订治疗计划。

四、治疗师对儿童反应的处理方法

1. 示范与提示。
2. 扩展与延伸。
3. 说明。
4. 鼓励。

五、增进互动沟通的技能

1. 详细记录分析儿童日常的作息、喜恶与能力,了解其在何时何地可能会有某些常规活动与反应,其应有计划地说话及行动,以便影响其反应,或引出预期的行为。
2. 安排儿童在比较自然的环境中,使用已习得的语句。例如儿童在治疗中学到的词汇可安排在家中练习,甚至自然应用出来。
3. 随时注意儿童,取得儿童的注意再说话,常与儿童保持眼神接触,并注意其开始沟通的表现。
4. 与儿童谈此时此地的事情,问儿童有意义的问题,使儿童较能意会而维系沟通行为,并容许有停顿时间,让儿童有模糊或思索的机会。
5. 时时自然地给予儿童说明、描述,并常以不同的方式示范不同的于语汇或词句,并要求其模范练习。

6. 儿童使用新的语汇或词句时,应予以鼓励赞许,并可适当地扩展,使其能进步到较高的语言阶段。

7. 儿童以非口语行为沟通时,也要立即给予反应,并用词句来说明解释之,使其了解语言沟通并乐于沟通。

8. 多利用系统性图片看图说话、复述故事,开展故事接龙、角色扮演等活动,练习眼神接触、轮流发言、回答、说明、维持话题等技巧。

9. 以鼓励代替矫正,可以使孩子有时间自己进行修正,同时会增强孩子自尊心、自信心、成就感,对训练更加有兴趣。

六、训练程序的制定

1. A群(言语符号尚未掌握)。

2. B群(言语表达困难)。

3. C群(发育水平低于实际年龄)。

4. 过渡群(语言符号理解但不能说话)。

5. Ⅱ群(交流态度不良)。

习 题

一、名词解释

1. 直接训练

2. 间接训练

二、选择题

【A1 型题】

1. 语言发育迟缓儿童语言障碍的症状表现在哪一个方面

A. 构音   B. 声音   C. 流畅性   D. 言语   E. 符号化

2. 儿童语言发育迟缓的训练频率以多长时间为宜

A. 半小时至一小时   B. 一小时至两小时   C. 两小时至三小时

D. 三小时至四小时   E. 十分钟至半小时

【A2 型题】

3. 在儿童语言发育迟缓的训练中,不属于精神鼓励的是

A. 口头的称赞   B. 给东西吃   C. 贴星星

D. 大人愉悦的表情   E. 竖起大拇指

4. 在增进互动沟通时,下列哪一条做得不对

A. 安排儿童在较自然的情境中使用已学得的语句

B. 儿童使用新的语汇或词句时,应给予鼓励赞许

C. 儿童以非口语行为沟通时,不要立即给予反应

D. 多利用系列性图片看图说话、复述故事

E. 以鼓励代替矫正

【B1 型题】

5~6 题共用备选答案

A. 阶段 2~3

B. 阶段 3~1

C. 阶段 3~2

D. 阶段 4~1

E. 阶段 4~2

5. 能用"汪汪"来理解和表达"狗",语言发育达到哪一阶段

6. 能用摆手和摇头来表示"不要",语言发育达到哪一阶段

7~8 题共用备选答案

A. 获得言语符号(理解)与建立初步的交流关系

B. 改善其交流态度

C. 获得词句水平的理解,全面扩大表达范围

D. 扩大理解与表达的范围

E. 掌握与理解水平相一致的语言表达能力

7. 理解语言符号但不能说话(过渡群)儿童的训练目标是

8. 语言表达困难(B 群)儿童的训练目标是

【X 型题】

9. 治疗师对儿童反应的处理方法包括

A. 示范与提示　　　　B. 扩展与延伸　　　　C. 说明

D. 鼓励　　　　　　　E. 否定

10. 语言发育迟缓的训练目标是

A. 消除儿童的基本缺陷

B. 改善儿童的异常情况

C. 使之达到正常水平

D. 提供补偿性的策略来学习语言及沟通技能

E. 使其尽量正常化

三、简答题

1. 儿童语言发育迟缓训练原则是什么?

2. 如何制定语言发育迟缓儿童的语言训练的程序?

参 考 答 案

一、名词解释

1. **直接训练**:是以治疗师为主要训练者计划并执行训练。

2. **间接训练**:是指治疗师指导患儿父母或其照顾者执行治疗工作。

二、选择题

1. E 2. A 3. B 4. C 5. C 6. B 7. C 8. E 9. ABCD 10. ABCDE

三、简单题

1. 儿童语言发育迟缓训练原则是:

(1)以儿童语言发育达到的阶段为训练的出发点。

(2)横向扩展与纵向提高相结合。

(3)专业训练与家庭训练相结合。

(4)语言训练与病因治疗相结合。

(5)训练应因人施教。

2. 制定语言发育迟缓儿童的语言训练程序:根据儿童的年龄、训练的频率设定 3 个月至一年间的训练目标。以评定的结果作为训练的起点、制定训练程序,选定具体的训练顺序与训练材料。各种症状类别的训练目标及训练程序如下:

(1)A 群(言语符号尚未掌握):以获得言语符号(理解)与建立初步的交流关系为目的,先建立符号的理解后再形成基础概念,重点是首先导入手势语、幼儿语等象征性较高的符号。

(2)B 群(言语表达困难):训练目标为掌握与理解水平相一致的言语表达能力。此时的训练并不是单一进行表达方面的训练,而是与理解性课题共同进行。重点是将手势语、言语作为有意义的符号实际性地应用,在表达基础形成的同时从手势符号向言语符号过渡。以达到拟定的目标。

(3)C 群(发育水平低于实际年龄):训练目标是扩大理解和表达范围。在进行提高理解方面训练的同时要进行表达、基础性过程等各个侧面的平衡性训练,也要导入符合水平的文字、数量词学习、提问与回答方面的训练。

(4)过渡群(语言符号理解但不能说话):训练目标为获得词句水平的理解,全面扩大表达范围。在提高理解水平的同时也要提高表达方面的能力。与 C 群相同,不能单一进行表达方面的训练,而忽略其他方面的训练。首先可以导入用手势符号进行表达的训练。

(5)Ⅱ群(交流态度不良):根据语言符号的发育阶段进行以上的训练。对于交流态度不良的儿童的训练,要进行以改善其交流态度为目的进行训练。

(万桂芳)

第四节 语言发育迟缓训练方法

学 习 要 求

1. **掌握** 儿童语言发育迟缓的训练方法。

2. **熟悉** 语言发育迟缓儿童的文字训练。

3. **了解** 语言环境与儿童语言发育。

内 容 精 要

一、注意力的训练

注意是指心理活动或意识活动对一定对象的指向和集中。注意的特征：
①注意的广度；②注意的稳定性；③注意的转移；④注意的分配。

1. 听觉注意训练。

2. 视觉注意训练。

3. 触觉注意训练。

4. 注意的保持与记忆训练。

此训练是通过儿童各种益智玩具完成对于事物变化的过程的训练。例如放图形游戏、认颜色游戏，找物游戏等等。

二、交流态度与交流能力的训练

交流态度可分为交流态度良好与交流态度不良。对于交流态度不良的儿童，可通过游戏的方式完成训练的目标。交流能力的训练，以加强语意理解能力和记忆能力，促进语用能力为主完成训练目标。

1. 对视训练。

2. 交往训练与交往能力训练。

3. 互动训练。

4. 口语表述与口语对话（集体训练）。

主要通过接触性游戏和对话交流完成信息传递、思想互换。交流训练不需要特殊教材，主要是根据儿童语言发育的水平选用合适的训练项目进行训练。如举高高、团团转、逗笑、吹气等游戏导向儿童表现快乐反应的活动，又如假扮游戏、超市购物等。

三、言语符号形式和指示内容关系的训练

（一）第一阶段训练

本阶段的儿童对外界的刺激感知觉反应不敏感，为此，在训练中通过儿童的视觉、听觉、触觉和动作结合玩具和教具充分吸引儿童，来完成训练目标。

（二）第二阶段的训练

本阶段的儿童虽还没获得语言，但对于事物状况已能理解，对事物已经有概念。例如将人领到物品前出示物品，向他人表示自己的要求。

1. 事物基础概念的训练。

2. 匹配训练。

3. 选择训练。

以功能特性为基础的操作性课题：即认识事物的特性、关系和用途，建立事物类别的概念。例如：出门戴帽子，穿鞋，用杯子喝水，打电话等。

（三）第三阶段的训练

本阶段的儿童是事物的符号形式形成阶段。训练顺序应为：符号形式获得→言语理解→

言语表达。

1. **手势符号的训练**　适用于言语符号的理解与表达尚未获得的儿童,或言语符号理解尚可,但表达不能完成的儿童。对儿童来说手势符号比言语符号更容易获得和理解、掌握,其可作为媒介,逐步向言语符号过渡,完成训练目标。

2. **言语符号的理解训练**　儿童在日常生活中会接触许多的水果、蔬菜和交通工具与小动物日常用品等等儿童感兴趣的词汇,从早期已学会的手势符号词汇开始,向言语符号扩展。

3. **言语符号的口语表达训练**　对能模仿言语的儿童,应促进其主动口语表达。

(四)第四阶段的训练

1. **两词句的语句训练**　语句形式:①主语 + 谓语(主谓结构);②谓语 + 宾语(动宾结构)③大小 + 事物;④颜色 + 事物。训练程序:确定构成两词句的各类词汇→能理解表示两词句的图卡→训练两词句的理解→两词句的表达及生活中的语句应用训练。

2. **三词句的语句训练**　语句形式:①主语 + 谓语 + 宾语;②大小 + 颜色 + 事物。训练程序:确定构成三词句的各类词汇是否理解→三词句图卡的理解训练→三词句的表达训练及生活中的语句应用训练。

(五)第五阶段的训练

此阶段的儿童主要学习语句的顺序关系与规则,语句的逻辑关系能力的训练。

语句形式:①谁追谁;②谁被谁追。训练程序:明确显示句子的内容→排列句子成分的位置及方位关系→语句的表达训练及生活中的应用训练。

四、文字训练

听,说,读,写都属于语言治疗的范畴。正常儿童的文字学习是在全面掌握了言语基础上再进行的学习,但对于语言发育迟缓的儿童在言语学习困难时,可将文字符号作为语言形成的媒介是一种非常有效的方法,另外还可以作为言语的代偿手段完成信息的交流与传递,因此,文字学习的导入可根据具体情况,具体病例进行。

文字训练程序与方法:

1. 文字字形的辨别训练　为掌握文字符号,必须能够辨别字形,可采用图片和教具。

2. 文字符号与字意的结合训练　当儿童能辨别 1~2 个音节词后可进行本阶段的训练,以文字符号与图片字义相结合完成文字的应用。

3. 文字符号与音声符号的结合训练。

4. 文字符号与意义、声音的构造性对应的结合训练。

5. 文字训练文字符号的辅助作用。

6. 代偿性交流训练;有明显运动障碍的儿童,最初就应考虑除言语符号外的代偿性交流的言语符号表达为第一训练目标。

五、语言环境与儿童语言发育

(一)语言环境在儿童语言发育过程中的重要性

儿童语言的发育是与语言环境和家庭环境密不可分的。

(二)语言发育迟缓儿童对语言环境的特殊要求

语言发育迟缓儿童语言的发展,单纯依靠语言训练是达不到预期效果的,语言训练的内容必须在语言环境中实践,因此家庭的养育环境也是非常重要的。

（三）改善和调整语言发育迟缓儿童的家庭语言环境

1. 建立良好的家庭人际关系。
2. 培养儿童良好的兴趣,养成儿童良好习惯。
3. 采用适当的教育方法,发现儿童语言有问题时,应早诊断,早治疗。

习 题

一、名词解释

1. 注意
2. 记忆

二、选择题

【A1 型题】

1. 儿童语言发育迟缓语言训练,每天训练时间一般为
   A. 1~2 小时　　　　　　　　B. 0.5~1 小时　　　　　　C. 2~3 小时
   D. 1~4 小时　　　　　　　　E. 1~3 小时

2. 儿童语言发育迟缓治疗,一个疗程时间一般为
   A. 2 个月　　　　　　　　　B. 6 个月　　　　　　　　C. 4 个月
   D. 5 个月　　　　　　　　　E. 3 个月

3. 对于注意力差的语迟儿童,应首先从哪项开始训练
   A. 听理解训练　　　　　　　B. 言语符号训练　　　　　C. 注意力训练
   D. 命名训练　　　　　　　　E. 模仿训练

4. 对于听力障碍的语迟儿童,应首先从哪项开始训练
   A. 操作训练　　　　　　　　B. 听力训练　　　　　　　C. 模仿训练
   D. 命名训练　　　　　　　　E. 听理解训练

5. 对于交流障碍的语迟儿童,应首先从哪项开始训练
   A. 交流训练　　　　　　　　B. 听力训练　　　　　　　C. 注意力训练
   D. 听理解训练　　　　　　　E. 命名训练

6. 哪项游戏**不是**交流训练中适用的
   A. 举高　　　　　　　　　　B. 搭积木　　　　　　　　C. 挠痒痒
   D. 击鼓　　　　　　　　　　E. 走平衡木

【X 型题】

7. 语言发育迟缓儿童语言训练有几个方面的内容
   A. 手势符号的训练　　　　　B. 口语表达的训练　　　　C. 注意力的训练
   D. 文字书写的训练　　　　　E. 交流能力的训练

三、简答题

简述记忆按内容分类与三个系统。

参 考 答 案

一、名词解释

1. **注意**：注意是指心理活动或意识活动对一定对象的指向和集中。

2. **记忆**：记忆是过去的经验在头脑中的反映。在一定条件下，从大脑中提取出来的过程为记忆。

二、选择题

1. B 2. E 3. C 4. B 5. A 6. E 7. ABCDE

三、简答题

记忆是过去的经验在头脑中的反映。在一定条件下，从大脑中提取出来的过程为记忆。记忆按其内容可分为形象记忆、情景记忆、情绪记忆、语义记忆、动作记忆。认知心理学把记忆分为瞬时记忆、短时记忆、长时记忆三个系统。

（冯兰云）

第十一章
吞咽障碍

学 习 要 求

1. **掌握** 正常吞咽过程的分期和不同时期的神经支配。
2. **熟悉** 与吞咽有关的解剖结构及吞咽反射过程。
3. **了解** 与吞咽相关的不同解剖结构的神经支配。

内 容 精 要

一、正常人的吞咽运动分为五个阶段

1. **口腔前期** 在口腔前期,患者通过视觉和嗅觉感知食物,用餐具、杯子或手指将食物送至口中。

2. **口腔准备期** 患者张口接受食团并将其保持在口腔内,在口腔感知食物,品评食团的味道与质地。如果是固体食物,需要咀嚼肌、下颌及面颊运动操作、准备食团使其适于吞咽。在这个阶段,软腭位于舌后部以阻止食物或流质流入咽部。

3. **口腔期** 预备好的食团经口腔向咽推动。

4. **咽期** 在吞咽的这个阶段,后续的运动快速、顺序发生,产生吞咽反应,软腭上抬、关闭鼻腔、声门关闭,气道关闭防止误吸。

5. **食管期** 食管期开始于食团通过环咽肌,食管产生顺序蠕动波推动食团通过食管,位于食管下端的下食管括约肌随之放松,使食团进入胃。

二、有6对脑神经参与吞咽运动过程的支配

口腔期:

第五对脑神经(三叉神经):触觉及本体感觉、运动。

第七对脑神经(面神经):味觉及运动。

咽期:

第九对脑神经(舌咽神经):味觉,咽蠕动,唾液分泌。

第十对脑神经(迷走神经):味觉及运动,咽固有肌,咽蠕动及吞咽启动。

第十一对脑神经(副神经):咽蠕动及头颈的稳定性。

口腔及咽期:

第十二对脑神经(舌下神经):舌、喉及舌骨运动。

习 题

一、名词解释

口腔准备期

二、选择题

【A1 型题】

1. 三叉神经支配下述哪块肌肉

    A. 口轮匝肌   B. 翼内肌   C. 咽上缩肌   D. 腭垂肌   E. 颊肌

2. 患者通过视觉和嗅觉感知食物,用餐具、杯子或手指将食物送至口中属于吞咽运动的

    A. 口腔期   B. 口腔准备期   C. 口腔前期

    D. 咽期   E. 食管期

3. 参与吞咽运动的脑神经**不包括**

    A. 三叉神经   B. 面神经   C. 舌下神经   D. 舌咽神经   E. 视神经

4. 吞咽运动中面神经支配的肌肉**不包括**

    A. 口轮匝肌   B. 颊肌   C. 笑肌   D. 舌骨上肌   E. 颞肌

5. 吞咽反射中参与感觉神经传入的脑神经**不包括**

    A. 第Ⅶ对脑神经   B. 第Ⅴ对脑神经   C. 第Ⅸ脑神经

    D. 第Ⅺ对脑神经   E. 第Ⅹ对脑神经

三、简答题

1. 简述正常人的吞咽过程。

2. 简述吞咽过程中脑神经的功能。

3. 简述吞咽反射的过程。

参 考 答 案

一、名词解释

口腔准备期:正常吞咽过程的一个阶段,此期中患者要充分张口,接受食团并将其保持在口腔内,在口腔感知食物,品评食团的味道与质地。如果是固体食物,需要咀嚼肌、下颌及面颊运动操作、准备食团使其适于吞咽。在这个阶段,软腭位于舌后部以阻止食物或流质流入咽部。

二、选择题

    1. B   2. C   3. E   4. E   5. D

三、简答题

1. 正常人的吞咽过程分为五个阶段：①口腔前期：在口腔前期，患者通过视觉和嗅觉感知食物，用餐具、杯子或手指将食物送至口中。②口腔准备期：患者张口接受食团并将其保持在口腔内，在口腔感知食物，品评食团的味道与质地。如果是固体食物，需要咀嚼肌、下颌及面颊运动操作、准备食团使其适于吞咽。在这个阶段，软腭位于舌后部以阻止食物或流质流入咽部。③口腔期：预备好的食团经口腔向咽推动。④咽期：在吞咽的这个阶段，后续的运动快速、顺序发生，产生吞咽反应，软腭上抬、关闭鼻腔、声门关闭，气道关闭防止误吸。⑤食管期：食管期开始于食团通过环咽肌，食管产生顺序蠕动波推动食团通过食管，位于食管下端的下食管括约肌随之放松，使食团进入胃。

2. 吞咽过程中脑神经发挥的功能主要有：①口腔期：第五对脑神经（三叉神经）：触觉及本体感觉、运动。第七对脑神经（面神经）：味觉及运动。②咽期：第九对脑神经（舌咽神经）：味觉，咽蠕动，唾液分泌。第十对脑神经（迷走神经）：味觉及运动，咽固有肌，咽蠕动及吞咽启动。第十一对脑神经（副神经）：咽蠕动及头颈的稳定性。③口腔及咽期：第十二对脑神经（舌下神经）：舌、喉及舌骨运动。

3. 味觉、温度觉和压力觉刺激周围感受器（分布在舌、口腔、咽喉），感觉传入冲动主要通过第 V、Ⅶ、Ⅸ 和 X 对脑神经传入中枢。舌根与下颌骨下缘相交的吞咽启动点、咽峡、咽和喉后壁是引起最有效的吞咽刺激的关键部位。脑皮质和皮质下通路调节着吞咽反射的阈值。脑干吞咽中枢接受传入冲动，并把它转化为一个能被执行的反应，并传导这种反应。来自吞咽中枢的传出神经冲动经过第 V、Ⅶ、Ⅸ 和 X 对脑神经的神经核后传出，到达它们所支配的肌肉，产生反射性的功能活动。

（张建斌）

第二节 吞咽障碍的原因与临床表现

学 习 要 求

本结主要讲述吞咽障碍的定义，吞咽障碍的病因，吞咽障碍临床表现，吞咽障碍代表性疾病，真、假性延髓性麻痹的区别，吞咽障碍的临床诊断。

1. **了解** 吞咽障碍病史中几个关键点。
2. **熟悉** 真、假性延髓性麻痹的区别，吞咽障碍的临床诊断。
3. **掌握** 吞咽障碍的定义，吞咽障碍的病因，吞咽障碍临床表现。

内 容 精 要

一、吞咽障碍的概念及原因

1. **吞咽障碍** 是一个总的症状名称，指口腔、咽、食管等吞咽器官发生病变时，患者的饮食出现障碍或不便而引起的许多自觉症状。吞咽障碍的症状因病变发生的部位、性质和程度不同而有很大的差别。轻者仅感吞咽不畅,重者滴水难进且有反呕。

2. 吞咽障碍的病因 分为器质性吞咽障碍、神经性吞咽障碍及功能性吞咽障碍。

(1)器质性吞咽障碍:是指口腔、咽、喉部的恶性肿瘤手术后,由解剖构造异常引起的吞咽障碍。

(2)神经性吞咽障碍:是由中枢神经系统及末梢神经系统障碍、肌病引起,在解剖构造上没有问题,为运动异常引起的吞咽相关肌肉无力或运动不协调引起的吞咽障碍。

(3)功能性吞咽障碍:是指解剖结构及神经系统均无异常,吞咽生理机制正常,而患者害怕吞咽,对吞咽表现出一种癔病性反应,或拒绝进食。

二、吞咽障碍临床表现

1. 口腔准备期及口腔期吞咽障碍 此种障碍的主要表现为开口、闭唇困难,流口水,食物从口中洒落,咀嚼费力,食物向口腔后部推进困难。

2. 口咽部吞咽障碍 称"高位"吞咽障碍。患者引发吞咽动作时较费力,通常认为颈部是存在问题的部位。常见的伴随症状有:a 引发吞咽动作困难;b 鼻内容物反流;c 咳嗽;d 鼻音重;e 咳嗽反射减弱;f 噎塞(应注意在不发生噎塞或咳嗽时,咽下物也有可能进入喉部发生吸入);g 构语障碍和复视(也可伴有其他导致口咽部吞咽困难的神经症状)。

3. 咽期吞咽障碍 咽期是食块通过反射运动由咽部向食管移送的阶段。咽期吞咽障碍的主要表现为:吞咽时,食物逆流入鼻腔,如误入喉及气管则引起呛咳,这种误吸称为"吞咽期吸入"。

4. 食管期障碍 此种障碍包括食管平滑肌蠕动障碍、环状咽肌和食管、胃括约肌的弛缓不能或关闭不全,从而引起吞咽后胸部憋闷或吞入食物反流至口咽部。

习 题

一、名词解释

吞咽障碍

二、选择题

【A1 型题】

1. 假性延髓性麻痹患者为
   A. 痉挛性失语　　　　　B. 软弱性失语　　　　　C. 完全性失语
   D. Wernicke 失语　　　　E. 失读症

2. 假性延髓性麻痹为
   A. 下运动神经元损害　　B. 双侧上运动神经元损害　　C. 小脑病变
   D. 脊髓病变　　　　　　E. 单侧上运动元损害

【B1 型题】

3~4 题共用备选答案
   A. 鼻内镜检查

    B. 吞水试验

    C. 影像学荧光检查

    D. 进食试验

    E. 食管测压

3. 诊断口咽障碍金标准

4. 诊断结构性吞咽障碍金标准

【X 型题】

5. 产生吞咽障碍的原因都有哪些

    A. 器质性原因引起   B. 神经性原因引起   C. 功能性原因引起

    D. 末梢神经系统障碍引起   E. 肌病原因引起

三、简答题

吞咽障碍临床表现有哪些?

参 考 答 案

一、名词解释

吞咽障碍:是一个总的症状名称,指口腔、咽、食管等吞咽器官发生病变时,患者的饮食出现障碍或不便而引起的许多自觉症状。吞咽障碍的症状因病变发生的部位、性质和程度不同而有很大的差别。轻者仅感吞咽不畅,重者滴水难进且有反呕。

二、选择题

1. A   2. B   3. C   4. A   5. ABCDE

三、简答题

（1）口腔准备期及口腔期吞咽障碍:此种障碍的主要表现为开口、闭唇困难,流口水,食物从口中洒落,咀嚼费力,食物向口腔后部推进困难。

（2）口咽部吞咽障碍:称"高位"吞咽障碍。患者引发吞咽动作时较费力,通常认为颈部是存在问题的部位。常见的伴随症状有:a 引发吞咽动作困难;b 鼻内容物反流;c 咳嗽;d 鼻音重;e 咳嗽反射减弱;f 噎塞(应注意在不发生噎塞或咳嗽时,咽下物也有可能进入喉部发生吸入);g 构语障碍和复视(也可伴有其他导致口咽部吞咽困难的神经症状)。

（3）咽期吞咽障碍:咽期是食块通过反射运动由咽部向食管移送的阶段。咽期吞咽障碍的主要表现为:吞咽时,食物逆流入鼻腔,如误入喉及气管则引起呛咳,这种误吸称为"吞咽期吸入"。

（4）食管期障碍:此种障碍包括食管平滑肌蠕动障碍、环状咽肌和食管、胃括约肌的弛缓不能或关闭不全,从而引起吞咽后胸部憋闷或吞入食物反流至口咽部。

（陈慧娟）

第三节 吞咽障碍的评估

学 习 要 求

1. **掌握** 吞咽障碍的临床评估。
2. **熟悉** 吞咽障碍的实验室检查。
3. **了解** 吞咽障碍的其他辅助检查,吞咽障碍的筛查。

内 容 精 要

1. 吞咽障碍的分类 ①口咽部吞咽障碍又称"高位"吞咽障碍。患者引发吞咽动作时较费力,通常认为颈部是存在问题的部位。②食管吞咽障碍可能的发生部位在远端食管,又称"低位"吞咽障碍。

2. 吞咽障碍的表现

(1)口咽部吞咽障碍:口咽部吞咽障碍又称"高位"吞咽障碍。患者引发吞咽动作时较费力,通常认为颈部是存在问题的部位。

常见的伴随症状有:①引发吞咽动作困难;②鼻内容物反流;③咳嗽;④鼻音重;⑤咳嗽反射减弱;⑥噎塞(应注意在不发生噎塞或咳嗽时,咽下物也有可能进入喉部发生吸入);⑦构语障碍和复视(也可伴有其他导致口咽部吞咽困难的神经症状)。

(2)食管吞咽障碍:食管吞咽障碍可能的发生部位在远端食管,又称"低位"吞咽障碍。但是需要注意,有些患者如贲门失弛缓症的病人,可能描述其不适部位在颈部,从而与口咽部吞咽困难混淆。

1)固体和液体如都发生吞咽障碍,通常存在食管运动障碍。尤其当固体和液体的间歇性吞咽障碍伴发胸痛的时候,食管运动障碍的可能性增加。

2)如果吞咽障碍仅限于固体,则提示管腔狭窄和机械性阻塞的可能,如果呈进行性,则考虑溃疡性狭窄或肿瘤。值得注意的是,溃疡性狭窄的患者通常有长期胃灼热和反流的病史,但无体重减少。相反,食管癌患者通常年龄较大,且有明显的体重下降。虽然食管癌患者的颈/锁骨上淋巴结病也许可以触及,但是对食管部吞咽障碍患者进行体格检查意义有限。有些硬皮病和继发性溃疡性狭窄的患者会呈现 CREST 综合征(钙质沉着-指/趾,雷诺病,指/趾硬皮病,毛细血管扩张)。

3. 吞咽障碍的评定

(1)筛查

1)问卷筛查:常用的问卷筛查有进食评估问卷调查工具-10。进食评估问卷调查工具-10(Eating Assessment Tool,10,EAT-10)是由 Belafsky 等于 2008 年研发的吞咽障碍筛查工具,其目的为识别吞咽障碍高风险人群,EAT-10 由 10 个问题组成,包括各种吞咽障碍症状、临床特点、心理感受、社交影响,每个问题分为 5 个等级:没有(0分)、轻度(1分)、中度(2分)、重度(3分)、严重(4分)。EAT-10 总分≥3 为异常。EAT-10 中文版仅适用于已有饮水和进食经历的患者,EAT-10 中文版对评估急性期脑卒中患者有良好的信度和效标效度,当分界值为 1,EAT-

10 总分≥1 时灵敏度和阴性预测值最佳,能够较好地预测急性期脑卒中患者吞咽障碍、吞咽能力受损、渗透和误吸。

2)筛查试验:

洼田饮水试验:本评估方法由洼田俊夫在 1982 年提出,观察过程为:先让患者像平常一样喝下 30ml 水,然后观察和记录饮水时间、有无呛咳、饮水状况等,并记录患者是否会出现下列情况,如啜饮、含饮、水从嘴唇流出、边吃边要勉强接着喝、小心翼翼地喝等等,并对其进行分级及判断。

反复唾液吞咽试验:反复唾液吞咽测试(repetitive saliva swallowing test,PSST)是观察引发随意性吞咽反射的一种简单方法。

(2)吞咽障碍临床评估

1)吞咽相关器官的功能检查:包括检查基础情况、呼吸功能检查、口颜面功能检查、喉功能检查以及反复唾液吞咽测试、饮水测试、简易吞咽诱发测试、吞咽染色测试、颈部听诊测试、简易快速按压咳嗽反射试验等吞咽功能检查。

2)摄食评估:包括对食物是否认识、是否入口障碍、进食所需时间及吞咽时间、食物送入口咽部位是否有障碍、进入食道是否通畅以及是否有吞咽失用。

(3)吞咽障碍实验室评估

1)电视荧光吞咽造影检查:电视荧光吞咽造影检查是在 X 线透视下,针对口、咽、喉、食管的吞咽运动所进行的造影检查,是目前公认最全面、可靠、有价值的吞咽功能检查方法。被认为是吞咽障碍检查的"理想方法"和诊断的"金标准"。

此方法可对整个吞咽过程进行详细的评估和分析,如观察患者吞咽不同黏稠度的由造影剂调制的食物和不同容积的食团的情况。通过观察侧位及正位成像对吞咽的不同阶段(包括口腔准备期、口腔期、咽部期、食管期)的情况进行评估,同时对舌、软腭、咽喉的解剖结构和食团的运送过程进行观察。在检查过程中,吞咽治疗师可以指导患者在不同姿势下进食,以观察何种姿势更适合患者;当患者出现吞咽障碍,则随时给予辅助手段或指导患者使用合适的代偿性手段以帮助其完成吞咽。这种检查不仅可以显示咽部快速活动的动态细节,对研究吞咽障碍的机制和原因具有重要价值。它是临床诊断所必需,可以发现吞咽障碍的结构性或功能性异常的病因及其部位、程度和代偿情况、有无误吸等,为选择有效治疗措施和观察治疗效果提供依据。

吞咽障碍 VFSS 的表现:

滞留(pooling):吞咽前,内容物积聚在会厌谷或梨状窦时的状况。

残留(residuals):吞咽完成后内容物仍留在会厌谷或梨状窦的状况,见教材图 11-9~ 图 11-10A。

溢出(spillage):在会厌谷或梨状窝的内容物积聚超过其容积,溢出来的状况,通常情况下会溢入喉前庭,也称之为渗透(penetration)。

误吸(aspiration):食物或液体通过喉前庭进入气道、肺的状况,见教材图 11-10B。以声门为界,若食物或液体停留在喉前庭,称之为渗透。

时序及协调性(timing & coordination):吞咽过程中,口、咽、食道三者之间的相互关系及吞咽时间不协调,严重者出现反流。

环咽肌功能障碍(cricopharyngeus dysfunction,CPD):通常指环咽肌不能及时松弛或发生肌肉痉挛,临床典型症状是进食后出现食物反流,不能下咽,或咽下后剧烈呛咳,为食物流入气管所致。包括三种状态:①松弛 / 开放缺乏。吞咽造影可见会厌谷和梨状窦有食物滞留和残留,咽腔底部有大量食物聚集,食团不能通过食道上段入口进入食管中(未见食物流线)。食物溢入喉前庭,经气管流入肺中。②松弛/开放不完全。吞咽造影除可见会厌谷和梨状窦有食物滞留和残留外,患者经反复多次吞咽后,少许食物才能通过食道上段入口进入食管中,食物进入食道入口后的流线变细,并有中断,咽腔底部食物积聚过多。③松弛/开放时间不当。表现为吞咽动作触发后,环咽肌能开放,但开放时间不协调。

2)视内窥镜吞咽功能检查:是使用喉镜,经过咽腔或鼻腔观察下咽部和喉部,直接在直视下观察会厌软骨、勺状软骨、声带等咽及喉的解剖结构和功能状况,如梨状窝的泡沫状唾液潴留、唾液流入喉部的状况、声门闭锁功能的程度、食管入口处的状态、有无器质性异常等。还可以让病人吞咽经亚甲蓝染色技术染成蓝色的液体、浓汤或固体等不同黏稠度的食物,可更好地观察吞咽启动的速度、吞咽后咽腔(尤其在会厌谷和梨状窝)残留,以及是否出现会厌下气道染色,由此评估吞咽能力及估计吸入的程度。

习　题

一、名词解释

渗漏

二、选择题

【A1 型题】

1. 下列哪项检查是诊断吞咽障碍的"金标准"
   A. 饮水测试　　　　　　B. 测压检查　　　　　　C. VFSS 检查
   D. 超声检查　　　　　　E. 吞咽障碍临床检查

2. 患者经评估及检查后,可少量乐趣性进食,其属于摄食 - 吞咽功能等级是
   A. Ⅰ级　　B. Ⅱ级　　C. Ⅲ级　　D. Ⅳ级　　E. Ⅴ级

3. 患者经饮水测试评价,饮 30ml 水分两次以上喝完,且有噎。其属于饮水测试的级别是
   A. Ⅰ级　　B. Ⅱ级　　C. Ⅲ级　　D. Ⅳ级　　E. Ⅴ级

4. 腾岛一郎(1993)摄食 - 吞咽功能等级评定分为几个级别
   A. 2 级　　B. 3 级　　C. 4 级　　D. 5 级　　E. 7 级

5. 神经性吞咽障碍的疾病部包括
   A. 中风　　　　　　　　B. 脑外伤　　　　　　　C. 帕金森病
   D. 肌萎缩侧索硬化症　　E. 舌癌术后

6. 结构性吞咽障碍的疾病**不包括**
   A. 喉癌　　　　　　　　B. 鼻咽癌术后　　　　　C. 气管切开
   D. 硬皮病　　　　　　　E. 颈椎病

7. 吞咽障碍的表现包括
   A. 流涎　　　　　　　　B. 吞咽后腔呛咳　　　　C. 吞咽启动困难
   D. 口、鼻反流　　　　　E. 以上都是

【X 型题】

8. 吞咽障碍临床检查法包括

A. 与吞咽有关的临床表现   B. 摄食 - 吞咽过程的评估

C. 电视荧光放射吞咽功能检查   D. 与吞咽有关的口颜面功能评估

E. 反复唾液吞咽测试

9. 吞咽障碍实验室检查包括

A. 电视荧光放射吞咽功能检查   B. 电视内镜吞咽功能检查

C. 反复唾液吞咽测试   D. 肌电图检查

E. 饮水试验

10. 吞咽造影检查时侧位像主要观察

A. 声带功能   B. 吞咽的时序性   C. 会厌软骨翻转

D. 误吸   E. 残留

三、简答题

1. 正常人的吞咽分期。

2. 洼田饮水试验分级及评定。

参 考 答 案

一、名词解释

渗漏:食物或液体通过喉前庭进入气道、肺的状况。

二、选择题

1. C   2. B   3. D   4. C   5. E   6. D   7. E   8. ABE   9. ABD   10. BCDE

三、简答题

1. 正常人的吞咽分期:吞咽过程分期:口腔前期、口腔准备期、口腔期、咽期、食管期。

(1)口腔前期:通过视觉和嗅觉感知食物,用餐具、杯子或手指将食物送至口中。

(2)口腔准备期:指摄入食物到完成咀嚼的阶段。在这个阶段,软腭位于舌后部以防止食物或流质流入咽部。

(3)口腔期:指咀嚼形成食团后运送至咽的阶段,主要是食团的形成和运送至咽的过程。

(4)咽期:指吞咽动作开始于食团进入咽,结束于环咽肌松弛,食团进入食管。咽期是吞咽的关键时期,此时软腭上抬、关闭鼻腔、声门关闭、气道关闭以防止食物进入呼吸系统。此期运动属非自主性运动,不受意识支配,一旦启动,则是不可逆的,如果没有完好的喉保护机制,容易发生误吸。

(5)食管期:开始于食团通过环咽肌,食管产生顺序蠕动波推动食团通过食管,食团经贲门进入胃内结束。

2. 洼田饮水试验分级及评定:

(1)洼田饮水试验分级

1级:能顺利地 1 次将水咽下

2级:分 2 次以上,能不呛咳地咽下

3 级:能 1 次咽下,但有呛咳

4 级:分 2 次以上咽下,但有呛咳

5 级:频繁呛咳,不能全部咽下

(2)评定结果判断:正常:1 级,5 秒之内;可疑:1 级,5 秒以上或 2 级;异常:3~5 级。

第四节　吞咽障碍的治疗

学 习 要 求

1. **了解**　吞咽障碍患者的治疗操作流程
2. **掌握**　吞咽障碍治疗的具体方法
3. **熟悉**　吞咽障碍治疗策略

内 容 精 要

1. 吞咽康复治疗方案的制订及时机

(1)优先处理主要问题原则,根据评定结果,需考虑优先解决的问题以利于治疗效果最大化。

(2)根据吞咽评定的结果,分析受损阶段的这些结构与吞咽产生的关系,治疗从哪一阶段哪一部位开始和先后的顺序。

(3)自主与辅助治疗选择,对于轻中度患者,训练主要是以自身主动练习为主,对于重度患者而言,由于患者自己无法进行自主运动或自主运动较差,更多的需要治疗师采用手法辅助治疗。

(4)选择适当的治疗方法和强度:恰当的治疗方法对提高疗效非常重要,不恰当的治疗会减低患者的训练欲望,使患者习得错误的吞咽动作模式。

(5)时机选择:病情稳定,能够抬高床头 30 度以上,患者有适当的清醒度,有一定程度的配合能力为佳。

2. 吞咽障碍治疗的具体方法　吞咽障碍实施方法包括:口腔器官运动训练、口腔器官感觉训练、咽喉部功能训练、味觉和嗅觉训练、呼吸训练训练、气道保护吞咽手法训练、摄食训练、食物调配及进食指导、导管球囊扩张术、吞咽说话瓣膜技术、电刺激、针灸治疗、辅助具进行口内纠治、手术及药物治疗。

3. 吞咽障碍治疗策略临床实施

(1)吞咽康复治疗方案的制订:优先处理主要问题原则;根据吞咽评定的结果,分析受损阶段的这些结构与吞咽产生的关系,治疗从哪一阶段哪一部位开始和先后的顺序;自主与辅助治疗选择,对于轻中度患者,训练主要是以自身主动练习为主,对于重度患者而言,由于患者自己无法进行自主运动或自主运动较差,更多的需要治疗师采用手法辅助治疗;选择适当的治疗方法和强度。

(2)吞咽康复治疗方案的时机选择,病情稳定,能够抬高床头 30 度以上,患者有适当的清醒度,有一定程度的配合能力为佳。

习 题

一、名词解释

误吸

二、选择题

【A1 型题】

1. 吞咽辅助手法包括
   - A. 声门上吞咽法
   - B. 用力吞咽法
   - C. 门德尔松吞咽技术
   - D. 超声门上吞咽法
   - E. 以上都是

2. 吞咽障碍治疗方法包括
   - A. 吞咽器官运动训练
   - B. 摄食直接训练
   - C. 球囊扩张术
   - D. 感觉促进综合训练
   - E. 以上都是

3. 吞咽障碍摄食直接训练姿势<u>不包括</u>
   - A. 头颈部旋转
   - B. 低头吞咽
   - C. 空吞咽
   - D. 侧方吞咽
   - E. 直立吞咽

【X 型题】

4. 容易吞咽的食物特点是
   - A. 通过咽和食管是不易变形
   - B. 黏性适当
   - C. 密度均匀
   - D. 很少在黏膜上残留
   - E. 易松散

5. 寒冷刺激的作用是
   - A. 提高对食物的敏感度
   - B. 减少口腔过多的唾液分泌
   - C. 提高对进食吞咽的注意力
   - D. 改善气道保护功能
   - E. 增加环咽肌开放的幅度

6. 气道保护手法包括
   - A. 用力吞咽法
   - B. 转头吞咽法
   - C. 声门上吞咽法
   - D. 超声门上吞咽法
   - E. 门德尔松吞咽法

三、简答题

简述门德尔森吞咽技术。

参 考 答 案

一、名词解释

误吸: 以声门为界,若食物或液体停留在喉前庭,称之为渗透。

二、选择题

1. E　2. E　3. E　4. ABE　5. ABD　6. BCDE

三、简答题

门德尔森吞咽技术是为了增加喉部上抬的幅度与时长而设计的,并借此可以提升舌肌和喉肌,增加环咽肌开放的时长与宽度,使食管上端开放。此手法可以改善整体吞咽的协调性。具体操作方法如下:

(1) 对于喉部可以上抬的患者,当吞咽唾液时,让患者感觉有喉向上提时,设法保持喉上抬位置数秒;或吞咽时让患者以舌部顶住硬腭、屏住呼吸,以此位置保持数秒,同时让患者示指置于甲状软骨上方,中指置于环状软骨上,感受喉结上抬。

(2) 对于上抬无力的患者,治疗师用手上推其喉部来促进吞咽。即只要喉部开始抬高,治疗师用拇指和示指置于环状软骨下方,轻捏喉部并上推喉部,然后固定。注意要先让患者感到喉部上抬,上抬逐渐诱发出来后,再让患者有意识地保持上抬位置。此法可增加吞咽时喉提升的幅度并延长提升后保持不降的时间,因而也能增加环咽段开放的宽度和时间,起到治疗的作用。

(万桂芳)

第十二章
孤独症谱系障碍语言康复

学习要求

1. **掌握** 孤独症谱系障碍的概念;孤独症谱系障碍的临床表现;以教育训练和语言交流为主的治疗方式。
2. **熟悉** 孤独症谱系障碍的康复评定方法。
3. **了解** 孤独症谱系障碍的病因及发病机制;诊断标准。

内 容 精 要

第一节 概 述

一、孤独症谱系障碍概念

孤独症谱系障碍(Autism Spectrum Disorder,ASD)又称自闭症谱系障碍,是一类以社交交流和社交互动缺陷,及受限的、重复的行为模式、兴趣或活动为主要特征的神经发育障碍性疾病。包括孤独症、阿斯伯格综合征(Asperger syndrome)、儿童期瓦解性障碍(childhood disintegrative disorder)、非特定的广泛性发育障碍四种不同亚型。

二、病因及发病机制

孤独症谱系障碍的病因尚不明确,近年来认为,其发生是一个涉及多因素的复杂过程,可能是由于外部环境因素(如孕产期因素、营养因素)作用于具有 ASD 遗传易感性(遗传因素)的个体,导致神经系统发育障碍(神经生理或神经生化因素),从而出现一系列的 ASD 临床表现。ASD 患者的出现不能归于某一特定原因,既往认为是父母过分冷淡、理智化抚育方式、及家庭环境因素造成的说法是不正确的。

三、临床表现

孤独症谱系障碍患者在临床上有高度的异质性,有各种不同表现。但在临床上主要有两大核心特征:①社交交流和社交互动缺陷;②受限的、重复的行为模式、兴趣或活动。两大主要症状的严重程度在每个患者可能有明显的差异,不同亚型之间的划分是基于障碍程度的轻重而进行划分的。同时可能伴有智力、情绪等其他方面的异常。ASD 大多数起病于发育早期即婴幼儿时期,少数患者到青春期或成年时才发病。

（一）社交交流和社交互动缺陷

1. 社交情感互动缺陷，及理解、发展和维持人际关系的缺陷。

2. 社交互动中使用语言和非语言交流行为的缺陷。

（二）受限的、重复的行为模式、兴趣或活动

1. 刻板重复的躯体运动、物体使用、或言语。

2. 坚持相同性，缺乏弹性地坚持常规或仪式化的语言或非语言的行为模式。

3. 高度受限的固定的兴趣，其强度和专注度方面是异常的。

4. 对感觉输入的过度反应或反应不足，或在对环境的感受方面不寻常的兴趣。

（三）合并异常

孤独症谱系障碍的患者还会并发精神发育迟缓、注意力缺陷多动障碍、情绪障碍、行为问题等。孤独症谱系障碍儿童可能会存在"孤岛样"才能，如超强的计算能力、数字能力、记忆能力、绘画能力、音乐能力等，但往往因其整体能力低下，导致其特殊才能不能正常发挥。

四、诊断标准

世界各国在孤独症的诊断上常用的标准有：《国际疾病分类（第 10 版）》(ICD-10)、《精神疾病诊断与统计手册（第 5 版）》(DSM-V)、《中国精神障碍分类与诊断标准（第 3 版）》(CCMD-3)中有关孤独症的诊断标准。其中孤 DSM-V 为最新的诊断标准，增加了孤独症谱系障碍的诊断，将孤独症、阿斯伯格综合征等均统一为"孤独症谱系障碍"诊断。下面是 DSM-V 中孤独症谱系障碍的诊断标准的主要内容：

患者必须符合以下 A、B、C、D、E 五个标准，其中 A 和 B 阐述了孤独症谱系障碍的核心症状。DSM-V 增加了基于社交交流的损害和受限的重复的行为模式的严重程度分级，提出基于社会交流和受限的重复性行为严重程度的评判标准，分为三级，三级最严重，一级最轻。此分级对于指导临床治疗和判断预后有显著意义，也体现个体化治疗的思想。

第二节　康复评定

孤独症谱系障碍儿童的症状表现在多方面，而且不同的阶段表现也有不同，需要进行全面细致的评定，全面的康复评定是诊断和指导治疗的重要依据。孤独症谱系障碍的评定包括针对社会交往障碍的儿童行为观察评定；筛查、诊断评定量表；针对语言障碍的语言能力评定、构音评定；针对合并疾病的智力测验、运动能力评定等。通过对其临床核心症状进行评定，掌握每个患儿的特异性表现，才能较好的指导下一步康复治疗。

一、儿童行为观察评定

孤独症谱系障碍儿童行为检查采用观察法，有言语能力的患儿应结合交谈。

从以下几个方面进行观察：社会交往方面、语言交往方面、行为方式。

检查要点如下：有无目光对视；言语理解及表达是否落后；有无模仿言语、刻板重复言语、及自我刺激式言语、有无你我不分；能否进行话题交谈、及遵从指令；能否用手势、点头摇头、姿势及面部表情进行交流；假装父母离开时的反应，假装受伤痛苦时患儿的反应，对陌生环境、陌生人反应；拿出玩具，其对玩具及周围物品是否感兴趣，玩具使用方式及游戏能力；有无刻板动作、仪式性行为、自伤行为；智力水平与年龄相当否；有无相对较好或特殊的能力。

二、筛查、诊断量表

由于孤独症谱系障碍的病因尚不清楚,没有特异性的指标可以进行诊断。临床上判断 ASD 主要是通过行为学特征观察作出症状诊断。掌握该障碍的主要临床特征及筛查、诊断评定方法,对早期明确孤独症,及时实施行为干预有重要的意义。从这些量表中总结出患儿行为学特征也是评定的重要任务。

(一) 筛查量表

目前常用的 ASD 筛查量表有:婴幼儿孤独症筛查量表;婴幼儿孤独症筛查量表改良版;克氏孤独症行为量表;孤独症行为量表;CSBS 婴幼儿沟通及象征性行为发展量表等。筛查量表主要通过询问家长来完成,可以选出可疑孤独症患者。需要注意的是,在使用筛查量表时要注意其可能出现假阴性或假阳性的结果。

(二) 诊断量表

经过筛查的可疑孤独症患者,需要进一步进行诊断量表评估。常用的诊断量表有儿童孤独症评定量表(CARS)、孤独症行为量表(Autism Behavior Checklist,ABC)、孤独症诊断访谈量表修订版(ADI-R)、孤独症诊断观察量表(ADOS-G)等。其中,孤独症诊断观察量表(ADOS-G)和孤独症诊断访谈量表修订版(ADI-R)是目前国外广泛使用的诊断量表,由美国芝加哥大学精神病学劳德(Lord)教授等人制定,在欧美等国家已享有孤独症诊断"金标准"的美誉。我国还未被广泛使用,尚停留在在临床少量试用研究阶段。

诊断量表评定结果仅作为儿童孤独症诊断的参考依据,主要诊断还需临床医师综合病史、精神检查及诊断标准作出。

三、语言能力评定

孤独症谱系障碍患儿语言表现为发育延迟,是其来就诊的主要原因。

(一) 临床常见语言特征及分期

1. 语言表达障碍 患儿较少主动用语言表达自己的意愿,发音困难及理解障碍更影响了语言的表达与使用,即使有少量语言表达也是单一的动词或动词 + 名词。有的根本无法形成语言表达能力,即使有说话能力,也通常无法发展出实用性语言,功能性言语受限。具有学舌式说话,如模仿语言。缺乏非语言交流方式,有需要时常拉着别人的手到某一地方,不会用手势、点头、摇头、肢体动作表达想法,自身表情缺乏变化。

2. 语言理解障碍 对一步指令可理解,但不主动完成,对二步指令及抽象问题难于理解、缺少逻辑性。混淆称呼,不能分出你、我、他的关系。

根据孤独症谱系障碍儿童语言的不同临床表现,将其语言进行分期,包括无口语期、仿说期、不善交流期。临床工作者可根据分期进行对应的治疗。

(1)无口语期:此期孤独症儿童多在 1~3 岁年龄,表现为随着年龄的增大,患儿仍不开口说话,常被误诊为聋哑,语言发育迟缓等。

(2)仿说期:一般 2 岁半以上的孤独症患儿常会出现鹦鹉学舌样仿说,自创语言、自言自语,完全沉浸在自己的语言世界里。

(3)不善交流期:孤独症儿童即使会说话,也不愿主动说话,不善于语言沟通。

(二) 常用语言评定方法

目前国内针对孤独症谱系障碍儿童语言能力,常用的评定方法有汉语儿童语言发育迟缓评价法(S-S 法)、韦氏儿童智力量表(第 4 版)、格塞尔发展量表(婴幼儿生长发育智能评估表)、皮博迪图片词汇检测(PPVT)、语言行为量表、计算机辅助语言能力评定等。PPVT 测重检测被试儿童的语言理解能力;S-S 法中符号形式 - 指示内容的关系部分则侧重于儿童接受性语言能力和描述性、命名性表达能力;韦氏儿童智力量表(第 4 版)中的关于语言能力的分测验不仅可以考察儿童对事物功能、特征、属性的理解能力,而且考察儿童的语用能力、轮流讲话能力。目前仍没有一种量表可以全面评估一个儿童所有的语言能力,每种量表都有工作优势,多个量表相互结合,综合应用,可以尽可能准确、全面地评估儿童的语言能力。

(三)孤独症谱系障碍儿童的 S-S 法评定

在临床上主要应用于孤独症谱系障碍语言评定方法有 S-S 法,其从符号形式与内容关系、操作性课题、交流态度三方面进行评定,检测其语言发育水平,列出不同患儿其临床语言特征性表现,从而根据评定结果制订细致的有针对性的治疗方案。

经常可以发现,ASD 患儿多数处于 1 阶段,即事物、事态理解困难阶段,很难越过 3-1 阶段,在幼儿期或学龄前期、学龄期,仍用哭闹、跺脚、地上打滚、自残、自伤等不良行为和不良情绪表达,语言表达能力停留在前语言期。有些学龄前期、学龄期儿童用"拉着照料者的手,牵引照料者到想要的物品前"的方式表达,却不懂站在远处,用自己的食指指着去表达。他们很少会用非语言性的社交姿势去补充自己口头语言表达能力上的不足,而是停留在最原始的表达方式(哭)上。另外,ASD 患儿的理解能力和表达能力发育不协调,正常儿童在语言表达前往往已具备了一定的语言理解能力,即"理解先于表达",ASD 患儿往往表现为"表达先于理解",但其表达多为刻板重复、或是答非所问、或是喃喃自语式的"独白",并且经常分不清,"你的,我的,他的"。Asperger 综合征儿童语言能力虽然不落后,但其语言理解能力有限,不能理解双关语等复杂语言,不能在适当场合正确运用自己的语言,自说自话,不懂得轮换原则,不懂得转换话题。

(四)构音评定

语音能力的发育包括三个方面:语言辨别能力、发音能力、语音意识能力。孤独症谱系障碍患儿大多不存在发音器官的障碍,但却存在语音辨别能力及语音意识能力异常。存在目的性运用障碍,不会自主地运用发音器官模仿正常的发音。其构音异常常表现为:一般都有无意义的发音,也有些儿童发出异常的声音,如发尖锐的声音,也有部分出现音节间停顿延长、音节减少、音节重复、自加多余音节、延迟模仿、声音小等不同问题。有些说话时有怪异或其他自己的习惯用语。如音拉得长、音调高等。

四、智力测验及发育评估量表

常用的智力测验量表有韦氏儿童智力量表(WISC)、韦氏学前儿童智力量表(WPPSI)、斯坦福 - 比内智力量表、Peabody 图片词汇测验等。用于孤独症发育评估的量表有丹佛发育筛查测验(DDST)、贝利婴儿发育量表、盖泽尔发育诊断量表等。

第三节　康　复　治　疗

孤独症谱系障碍患者早期诊断、早期科学治疗非常关键,最好的干预时间在 3 岁以前。康复治疗采取个体化的综合的治疗措施,包括语言治疗、行为教育训练、药物治疗等。其中语言、交往能力训练是核心,行为教育训练是基础。治疗的最终目标是减轻核心症状,减少不适当行为,增强社会交往,促进语言、认知以及社会适应能力的发展。

一、语言治疗

孤独症谱系障碍的儿童其语言障碍主要表现为语言发育迟缓,语言交流能力降低,也是大多数孤独症儿童就诊的主要原因。无法用语言沟通成了阻碍他们融入社会的最大问题。语言发育的关键时期是 2 岁,所以需要尽早的进行语言训练治疗。

孤独症谱系障碍语言交流障碍一般经历无口语期、仿说期、不善交流期三个时期,不同时期,康复治疗的重点也有所不同。

1. 无口语期 此期孤独症儿童多在 1~3 岁年龄,表现为随着年龄的增大患儿仍不开口说话,常被误诊为聋哑、语言发育迟缓等。主要训练内容如下。①语言相关能力训练的内容;②发音训练;③享受发音的乐趣,通过视觉或听觉让患儿知道发音可得到反馈,知道交流的过程。

2. 仿说期 一般 2 岁半以上的孤独症患儿常会出现鹦鹉学舌样仿说,自创语言,自言自语,完全沉浸在自己的语言世界里。此期训练内容如下:①听声音:要尝试不同的声音,观察患儿的反应,让患儿学会聆听;②听理解:给患儿丰富的语言刺激,并辅助以手势、夸张的口形、面部表情等,与儿童做听指五官等互动的游戏;③恰当地指示:对仿说的患儿不要过多地指责,多给孩子恰当的语言提示;④让患儿逐渐掌握最基本的简单语句,在固定句式的前提下进行名词替换练习。

3. 不善交流期 ①"逼"患儿说话:让患儿知道说话才有可能得到相应的需要,强化有需求→说话表达→满足需求的行为模式;②设置要说话的情景:孤独症患儿需求范围窄,治疗师要巧妙地设置一些情景激发患儿的需求;③设计适合其能力的交流:治疗师与患儿语言交流时,要把握该患儿语言水平,用适合其水平的交流方式交流,不要超出患儿能力。

二、行为教育训练

行为教育训练主要适用于异常行为(如刻板重复动作、语言)的矫治和恰当行为的塑造,是目前治疗孤独症谱系障碍比较有效的方法。在行为教育训练过程中有三个原则:①对孩子行为宽容和理解;②对异常行为的矫正;③对特别能力的发现、培养和转化。目的是教会患者掌握最基本的生活技能、自理生活能力和与人交往能力,行为教育训练进行得越早越好。

目前临床上常用的行为教育训练有:应用行为分析疗法(ABA 法)、结构化教学法(TEACCH)、人际关系发展干预、地板时光疗法、游戏角色扮演、感觉统合训练、多感官统合训练、感知觉训练、辅助沟通系统训练、饮食疗法。行为矫正训练应用最多的是应用行为分析法和结构化教学法。

1. 应用行为分析疗法(Applied Behavior Analysis,ABA) 又称离散单元教法,或强化疗法。是由美国著名孤独症训练专家洛瓦斯教授等人研究提出的,对孤独症儿童有效的方法,目前在临床中使用比较广泛。本方法是指将目标任务(知识、技能、行为、习惯等)按照一定的方式和顺序分解成一系列较小的或相对独立的步骤,然后采用适当的强化,以正性强化、负性强化、区分强化、消退、泛化训练、惩罚等技术为主,矫正孤独症患儿各类异常行为,促进正常能力的出现和发展,努力使孩子在注意力、语言、社会交往、自理等各方面的技能得到发展。

应用行为分析疗法的核心部分是回合式教学(Discrete Trial Teaching,简称 DTT),也叫做离散单元教学法,主要步骤包括训练者发出指令、儿童反应、训练者对反应作出应答和停顿。

它主要具有以下特点：①任务分解；②分解任务强化训练，在一定的时间内只进行某分解任务的训练；③提示和提示渐隐，根据儿童的发展情况给予不同程度的提示，帮助患儿作出正确反应，随着所学内容的熟练又逐渐减少提示和帮助；④使用强化物及强化手段：即每完成一个分解任务都必须给予正性强化，正强化物主要是食物、玩具、口头或身体姿势鼓励（常用正强化物的类型见表12-4），负强化是对错误的答案给予忽略、纠正或重做，强化随着进步逐渐隐退；⑤间歇，在两个分解任务训练间需要短暂的休息。具体训练要求严格，要求内容一致，注意个体化、系统化，要保证治疗具有一定的强度，一般要求每周训练30~40个小时，每天训练1~3次，每次3小时，2周内完成规定的任务。

2. 结构化教学法（Treatment and Education of Autistic and Communication handicapped children，TEACCH） 是由美国研究提出的。在欧美国家中获得最高评价。教学强调技能训练与环境的配合，重视家庭的参与及家庭和专业的合作。通过结构化教学，让儿童认识及明白环境的要求和改变，明白因果的关系，增强儿童沟通的欲望和改善儿童沟通的技巧，以达到融入社会、独立生活的目的。以认知、行为理论为基础，根据孤独症儿童视觉辨别及记忆优于听觉辨别及记忆的特点，利用实物、图片、相片、数字、文字、符号这些可视性媒介来标明学习的内容及步骤，针对孤独症儿童在语言、交流及感知觉运动等方面的缺陷进行训练，帮助儿童在高度结构化的环境中学习，增进孤独症儿童对环境、教育和训练内容的理解和服从。TEACCH主要包括五项内容：①视觉结构：视觉结构就是按合理的空间位置安排学习材料，并用文字、图片、实物标明学习的内容及步骤，突出材料的特征（比如颜色、形状），使儿童一看便明白做什么、做多少、怎么做；②环境结构：环境结构就是用清晰的界限为儿童划定不同的活动和学习空间，使儿童慢慢了解哪些地方可以玩、可以去，哪些地方不可以玩、不可以去；他的学习用品、玩具、衣物应从什么地方拿取，用完后再放到哪里；③常规：常规就是帮助儿童建立起日常生活和学习的习惯及掌握做事的规律；如：建立"做事要有先后顺序"的概念，先学习再玩耍；建立"完成工作"的概念；建立"由左到右""由上到下"的工作步骤，写字、清扫、取东西等；④程序时间表：程序时间表即一日活动先后顺序的安排（课表或活动表），如：按程序表上的物品指示，到有相同物品的地方活动；按工作程序表上的图卡指示，找出贴有相同图卡的项目；⑤个人工作系统：个人工作系统就是根据儿童的需要建立一个独立的包括结构化教学法各个要素的切实可行的个人工作计划。

该课程适合在医院、康复训练机构开展，也适合在家庭中进行。

三、药物治疗

目前无特效药可以治愈孤独症谱系障。药物治疗仅可辅助改善部分核心症状。0~6岁患儿以康复训练为主，不推荐使用药物，当行为问题突出而其他治疗无效时，可谨慎选择使用药物，但应严格把握适应证。6岁以上可根据症状及其影响程度选择药物。以单一用药为主，逐渐增加剂量，之前应与家长沟通并签知情同意书。

目前常用氟哌啶醇、硫利哒嗪减轻多动、冲动、自语、自伤和刻板行为，稳定患儿情绪；舒必利可改善孤僻、退缩，使患儿活跃、言语量增多；氯丙帕明、舍曲林、氟伏沙明可改善该症的刻板重复行为，改善情绪，并缓解强迫症状；丙戊酸钠、妥泰可改善儿童的易激惹；中枢兴奋药或可乐定，适用于伴有注意缺陷障碍及多动症状的患儿；可予改善和促进脑细胞功能药物，疗效不确定；有研究报道大剂量维生素B6和镁剂可能改善该症的部分症状，但此方面有待于进一步研究和确定。

典 型 案 例

一、病例简介

患儿,贾某,男,3 岁 2 个月。因"不学说话,行为异常"到我院康复科门诊就诊。

语言病史:家属诉患儿平日说话很少,喜欢用手指指示或拉扯大人来满足需求,需求得不到满足就哭闹,有时甚至打人。平常在家,大人叫唤他名字他经常没反应,很少听大人指令。喜欢拉扯其他年龄相近儿童的衣服,特别喜欢汽车玩具和球,还喜欢不断开关按钮,玩耍时,偶尔会发出他人不明意义的声音(单词水平)。

二、训练前评定

1. 行为观察

(1) 社会交往方面:①治疗师指示患儿下进行目光对视小于 1 秒,治疗师以患儿兴趣物引诱其目光对视小于 1 秒,治疗师呼名 10 次也无回应。②在与治疗师的游戏中患儿表达语言表达量少,可辨别 4 个单音节词,患儿在游戏时较不配合,很少听从治疗师和家长给予的指令,患儿需求不能得到满足就以尖叫来表达不满。偶有攻击性行为,会向治疗师扔球、积木等。③会用手指向母亲指向感兴趣的物品,但不能向治疗师显示或指向感兴趣的物品。④患儿有交往性微笑,能勉强接受治疗师拥抱。

(2) 语言交往方面:患儿语言表达障碍,没有有目的的主动言语,不会用语言表达自己的要求,倾向于用姿势、手势表达大部分要求。患儿语言理解能力较差,能执行简单的指令,但对双指令及抽象问题不能理解,无法执行复杂指令。患儿感知能力与正常同龄儿童不相符,匹配能力稍好,选择、大小辨别能力差。在 20 分钟检测中,患儿只以手势向治疗师发起 2 次主动交流,交流最大数为 3 回合。患儿偶尔会发出他人不明意义的声音。

(3) 行为方式:在治疗师指示下让患儿安坐在椅子上时间小于 1 秒,治疗师以正性刺激物指导患儿安坐在椅子上时间为 4 秒,经常自娱自乐,尤其对工程车非常感兴趣,有刻板行为。患儿能专注于感兴趣的玩具。

2. 孤独症儿童 ABC 量表检测结果
感觉能力 4/15;交往能力 13/42;运动能力 9/40;语言能力 25/31;自我照顾能力 19/24:总分 70/152。考虑诊断为孤独症。

3. 语言发育迟缓检查(S-S)结果
语言发育落后于实际年龄(表 12-1)。

表 12-1 孤独症患儿语言发育迟缓检查结果表

实际年龄	符号形式 - 指示内容关系	表达	操作性课题
3∶2Y	1∶6-1∶8Y	1∶0-1∶4Y	1∶6-1∶8Y

临床诊断:孤独症。

三、治疗经过

第一阶段治疗经过如下:

治疗目标:改善无口语期表现,引导患儿发单音,改善异常行为,理解交流的意义。

训练方法：①应用行为分析法（ABA）；②拥抱疗法；③游戏疗法。

下面以评定后第一周的训练项目为范例：

1. 让患儿坐于椅子上，治疗师给予冰刺激（冰棒外涂有蜜糖），做口部运动和伸舌、舌定点训练。训练 15~20 分钟。

2. 让患儿坐于椅子上，治疗师在确认患儿注意后，把大小不同的玩具（根据患儿的兴趣点，选择了 3 辆玩具车、3 架玩具飞机、3 把玩具枪）分别两两呈现出来，然后以语音提示的方式，让患儿拿取大或小的车子，正确则给予表扬（正性强化），错则辅助患儿进行重新选择，继续训练。训练 15 分钟左右。

3. 以应用行为分析法（ABA）教导患儿用勺子独自进食训练，强化训练动作的分解，按固定训练形式训练 15~20 分钟。

（1）材料的选择：①训练用的勺子大小要适中，易于孩子操作；②训练用的食物从孩子喜欢的软食物开始，如苹果酱、粥等。因为软的食物更容易被装进勺子中，喜欢的食物可以增强孩子进食的欲望，以便提高孩子用勺子的积极性。

（2）具体训练过程：把勺子放在碗的旁边，对他说"吃吧！"如果孩子不能作出正确反应，可先用语言描述的方式提示孩子，再重新发出指令，对孩子说："吃吧，把勺子放进碗里。"用词用句要简单，尽快能用儿童语言方式讲。若孩子仍不能作出正确反应，可用示范的方式，演示给孩子看，再重新发出指令。若孩子还不能作出正确反应，治疗师马上用手辅助他将勺子拿起，并用语言表扬他，同时从碗中拿出一小块食物给他作为奖励，直到他能独立拿起勺子为止。

一旦孩子可以独立地用勺子吃一些软的食物以后，可以教他吃体积小一些的固体的食物。辅助的关键是保持平衡，将装入食物的勺子送入口中。

4. 让患儿模仿治疗师的动作，与治疗师进行互动传球游戏。治疗师一边用语言指示，一边示范给患儿如何推球，再把球推给患儿。语言提示或辅助患儿进行推球动作，让患儿推给治疗师。若患儿正确则给予表扬（正性强化），错则重新给予相同指令，辅助患儿重新进行正确的动作。训练 15~20 分钟。

四、治疗效果

第一阶段治疗效果（经过 3 个月的治疗）如下：

进行第二次评定后，以其与第一次评定相比，以下是有所改变的方面：

1. 行为观察

（1）社会交往方面：①治疗师指示患儿下进行目光对视约 1 秒，治疗师以患儿兴趣物引诱其目光对视约 1 秒，治疗师呼名 8 次有回应；②在与治疗师的游戏中患儿表达语音能携带简单意愿，偶可模仿家属或治疗师的语言，其中可辨别的有多个单音节词和双音节词；可在治疗师指导下较配合进行游戏，虽仍很少听从治疗师给予的指令，但听从家长给予的指令增多，患儿需求不能立刻得到满足时，偶然可以用复数"要"或"给"来应付式的表达需求。攻击性行为消失。

（2）语言交往方面：患儿语言表达障碍减轻，主动言语不多，仍不能用语言表达自己的要求，但仍倾向于用姿势、手势表达大部分要求。患儿感知能力与正常同龄儿童不相符，但选择、大小辨别能力较前改善。患儿可用语言向治疗师发起主动交流，交流最大数为 5 回合，发出不明意义的声音减少。

（3）行为方式：在治疗师指示下让患儿安坐在椅子上时间为约 5 秒，治疗师以正性刺激物指导患儿安坐在椅子上时间为 9 秒,偶有自娱自乐,刻板行为频率较前减少。

2. 孤独症儿童 ABC 量表检测结果 感觉能力 1/15;交往能力 11/42;运动能力 5/40;语言能力 20/31;自我照顾能力 15/24;总分 55/152。考虑倾向孤独症。

3. 语言发育迟缓检查(S-S)结果 语言发育落后于实际年龄(表 12-2)。

表 12-2 第一阶段治疗语言发育迟缓检查结果表

实际年龄	符号形式 - 指示内容关系	表达	操作性课题
3:5Y	2:0-2:6Y	2:0-2:5Y	2:0-2:5Y

五、治疗经过(第二阶段)

第二阶段治疗经过(患儿进入由仿说期向不善交流期过渡)如下:

训练方法:①结构化教育法;②应用行为分析法(ABA);③拥抱疗法;④游戏疗法。

下面以评定后第一周的训练项目为范例:

1. 作息时间结构化 患儿作息时间表包括:患儿到达时间、上课时间、工作时间、玩耍时间、休息时间等。

2. 音乐课活动安排 听数数歌,同时治疗师要一边引导患儿跟唱,一边逐个呈现对应的数字。

听儿歌拔萝卜,同时分别进行以下几个活动,训练 20 分钟左右。

(1)患儿手拿萝卜跟着治疗师一起做拔萝卜的动作。

(2)治疗师给患儿呈现萝卜、小花猫、小黄狗等歌曲中提到的食物、动物、人物的图片进行重复、强调,并要求患儿复述以上的词。

(3)治疗师给患儿呈现萝卜、小花猫、小黄狗等歌曲中提到的食物、动物、人物的图片进行重复、强调,并要求患儿理解以上的词。

3. 日常生活活动训练 以彩色连环画展示的形式给患儿说明和示范,教患儿自己洗手。洗手步骤:①卷袖子;②开水龙头;③搓手心;④搓手背;⑤关水龙头。训练 10~15 分钟。

4. 工作区作业任务安排 20 分钟。

(1)让患儿把混在一起不同颜色的小玻璃珠分别放置到与小玻璃珠颜色一样的瓶子里面去。

(2)教患儿折简单的手工艺术品(如:纸鹤、纸船等)并配合彩色图示与治疗师的说明。

(3)治疗师用彩色图示分步教导患儿洗头发的步骤与配合给予对应颜色的彩色洗头发用具让患儿进行分步实践。该训练一般在患儿已经明白穿脱衣服的情况下执行。训练 25~30 分钟。

具体操作:

第一步是淋浴。用红色为主色的淋浴的卡通图画给患儿做淋浴的说明和示范,并且给患儿用红色的花洒模拟淋浴的动作。

第二步是取用洗发液。用橙色为主色的取用洗发液的卡通图画给患儿做取用洗发液的说明和示范,并且给患儿用橙色的洗发液瓶模拟取用洗发液的动作。

第三步是把洗发液扫到头发上。用黄色为主色的把洗发液扫到头发上的卡通图画给患儿做把洗发液扫到头发上的说明和示范,并且给患儿用黄色的碎纸片代替洗发液来模拟把洗发液扫到头发上的动作。

第四步是把洗发液冲走。用绿色为主色的把洗发液冲走的卡通图画给患儿做把洗发液冲走的说明和示范,并且给患儿用绿色的碎纸片代替水来模拟把洗发液冲走的动作。

5. 游戏区游戏活动安排 训练 15~25 分钟。

(1)治疗师给患儿玩彩色数字拼板。

(2)治疗师给患儿玩可拼成汽车形状的彩色积木。

(3)治疗师给患儿玩彩色的钓鱼玩具。

(4)治疗师给患儿玩可发声的汽车玩具并引导患儿跟随发声。

原则:游戏内容以促进患儿认知能力、手部精细功能、语言功能为主。并在玩玩具的同时让孩子按照治疗师规定的颜色顺序来进行游戏。

六、治疗效果(第二阶段)

第二阶段治疗效果(经过 11 个月的治疗)如下。

进行第三次评定后,以其与第二次评定相比,以下是有所改变的方面:

1. 行为观察

(1)社会交往方面:①治疗师指示患儿下进行目光对视约 3 秒,治疗师以患儿兴趣物引诱其目光对视约 3 秒,治疗师呼名 3 次有回应,家属呼名 1 次有回应;②在与治疗师的游戏中可理解的语言表达量较前增多,可与家属或治疗师进行简单的日常对话(简单句水平);患儿在治疗师指导下配合进行游戏,可听从治疗师给予的指令,患儿偶可以用三个字词表达需求。

(2)语言交往方面:患儿语言表达轻度障碍,能用语言表达自己部分要求。患儿语言理解能力尚可,能执行双指令,但大部分抽象问题仍不能理解。患儿感知能力与正常同龄儿童不相符,有正确语序,但语法差。患儿可用简单语言向治疗师发起多次主动交流,交流最大数为 11 回合。

(3)行为方式:在治疗师指示下让患儿安坐在椅子上时间为 10 秒以上,无自娱自乐,刻板行为基本消失。

2. 孤独症儿童 ABC 量表检测 考虑可疑孤独症。结果:感觉能力 1/15;交往能力 10/42;运动能力 1/40;语言能力 12/31;自我照顾能力 12/24;总分 36/152。

3. 语言发育迟缓检查(S-S)结果 语言发育落后于实际年龄(表 12-3,表 12-4,表 12-5)。

表 12-3 第二阶段治疗语言发育迟缓检查结果表

实际年龄	符号形式 - 指示内容关系	表达	操作性课题
5:2Y	3:6-5:0Y	2:6-2:11Y	3:6-4:11Y

表 12-4 患儿三次 S-S 评价结果对照

评定序数	实际年龄	符号形式 - 指示内容关系	表达	操作性课题
第一次	3:2Y	1:6-1:8Y	1:0-1:4Y	1:6-1:8Y
第二次	3:5Y	2:0-2:6Y	2:0-2:5Y	2:0-2:5Y
第三次	5:2Y	3:6-5:0Y	2:6-2:11Y	3:6-4:11Y

表 12-5 第一阶段与第二阶段患儿训练大纲综合表格

治疗领域	第一阶段	第二阶段
交流态度	1. 拥抱	1. 与同龄小朋友玩耍
	2. 打招呼	2. 参加共同作业
	3. 引起共同注意	
认知	1. 大小辨认	1. 颜色辨认
	2. 日常用具使用教导	2. 数数
语言	一、语言相关能力	一、基础训练
	1. 注视人与物	1. 听声音
	2. 听从简单指令	2. 听理解（词与实物或图片匹配）
	3. 动作模仿	3. 恰当的指示（给提示予仿说语句以引导患儿自发表达）
	4. 手势符号教导	4. 学会简单语句（三词句和固定的特殊问句）
	5. 理解物品名称	
	二、发音练习	二、应用训练
	1. 吹蜡烛、风车、气球、口琴等	1. "逼"患儿说话
	2. 漱口	2. 设置说话情景
	3. 棒棒糖引导伸舌	3. 设计适合其能力的交流
生活自理	1. 独自进食	1. 制作时间表
	2. 刷牙洗脸	2. 洗澡
	3. 穿脱鞋子	
其他	感觉统合、听觉统合、饮食疗法	

习 题

一、名词解释

1. 孤独症谱系障碍
2. 应用行为分析法

二、选择题

【A1 型题】

1. 孤独症谱系障碍起病于
   A. 老年时期　　B. 幼年时期　　C. 中年时期　　D. 青年时期　　E. 少年时期

2. 下列**不属于**孤独症谱系障碍主要临床表现的是
   A. 社交障碍　　B. 语言障碍　　C. 刻板行为　　D. 兴趣狭隘　　E. 肢体瘫痪

3. 下列**不是**孤独症谱系障碍病因的是

    A. 遗传因素   B. 孕产期因素   C. 免疫因素

    D. 营养因素   E. 父母教养

4. 孤独症谱系障碍儿童智力落后率约为

    A. 50%   B. 70%   C. 90%   D. 100%   E. 30%

5. 孤独症谱系障碍诊断评分量表用于家长的为

    A. 韦氏智力量表   B. 简易精神智能量表   C. ABC 量表

    D. CARS 量表   E. 婴幼儿孤独症量表

6. 孤独症谱系障碍诊断评分量表用于医生的为

    A. ADL 评定   B. 简易精神智能量表   C. ABC 量表

    D. CARS 量表   E. 婴幼儿孤独症量表

7. 孤独症谱系障碍儿童就诊的最主要原因是

    A. 语言障碍   B. 社会交往障碍   C. 注意缺陷

    D. 多动   E. 感觉异常

【A2 型题】

8. 患儿,男,2 岁 7 个月。在过家家游戏中不会用玩具茶杯"喝"茶。该表现是患儿的哪方面异常

    A. 社会交往   B. 社交语言的运用

    C. 象征性或想象性游戏   D. 语言交往

    E. 兴趣和活动内容

9. 患儿,男,2 岁 2 个月。经常把东西直立起来,若多次尝试后物品直立不可则发脾气,每次玩的时间很长,不需要家人在场。该表现为患儿哪方面的异常

    A. 社会交往   B. 社交语言的运用

    C. 象征性或想象性游戏   D. 语言交往

    E. 兴趣和活动内容

10. 患儿,男,6 岁 7 个月。喜欢提问题,但问题过于单调,问题较幼稚,不会与同学聊天,玩耍。该患儿最可能的诊断为

    A. 儿童瓦解性精神病   B. 智力低下   C. Rett 障碍

    D. 阿斯伯格综合征   E. 脑瘫

11. 患儿,男,4 岁。半年前起出现语言减少并常重复他人的问话,不愿和同龄小朋友玩耍。要筛查其是否患有孤独症谱系障碍,宜选用

    A. 克氏行为量表   B. 简易精神智能量表   C. ABC 量表

    D. CARS 量表   E. 婴幼儿孤独症量表

12. 患儿,女,1 岁半。母亲发现她不愿与人目光交流,抱起时身体僵硬,平时喜欢盯着转动的风扇。要筛查其是否患有孤独症谱系障碍,宜选用

    A. 简易精神智能量表   B. ABC 量表   C. CARS 量表

    D. 婴幼儿孤独症量表   E. 克氏行为量表

13. 患儿,男,2 岁 5 个月。已确诊为孤独症谱系障碍,目前其行为目的性不强,异常多动,不发音。以下哪种教育训练最适合该患儿家长在家里进行

    A. 应用行为分析法   B. 感觉统合训练

C. 辅助沟通系统训练   D. 结构式教育法

E. 替代行为

14. 患儿,女,2岁9个月。走路不稳,经常走路前冲,以下哪项训练最适宜该患儿

    A. 应用行为分析法   B. 辅助沟通系统训练   C. 饮食治疗

    D. 感觉统合治疗   E. 结构式教育法

【A3 型题】

15~16 题共用题干

    患儿,男,4岁9个月。已确诊为孤独症谱系障碍,现喜欢模仿他人说话,有自创语言(两词句水平)。

15. 现患儿处于哪个语言期

    A. 无口语期   B. 仿说期   C. 不善交流期

    D. 自创语期   E. 孤独初期

16. 以下哪种训练内容最符合该期患儿

    A. 注意人与物   B. 模仿动作   C. 设计交流情景

    D. 听理解训练   E. 吹蜡烛

17~18 题共用题干

    患儿,女,3岁9个月。父母发现她近半年喜欢经常撕纸巾的行为渐加重,话语多且不能自我控制,喜欢独自玩耍,有惊厥、失眠、步态不稳。

17. 现疑似孤独症谱系障碍,但需排除以下哪种疾病

    A. 语言发育迟缓   B. 智力低下   C. Rett 障碍

    D. 脑瘫   E. 失语症

18. 为了鉴别排除相类似疾病,最适宜做以下哪种检查

    A. MRI   B. B超   C. CT   D. 基因检查   E. 生化全套

19~21 题共用题干

    患儿,男,3岁。只会说"勒勒"两字,肢体发育、活动均正常,喜欢独自玩耍,每次外出都要走同一条路,看到别人写字,就一定要把笔拿过来放回人家口袋,否则就会哭闹不停。

19. 该患者最可能的临床诊断是

    A. 口吃   B. 构音障碍   C. 孤独症谱系障碍

    D. 脑瘫   E. 语言发育迟缓

20. 医生要对该患者诊断评定,宜首选

    A. 构音障碍检测法   B. 汉语失语检测法

    C. 韦氏儿童智力测试   D. CARS 量表

    E. 简易精神智能检测

21. 针对该患儿的病情目前最有效和最主要的治疗方法应为

    A. 教育训练   B. 心理治疗   C. 药物治疗

    D. 饮食治疗   E. 听觉统合训练

【X 型题】

22. 以下属于孤独症谱系障碍检测评分量表的是

A. ABC 量表   B. CARS 量表

C. S-S 发育量表   D. 克氏行为量表

E. 婴幼儿孤独症筛查量表

23. 孤独症谱系障碍的筛查量表有

A. ABC 量表   B. CARS 量表

C. 婴幼儿孤独症筛查量表   D. 克氏行为量表

E. ADL

24. 患儿,男,2 岁 7 个月。因"患儿不会开口说话"就诊,确诊为孤独症谱系障碍。以下哪些发音训练内容适用于该患儿

A. 听理解   B. 模仿动作

C. 用棒棒糖引导伸舌   D. 注意人与物

E. 设计交流情景

三、简答题

1. 简述孤独症谱系障碍的临床表现。

2. 简述孤独症谱系障碍的治疗方法。

参 考 答 案

一、名词解释

1. **孤独症谱系障碍**:又称自闭症谱系障碍,是一类以社交交流和社交互动缺陷,及受限的、重复的行为模式、兴趣或活动为主要特征的神经发育障碍性疾病。包括孤独症、阿斯伯格综合征、儿童期瓦解性障碍、非特定的广泛性发育障碍四种不同亚型。

2. **应用行为分析法**:本方法是指将任务(知识、技能、行为、习惯等)按照一定的方法和顺序分解成一系列较小的和相对独立的步骤,然后采用适当的训练技术,以正性强化、负性强化、区分强化、消退、泛化训练、惩罚等技术为主,矫正孤独症患儿异常行为,促进正常能力的出现和发展,努力使孩子在注意力、语言、社会交往、自理等各方面的技能得到发展。应用行为分析疗法的核心部分是回合式教学。

二、选择题

1. B 2. E 3. E 4. B 5. C 6. D 7. A 8. C 9. E 10. D 11. A 12. D 13. A
14. D 15. B 16. D 17. C 18. D 19. C 20. D 21. A 22. ABCE 23. CD 24. BCD

三、简答题

1. **孤独症谱系障碍临床表现**:在临床上主要有两大核心特征:①社交交流和社交互动缺陷;②受限的、重复的行为模式、兴趣或活动。两大主要症状的严重程度在每个患者可能有明显的差异,不同亚型之间的划分是基于障碍程度的轻重而进行划分的。同时可能伴有智力、情绪等其他方面的异常。ASD 大多数起病于发育早期即婴幼儿时期,少数患者到青春期或成年时才发病。

2. 孤独症的治疗方法采取个体化的综合的治疗措施,包括语言治疗、行为教育训练、药物治疗等。其中语言、交往能力训练是核心,行为教育训练是基础。治疗的最终目标是减轻核心症状,减少不适当行为,增强社会交往,促进语言、认知以及社会适应能力的发展。

（王丽梅　陈卓铭）

第十三章
脑退化性疾病的言语障碍

第一节　阿尔茨海默症

学 习 目 标

1. **掌握**　阿尔茨海默症的定义;阿尔茨海默症语言障碍的特点、评定及治疗。
2. **熟悉**　阿尔茨海默症的诊断和临床表现。

内 容 精 要

一、脑退化性疾病

脑退化性疾病是一种中枢神经系统的退行性病变,是大脑的细胞神经元丧失的疾病状态。起病缓、进程慢、病程约五到十年,以进行性认知功能减退、丧失记忆力及人格改变为主要特征。

二、语言改变时皮质功能障碍的敏感指标

语言改变是皮质功能障碍的敏感指标,因老年性痴呆为皮质变性痴呆,因而语言障碍的特殊模式有助于诊断本病。失语是老年性痴呆的常见特征性症状,在其他原因的痴呆中不常见,应作为诊断依据之一。国外学者认为随着痴呆的发展,老年性痴呆患者的语言障碍表现历经 4 个阶段:命名性失语、经皮质感觉性失语、Wernicke 失语及完全性失语,在早期阶段更多具备流利性失语的特征。在 AD 的早期,患者有轻度的命名、复述、听理解和书写障碍,书写障碍比较其他语言功能障碍出现早而且明显;在 AD 的中期,语言障碍的特征类似于经皮质感觉性失语;在 AD 的晚期,患者的语言障碍从经皮质感觉性失语向 Wernicke 失语过渡,语言的流畅性仍然相对保持,而听、说、读、写等语言功能全面严重受损,特别是书写功能完全丧失。

三、老年性痴呆

老年性痴呆是阿尔茨海默病中的一种类型,由 Alosis Alzheimer(1907)首先描述,后以其姓氏来命名,所以又被称为阿尔茨海默病性痴呆,它属于皮质变性痴呆,临床上起病潜隐,缓慢渐进的加重,是一种不可逆性痴呆。老年性痴呆的临床过程分为早期、中期和晚期三个

阶段。

早期大约在发病后 1~3 年内,多为隐匿起病,很容易被患者和家人忽略。首发的表现是记忆力障碍,近记忆力受损明显,患者表现为遗忘,刚刚说过的话和做过的事情不记得,忘记熟悉的人,忘记重要的物品存放何处,忘记住址等。视空间功能早期受损,不能精确临摹立体图形;早期语言基本正常,但可出现命名障碍;空间和时间定向障碍亦常早期出现;患者判断以及推理能力下降,情感淡漠、注意力涣散、主动性减少和多疑也常为早期症状。中期大约为发病后 2~10 年,患者的近记忆力和远记忆力均明显受损,出现流利性失语。患者表现出失用、失认、失算,判断和概括能力下降。患者不会使用常用的物品如铅笔、筷子等,不认识亲人的面貌;自我认识也受损,常对镜子中自己的影像说话。视空间障碍表现为不能临摹简单的几何图形,穿衣不能,在熟悉的环境中迷路。计算力下降表现为经常算错账。推理能力下降,不能理解熟知的谚语,不能胜任熟悉的工作;此时,初期的情感淡漠变为躁动不安,并频繁走动,部分患者出现妄想、幻觉和攻击倾向。晚期大约在发病后 8~12 年,患者智能全面严重衰退,生活完全不能自理。运动障碍的表现至晚期也明显起来,出现强直痉挛、肌阵挛、癫痫,成为屈曲性四肢瘫,最后出现大小便失禁。

习　题

一、名词解释

1. 脑退化性疾病
2. 阿尔茨海默病

二、选择题

【A1 型题】

1. 阿尔茨海默病又被称为
   A. 血管性痴呆
   B. Pick 病
   C. 老年性痴呆
   D. 假性痴呆
   E. 谵妄

2. 阿尔茨海默病的临床过程分为早期、中期和晚期三个阶段,首发的表现是
   A. 记忆力障碍
   B. 语言障碍
   C. 认知障碍
   D. 视空间功能障碍
   E. 计算力障碍

3. 阿尔茨海默病临床诊断的重要线索是
   A. 记忆力下降
   B. 人格丧失
   C. 精神症状
   D. 高级认知功能丧失
   E. 重复语言

4. 阿尔茨海默病患者的语言障碍表现历经 4 个阶段,下列哪一个**不属于** 4 个阶段之一
   A. 命名性失语
   B. 经皮质感觉性失语
   C. Wernicke 失语
   D. 完全性失语
   E. 传导性失语

5. 以下关于阿尔茨海默病患者口语表达障碍的描述,**错误**的是
   A. AD 的口语表达表现为流畅型语言的特点
   B. AD 的错语与 Wernicke 失语或经皮质感觉性失语的流畅性错语非常相似
   C. 早期表现为复述障碍

D. 早期表现的明显异常时找词困难和口语的冗赘空洞

E. 晚期往往表现为缄默无语

【X型题】

6. 语言障碍表现历经 4 个阶段为

A. 命名性失语　　　　　B. 经皮质感觉性失语　　　　C. Wernicke 失语

D. 完全性失语　　　　　E. 构音障碍

三、填空题

AD 患者言语障碍自发语表现为_____。

四、简答题

简述 AD 患者的语言障碍的临床表现。

参 考 答 案

一、名词解释

1. **脑退化性疾病:**是一种中枢神经系统的退行性病变,是大脑的细胞神经元丧失的疾病状态。起病缓、进程慢、病程约五到十年,以进行性认知功能减退、丧失记忆力及人格改变为主要特征。

2. **阿尔茨海默病:**是一种神经系统进行性变性疾病,是痴呆最常见的原因之一。其临床特点是隐袭起病、持续进展的智能衰退,以认知缺陷为特征,记忆障碍突出,可有视空间障碍、失语、失算、失用、失认、人格改变等,并导致患者社交、生活或职业功能缺损。

二、选择题

1. C　2. A　3. D　4. E　5. C　6. ABCD

三、填空题

流畅性

四、简答题

AD 患者语言障碍的特点:

(1) 口语表达障碍。

(2) 听理解和阅读理解障碍:口语理解进行性受损,阅读理解受损,但读出声音、朗读可相对保留,直到病程很晚期才受累。

(3) 复述障碍:复述功能相对保留直到晚期才受损,至病的中期和晚期,可有各种明显的重复说话障碍。

(4) 发音、语调、句法相对保留。

(5) 语义方面进行性受损。

(6) 书写障碍。

第二节　帕金森病

学习目标

1. **掌握**　帕金森病的定义;帕金森病的语言障碍的特点及治疗。
2. **熟悉**　帕金森病的诊断和发病机制;帕金森病的语言障碍评定方法。

内容精要

帕金森病的语言障碍主要由运动迟缓所致,患者常主诉说话中途停止,气息不连续等。其代表性症状包括发声不协调、发声疲劳、发声吃力、控制发声能力下降、音量减弱、声音嘶哑、语言表达的清晰程度下降等,部分伴有鼻音化构音和语速的变化,在有些患者这些症状甚至可以作为首发症状。患者言语障碍的特点为语调单一及发声的频率范围减小。

习　题

一、名词解释

帕金森病

二、选择题

【A1 型题】

1. 帕金森病的言语障碍,主要是下列哪项所致
   A. 运动失调　　　　　　　　B. 运动增多　　　　　　　　C. 运动迟缓
   D. 不自主运动　　　　　　　E. 舞蹈症

2. 以下哪项**不是**评价帕金森患者言语障碍的指标
   A. 声强基频及其变化率　　　B. 喉镜　　　　　　　　　　C. 发声的稳定性
   D. 计算力障碍　　　　　　　E. 嗓音指数

3. 帕金森病患者用声强来评价是
   A. 升高　　　　　　　　　　B. 降低　　　　　　　　　　C. 不变
   D. 以上都不对　　　　　　　E. 先升后降

4. 帕金森病患者的常规语言训练**不包括**以下哪方面
   A. 面部肌肉的运动　　　　　B. 呼吸训练　　　　　　　　C. 发音训练
   D. 理解力训练　　　　　　　E. 口唇舌运动训练

【X 型题】

5. PD 患者的言语障碍有的特点
   A. 参与发声机制的肌肉运动幅度降低
   B. 对自己发声的感觉障碍

C. 理解能力降低

D. 发声时无法调节适当的肌肉运动强度

E. 音量增大

三、填空题

GRBAS 听感知评估量表有_____、_____、_____、_____和_____五方面。

四、简答题

简述励 - 协夫曼言语治疗的要点。

参　考　答　案

一、名词解释

帕金森病:是老年人常见的中枢神经系统退行性疾病,其病理特征为黑质纹状体多巴胺缺乏,主要临床表现为静止性震颤、肌强直、运动迟缓和平衡障碍等。言语障碍是帕金森病患者最常见问题之一,严重影响了患者的生存质量和社会参与能力。

二、选择题

1. C　2. B　3. B　4. D　5. ABD

三、填空题

嘶哑度　粗糙声　气息声　无力嗓音　紧张嗓音

四、简答题

励 - 协夫曼言语治疗的要点:

(1)加发声运动的幅度。

(2)进对自己提高发声时的感觉能力。

(3)患者需要尽最大的能力来完成训练。

(4)强度训练(每周 4 次,连续 4 周共 16 次训练)。

(5)发声运动的量化。

（王德强　陈卓铭）

第十四章
其他原因引起的语言障碍

第一节　认知功能损害对语言交流的影响

学 习 目 标

1. **掌握**　认知的概念；轻度认知功能损害的临床表现；六种认知功能障碍所致语言障碍的特点。
2. **熟悉**　认知障碍测验量表的分类和特点；认知障碍的常用行为观察量表。
3. **了解**　流体智力和晶体智力的特点；认知障碍诊治仪初级认知康复的训练内容。

内 容 精 要

一、认知

1. **概念**　认知是人类的一种心理活动，是指个体认识和理解事物的心理过程。它在觉醒状态下时刻存在，包括对自己与环境的确定、感知、理解、注意、学习和记忆、想象、思维和语言等。

2. **轻度认知功能损害主要表现**　①记忆障碍；②定向障碍；③语言障碍；④视空间能力受损；⑤计算能力下降；⑥判断和解决问题的能力下降等。

二、认知障碍主要通过量表评估

1. 行为观察常用临床痴呆评定量表（CDR 量表）、日常生活活动能力量表（ADL 量表）。

2. 测验形式的量表又可分筛查量表和成套量表两大类　①筛查量表有：简易精神状态检查量表（MMSE）、长谷川智力量表（HDS）、认知偏差问卷、老年人认知障碍简易测定方法、老年认知功能量表等。共同特点是简便易行，多以总分评定患者的认知功能，但这些检测无法反映各认知区域的变化特点，仅能进行认知障碍的初步筛选。②成套量表检测，如韦氏成人智力量表（WAIS）、Halstead-Reitan 神经心理成套测验量表、韦氏成人记忆量表等。其共同特点是全面、系统，基本上包括了记忆、语言、视空间、计算、思维概括能力等多项认知功能。但费时耗力，每次检测常需 4~6 小时，患者不易耐受，而且量表结构复杂，测验技术要求高，对中、重度认知障碍患者临床应用受限。

三、认知障碍与语言障碍

1. 定向力障碍患者因时间、地点、人物的表述障碍而影响交流信息的准确性。

2. 记忆障碍患者对近事、个人经历、生活中重大事件的语言交流内容缺乏;中、重度记忆障碍患者大多因找词困难而表现为不主动交流,被动地回答"是"或"否",某些重度记忆障碍患者会纠缠着某一主题而喃喃自语,表现如 Wernicke 失语。

3. 视空间障碍患者无法意识到的视空间变化,在口语表达中对物体形状的描述错误而影响语言交流。

4. 计算力障碍患者可表现出不愿意讨论与计算有关的话题,甚至交流中不想涉及该方面的表达。

5. 思维概括能力障碍患者出现复杂理解障碍,复杂思维问题难以表达,口语表达明显延迟。

6. 执行功能障碍患者常表现有在口语表达中出现语序颠倒,内容杂乱,主题不清,思维矛盾,语言不流畅,尽管极想表达一件事情,但表达不合逻辑,往往越说越乱。

四、认知障碍诊治仪初级认知康复的训练

认知障碍诊治仪初级认知康复的训练包括定向力训练、结构能力训练、专注能力训练、记忆能力训练、计算能力训练、推理能力训练和语言训练七个部分。

典 型 案 例

一、病例简介

患者李某,现年 12 岁。足月剖宫产,产后出现广泛性脑出血,1 岁半才会走,说话晚,7 岁做智力测验得了 40 多分,诊断为精神发育迟滞,10 岁左右开始接受专门训练。

语言病史:患者表达能力较差,仅能进行一般的交流沟通,不能理解复杂问题,举一反三的能力较差,对命题的理解较刻板,思维的灵活性不强。患者能进行简单阅读,但不能真正理解,算术完成困难;注意力、记忆力均较差,只能进行简单的具体思维,理解分析能力差,认识问题肤浅;在分类上有一定缺陷,归纳、联想、推理能力更差,对情绪识别、环境和他人情绪信息的觉察和感知能力也不足,只具备基本的言语和认知。现读小学五年级成绩较差,语言比数学稍好些,数学成绩在 20、30 分的水平,在算数运算中表现困难,对分数的加减运算不能正确解答,对乘除法运算也不很理解的,学习困难。

二、训练前评定

1. 语言障碍诊治仪检测 ①听:简单指令(100 分)、复杂指令(75 分)、听是否(50 分);②说:表达语音(95 分)、表达语义(62.5 分)、命名(80 分)、复述语音(100 分)、复述语义(50 分);③读:视简单理解(90 分)、复杂理解(55.6 分)、匹配(100 分)、记忆(60 分)、听读字(70 分)、计算(66.7 分);④其他:简单常识(88.2 分)、复杂常识(50 分)、定向力(80 分)、比较(44.4 分)。注:在检测过程中患者较配合,注意力集中。

系统评估为:轻度儿童语言障碍。

2. **儿童认知障碍诊治仪检测** 患儿听理解(88分)、感知能力(96分)、注意(74分)、记忆(72分)、思维想象(84分)、数能力(90分)、表达(67分)。总分:81.52分;总平均时间:9.65秒。注:测试过程中患者较配合,注意力尚集中。

系统评估为:轻度受损。

三、治疗经过

训练能力方面:表达能力,阅读能力,写作能力。

下面以评定后第一周的训练项目为范例:

1. **篇章水平复述训练** 治疗师先讲一个生动有趣的故事,让其听了之后,将故事复述出来。

2. **词汇水平自发语言训练** 为患者呈现词对让其进行头脑风暴,说出物体间异同点,如"医生"与"护士"。

3. **超词汇水平自发语言训练** 要求患者将在班上、学校、家庭发生的一些事件讲述出来。我们每天都会发生很多事情,患者听到的、看到的和想到的都可以说。

4. **阅读训练** 训练时选取适合其理解水平的文章,如童话寓言故事,先带领其进行基本的阅读,然后引导其进行故事的复述和归纳,同时,针对文章内容引导其进行不同类型的语义联想。其具体操作就是根据不同类型的语义联系进行相关的简单问题提问并让患者回答。

5. **写作训练** 让患者记日记和写一篇阅读报告,及以书面形式回答逻辑推理的相关问题。

训练前与训练后对比,予以专科评定。

四、治疗前后对照

训练前语言障碍诊治仪检测结果为轻度儿童语言障碍,训练后语言障碍诊治仪检测结果为正常(表14-1)。

表 14-1 语言障碍诊治仪治疗前后对照

项目	训练前得分	训练后得分
听	简单指令100、复杂指令75、听是否50	简单指令100、复杂指令95、听是否60
说	表达语音95、表达语义62.5、命名80、复述语音100、复述语义50	表达语音95、表达语义95.83、命名100、复述语音100、复述语义87.5
视文字	视简单理解90、复杂理解55.6、匹配100、记忆60、听读字70、计算66.7	视简单理解80、复杂理解88.89、匹配87.5、记忆90、听读字90、计算66.67
其他	简单常识88.2、复杂常识50、定向力80、比较44.4	简单常识100、复杂常识85.71、定向力93.33、比较55.56

训练前儿童认知障碍诊治仪检测结果为轻度受损(总分81.52分;总平均时间9.65秒),训练后成人认知障碍诊治仪检测结果为轻度受损(总分83.6分;总平均时间7.9222秒)(表14-2)。

表 14-2　认知障碍诊治仪治疗前后对照

训练前得分	训练后得分
听理解 88、感知能力 96、注意 74、记忆 72、思维想象 84、数能力 90、表达 67	语言听理解 54、语言视理解 58、定向能力 93、注意 82、记忆 96、推理能力 49、计算能力 76、语言表达 88、语言命名 81、执行能力 66、日常知识 55

习　　题

一、名词解释

1. 认知
2. 执行功能
3. 定向力

二、选择题

【A1 型题】

1. 认知障碍主要通过什么方法评估
   A. 量表检测
   B. 抽血化验
   C. 影像学检查
   D. 脑组织活检
   E. 体格检查

2. 下列属于认知障碍评定的行为观察量表的是
   A. MMSE
   B. HDS
   C. CDR
   D. WAIS
   E. 韦氏成人记忆量表

3. 下面**不属于**认知评定成套测验量表共同特点的是
   A. 包括了思维、记忆等多项认知功能
   B. 对中、重度认知障碍患者临床应用受限
   C. 每次检测时间短,起到筛查作用
   D. 结构复杂,测验技术要求高
   E. 费时耗力,每次检测常需 4~6 小时

4. "请选出 1+2 的正确答案。"属于认知障碍诊治仪中哪一项的训练内容
   A. 视觉记忆训练
   B. 间接计算训练
   C. 创造运算训练
   D. 直接计算训练
   E. 专注能力训练

5. 在认知障碍诊治仪训练内容中出现浴室的图片,备选结果为:客厅、浴室、卧室,这种训练属于什么训练
   A. 时间定向力训练
   B. 地点定向力训练
   C. 结构能力训练
   D. 人物定向力训练
   E. 专注能力训练

【A2 型题】

6. 李某,男性,16 岁。难以表达图片的引申含义,对复杂问题难以回答,口语表达延长。该患儿最可能有哪一方面的认知障碍
   A. 定向力障碍
   B. 记忆障碍
   C. 视空间障碍

D. 计算力障碍　　　　　　　　E. 思维概括能力障碍

7. 陈某,男性,46 岁。在语言交流中缺乏个人经历的内容,找词困难,回答的问题常欠缺,回答时常被动地答"是"或"否"。该患者最可能有哪一方面的认知障碍
A. 定向力障碍　　　　　B. 记忆障碍　　　　　C. 视空间障碍
D. 计算力障碍　　　　　E. 思维概括能力障碍

【X 型题】

8. 短时记忆包括以下哪几点
A. 影像记忆　　　　　B. 即刻记忆　　　　　C. 初级记忆
D. 工作记忆　　　　　E. 外显记忆

9. 以下哪些能力不属于认知功能范畴
A. 视空间能力　　　　　B. 咀嚼能力　　　　　C. 复述能力
D. 自主大小便能力　　　E. 记忆能力

10. 执行功能包括以下哪几个步骤
A. 目标形成过程　　　　B. 策划过程　　　　　C. 完成目标导向
D. 有效操作　　　　　　E. 优势抑制

11. 视空间障碍包括
A. 定位障碍　　　　　B. 深度知觉障碍　　　　C. 线方向判断障碍
D. 形状知觉障碍　　　E. 空间翻转能力障碍

三、简答题

1. 简述认知障碍训练中结构能力的训练内容。
2. 简述执行功能障碍导致的语言障碍的特点。

参 考 答 案

一、名词解释

1. **认知**:是人类的一种心理活动,是指个体认识和理解事物的心理过程。它在觉醒状态下时刻存在,包括对自己与环境的确定、感知、理解、注意、学习和记忆、想象、思维和语言等。

2. **执行功能**:是人们成功从事独立的、有目的的、自我负责的行为的能力,包括目标形成、策划过程(具有抽象思维性质)、完成目标导向和有效操作四个主要步骤。

3. **定向力**:指一个人自己对时间地点、人物以及对自己本身状态的认识能力。一是包括对周围环境的认识,如时间、地点、人物;二是包括对自己状态的认识,如自己的姓名、年龄、职业等。

二、选择题

1. A　2. C　3. C　4. D　5. B　6. E　7. B　8. ABCD　9. BD　10. ABCD　11. ABCDE

三、简答题

1. 空间理解训练:选择缺少的部分,视缺少扳机的手枪,备选结果为:枪柄、枪管、扳机;空

间综合训练;将切分的图片重新排列,拼成完整的图片;空间结构之方位判定训练:选择正确的方向,视小马向右奔跑图。备选结果为:向右(箭头)、向下(箭头)、斜向左下(箭头)、向左(箭头)、向上(箭头)。

2. 执行功能障碍患者常表现有语言障碍。在口语表达中表现语序颠倒,内容杂乱,主题不清,思维矛盾,语言不流畅,尽管极想表达一件事情,但表达不符合逻辑,往往越说越乱。

(陈卓铭)

第二节 精神心理障碍对语言交流的影响

学 习 要 求

1. **掌握** 焦虑、抑郁、精神分裂症的康复方法。
2. **熟悉** 焦虑、抑郁、精神分裂症的临床表现。
3. **了解** 焦虑、抑郁、精神分裂症的康复评定。

内 容 精 要

一、焦虑

焦虑是对刺激产生不适应的严重和长时间的恐惧、焦急和忧虑反应的情绪和情感异常。

1. 临床表现 主要症状是焦虑的情绪体验、自主神经功能失调及运动性不安。患者长期感到紧张和不安。常将之分为:广泛性焦虑及惊恐发作两种临床相。

2. 康复评定

(1)广泛性焦虑:①符合神经症的共同特征;②以持续的广泛性焦虑为主要临床相;③不符合强迫症,恐惧症,抑郁性神经症的诊断标准;④排除躯体疾病的继发性焦虑;排除兴奋药物过量,镇静催眠药物或抗焦虑药的戒断反应。

(2)惊恐发作:①符合神经症的共同特征;②以惊恐发作症状为主要临床相;③每次发作短暂,发作时明显影响日常活动;④一个月内至少发作三次,或首次发作后继发害怕,再发作的焦虑持续一个月;⑤特别要注意排除因心血管病,低血糖,内分泌病,药物戒断反应和癫痫所致的类似发作;⑥不符合癔症和恐惧症的诊断标准。

3. 康复治疗 ①心理治疗:放松疗法不论是对广泛性焦虑症或急性焦虑发作均是有益的。生物反馈疗法,音乐疗法,瑜伽,静气功的原理都与之接近,疗效也相仿。焦虑症患者病前常经历较多的生活事件,病后又常出现所谓"期待性焦虑",帮助患者解决这些问题可试用认知疗法。②药物治疗:目前苯二氮草类是临床上广泛使用的抗焦虑药物,其中地西泮使用最为普通。

二、抑郁

抑郁是一种对不良外界刺激发生长时间的沮丧感受反应的情绪改变。

1. **抑郁的临床表现** ①压抑的心境;②睡眠障碍,失眠或早醒;③食欲下降或体重减轻;④兴趣索然;⑤悲观失望;⑥自罪自责,严重时有自杀想法或行为;⑦动力不足,缺乏活动、唉声叹气;⑧性欲减低。抑郁的常见类型主要有抑郁性神经症、反应性抑郁、重型抑郁症等。

2. **康复评定** ①症状评定:以心境低落为主;②严重程度评定:社会功能受损,或给本人造成痛苦或不良后果;③病程评定:症状至少已持续2周,可存在某些分裂性症状,但不符合分裂症的诊断;④排除评定:排除器质性精神障碍,或精神性物质和非成瘾物资所致抑郁。

3. **康复治疗**

(1)心理治疗:①宣泄法:宣泄患者内心深处的矛盾与痛苦,从而找出产生抑郁的病因;②支持疗法:给予患者心理上的支持,帮助患者建立必胜的信心,看到自己的长处,看到希望,从而战胜困难;③理性情绪疗法:治疗者要让患者领悟到自己之所以产生抑郁,是因在对事物分析中不合理信念占了上风,治疗者要敢于与患者的不合理信念进行辩论,让患者认识自己的不合理信念,建立合理的信念,树立信心,克服抑郁和消极的情绪。

(2)药物治疗:目前治疗抑郁的药物主要有三环类(阿米替林)、四环类(马普替林)、单胺氧化酶抑制剂(苯乙肼)、选择性5-羟色氨再摄取抑制剂(帕罗西汀)、去甲肾上腺素及5-羟色氨再摄取抑制剂(文拉法新)、去甲肾上腺素及选择性5-羟色氨再摄取抑制剂(米氮平)。

三、精神分裂症

精神分裂症是一组病因未明的精神病,多在青壮年发病,起病往往较为缓慢,临床上可表现出思维、情感、行为等多方面的障碍以及精神活动的不协调。

1. **临床表现** 精神分裂症急性期主要表现为正常心理功能的偏移,涉及感知、思维、情感和行为等多个方面。

2. **康复评定** ①症状评定:符合精神分裂症的症状;②严重程度评定:自知力障碍,并有社会功能严重受损或无法进行有效交谈;③病程评定:符合症状标准和严重程度标准至少已持续1个月;④排除评定:排除器质性精神障碍、精神活性物质和非成瘾物质所致的精神障碍。

3. **康复治疗** ①药物治疗;②心理治疗;③精神康复:通过开展各种娱乐活动和体育锻炼,特别是各种集体活动,可使患者的孤僻、退缩行为得到改善,与别人沟通的能力得到增强,通过患者生活自理以及家政方面的训练,有利于促进患者自理自己的生活和自立的信心,使患者进入真正的社会生活。对于精神分裂症患者的精神康复工作应该在治疗的早期就开始。

习　题

一、名词解释

1. 惊恐发作
2. 精神康复

二、选择题

【A1型题】

1. 以下惊恐发作的诊断标准,哪一项是**错误**的

　A. 符合神经症的共同特征

B. 以惊恐发作症状为主要临床相

C. 每次发作短暂(一般短于 2 小时),发作时一般不影响日常活动

D. 1 个月内至少发作 3 次

E. 或首次发作后继发害怕,再发作的焦虑持续 1 个月

2. 广泛性焦虑的临床表现

A. 一般不伴有睡眠障碍

B. 经常或持续的无明确原因的恐惧、提心吊胆或精神紧张

C. 伴自主神经症状或运动性不安

D. 做事心烦意乱,没有耐心

E. 即便休息时,也可能坐卧不宁,如此惶惶不可终日

【X 型题】

3. 抑郁的症状评定标准包括

A. 兴趣丧失,无愉快感

B. 精力减退或疲乏感

C. 精神运动性迟滞或激越

D. 自我评价过低,自责,或有内疚感

E. 联想困难或自觉思考能力下降

4. 精神分裂症的症状评定标准有

A. 反复出现的言语性幻听

B. 明显的思维松弛、思维破裂、思维内容贫乏

C. 思维被插入、被播散,思维中断,或强制性思维

D. 被动、被控制或被洞悉体验

E. 原发性妄想或其他荒谬的妄想

三、简答题

1. 如何对精神分裂症病人进行心理康复治疗?

2. 如何对抑郁症病人进行心理康复治疗?

参 考 答 案

一、名词解释

1. **惊恐发作**:指一种突如其来的惊恐体验,仿佛窒息将至,伴有濒死感、失控感及严重的自主神经功能紊乱症状。

2. **精神康复**:可概要地理解为尽量采用各种条件和措施使患者的精神活动,特别是行为得到最大限度的调整和恢复。

二、选择题

1. C 2. A 3. ABCDE 4. ABCDE

三、简答题

1. 精神分裂症的心理治疗主要应针对患者的具体情况进行,例如可以通过支持性心理治疗解决社会心理因素给患者带来的打击,通过家庭治疗解决患者家庭成员对患者的情感表达问题,通过认知治疗来促进恢复患者的自知力等。

2. 治疗者要让患者领悟到自己之所以产生抑郁,是因在对事物分析中不合理信念占了上风,即看到事物的悲观面较多,看到自己的能力不够,从而导致悲观、抑郁的情况。治疗者要敢于与患者的不合理信念进行辩论,让患者认识自己的不合理信念,建立合理的信念,树立信心,克服抑郁和消极的情绪。

(郭艳芹)

第三节 口颜面失用和言语失用

学 习 要 求

1. **掌握** 口颜面失用和言语失用的定义,言语失用的言语特征。
2. **熟悉** 口失用的检查和言语失用的评估;言语失用的分类;言语失用与构音障碍及音素性错语的鉴别;口失用和言语失用的治疗。
3. **了解** 言语失用的病因。

内 容 精 要

一、口颜面失用

1. **定义** 口颜面失用是指在非言语状态下,虽然与言语产生活动有关的肌肉自发活动仍存在,但是舌、唇、喉、咽、颊肌执行自主运动困难。在临床上,一些言语失用并不存在口失用,但多数口失用伴有言语失用。Arosen(1980)的研究通过以下的表现证实了口失用的存在。

2. **口失用的检查** 通过检查可以判断患者是否存在口失用及轻重程度,参见本套教材《语言治疗学》(第3版)。

3. **口失用的治疗** ①喉活动技巧;②舌活动技巧;③言语活动技巧。

二、言语失用

1. **定义** 言语失用是不能执行自主运动进行发音和言语活动。而且这种异常是在缺乏或不能用言语肌肉的麻痹、减弱或不协调来解释的一种运动性言语障碍,或者说是一种运动程序障碍。

2. **病因** 言语失用的病因是由于脑损伤,大部分患者为左大脑半球的损害涉及第三额回。言语失用可以单独发生,也可以伴随其他语言障碍,常常伴随运动性失语。

3. **言语特征** ①随着发音器官运动调节复杂性增加,发音错误增加;②词的开头为辅音比在其他位置发音错误多;③重复朗读相同的材料时,倾向出现一致的错误发音;④模仿回答比自发性言语出现更多发音错误;⑤发音错误随着词句难度的增加而增加。

4. 分类 言语失用可以是一种发育性的儿童障碍,或者是一种成人获得性障碍。据此将言语失用分为两种:获得性言语失用和发育性言语失用。

5. 评估。

6. 治疗

(1)治疗原则:治疗原则应集中在异常的发音上,因此与适用于失语症和构音障碍的语言刺激、听觉刺激不同。视觉刺激模式是指导发音的关键,建立或强化视觉记忆对成人言语失用的成功治疗是最重要的。①掌握每个辅音发音的位置;②迅速重复每个辅音加"啊",以每秒3~4次为标准;③用辅音加元音方式建立音节,如 fɑ、fɑ、fɑ、fɑ……;④一旦掌握了稳定的自主发音基础和基本词汇,便试图说复杂的词,原则上还是先学会发词中的每个音、音节,最后是词。

(2)Rosenbeke 成人言语失用八步治疗。

习 题

一、名词解释

1. 口颜面失用
2. 言语失用

二、选择题

【A1 型题】

1. 言语失用常伴随的言语障碍的是
    A. 运动性失语   B. 感觉性失语   C. 痉挛性构音障碍
    D. 迟缓性构音障碍   E. 完全性失语

2. 口颜面失用与言语失用的共同特点是
    A. 有自发言语状态   B. 自主言语困难   C. 运动程序障碍
    D. 听理解障碍   E. 构音器官运动障碍

3. 以下关于言语失用的叙述,正确的是
    A. 言语肌肉的麻痹、减弱或不协调所致的一种运动性言语障碍
    B. 不与其他言语障碍伴随发生
    C. 是一种运动程序障碍
    D. 脑损伤部位大多位于左侧大脑半球颞叶
    E. 舌、唇、喉、咽、颊肌执行自主运动困难

4. 言语失用的脑损伤主要位于
    A. 第三额回   B. 颞叶后部   C. 枕叶后部
    D. 顶叶后部   E. 基底节区

【A3 型题】

5~6 题共用题干

患者,男,50 岁。脑外伤一月余。患者听理解能力正常,无自主言语。检查:元音顺序朗

读障碍。

5. 患者最可能存在的言语障碍是
    A. 格斯特曼综合征　　　　　B. 言语失用　　　　　C. 口颜面失用
    D. 运动性失语　　　　　　　E. 运动性构音障碍

6. 对于该患者的治疗最重要的是
    A. 视觉刺激模式　　　　　　B. 语言刺激模式　　　　　C. 听觉刺激模式
    D. 书写刺激模式　　　　　　E. 以上均不正确

【X 型题】

7. 口颜面失用的检查包括
    A. 鼓腮　　　　　　　　　　B. 吹气　　　　　　　　　C. 咂唇
    D. 摆舌　　　　　　　　　　E. 软腭活动度

三、简答题

言语失用言语障碍的言语特征是什么？

参 考 答 案

一、名词解释

1. **口颜面失用**：是指在非言语状态下，与言语产生活动有关的肌肉自发活动仍存在，但是舌、唇、喉、咽、颊肌执行自主运动困难。

2. **言语失用**：是指不能执行自主运动进行发音和言语活动，而且这种异常是不能用言语肌肉的麻痹、减弱或不协调来解释的一种运动性言语障碍，或者说是一种运动程序障碍。

二、选择题

1. A　2. B　3. C　4. A　5. B　6. A　7. ABCD

三、简答题

言语失用言语障碍的言语特征：①随着发音器官运动调节复杂性增加，发音错误增加；②辅音在词的开头比在其他位置发音错误多；③重复朗读相同的材料时，倾向于出现一致的错误发音；④模仿回答比自发性言语出现更多发音错误；⑤发音错误随着词句难度的增加而增加。

第四节　缄　默　症

学 习 要 求

1. **掌握**　缄默症的概念；选择性缄默症的概念与诊断依据。
2. **熟悉**　缄默症的分类；各类缄默症的临床表现和治疗重点。

内 容 精 要

1. **缄默症概念** 缄默症也称不言症,是指在意识清楚,理解力完好,且无口面失用情况下的语言完全缺失。

2. **缄默症的类型及治疗重点** 见表 14-3。

表 14-3 缄默症的类型及治疗重点

缄默症类型		治疗重点
功能性缄默症	选择性缄默症	行为纠正,脱敏法,心理辅导
	癔病性缄默症	心理暗示,心理辅导
	紧张性缄默症	心理治疗,药物治疗
	妄想性缄默症	心理治疗,药物治疗
	抑郁性缄默症	心理治疗,药物治疗
	诈病性缄默症	找诈病目的,心理治疗
器质性缄默症	无动性缄默症	治疗原发病,规律语言、音乐的被动刺激
	延髓性麻痹性缄默症	参照运动性构音障碍的康复治疗
	小脑性缄默症	参照运动性构音障碍的康复治疗、心理治疗
	扣带回损害缄默症	治疗原发病,按语言失用的康复治疗

3. **选择性缄默症**

(1) 选择性缄默症的概念:多见于儿童及青少年,表现为在某些需要语言交流的场合(如学校,有陌生人或人多的环境等)持久地"拒绝"说话,而在其他场合语言正常。

(2) 诊断依据:①在某些需要语言交流的场合"不能"说话,而在另外一些环境说话正常;②持续时间超过一个月;③无语言障碍,没有因为说方言引起的语言交流问题;④可以找到如入学或改变学校、搬迁或社会交往等影响到患儿生活的原因;⑤不能诊断为自闭症、精神分裂症、精神发育迟缓等疾病。

(3) 选择性缄默症的治疗:心理治疗、行为治疗、学校及社会支持、家庭治疗、药物治疗。

习 题

一、名词解释

1. 缄默症
2. 选择性缄默症

二、选择题

【A1 型题】

1. 下面哪种缄默症为器质性缄默症

A. 癔病性缄默症   B. 选择性缄默症   C. 无动性缄默症

D. 妄想性缄默症   E. 紧张性缄默症

2. 下面**不属于**功能性缄默症的是

  A. 癔病性缄默症   B. 选择性缄默症

  C. 延髓性麻痹性缄默症   D. 妄想性缄默症

  E. 紧张性缄默症

3. 下列属于功能性缄默症的是

  A. 无动性缄默症   B. 延髓性麻痹性缄默症

  C. 小脑性缄默症   D. 口吃

  E. 紧张性缄默症

【A2 型题】

4. 患儿,男,5 岁。近两个月来出现在陌生人面前不能讲话,而在其他情况下讲话正常,注意力和行为也无明显异常。该患儿可能的诊断是

  A. 孤独症   B. 选择性缄默症   C. 脑瘫

  D. 失语症   E. 构音障碍

【B1 型题】

5~6 题共用备选答案

  A. 行为纠正,脱敏法,心理辅导

  B. 心理暗示,心理辅导

  C. 心理治疗,药物治疗

  D. 找致病目的,心理治疗

  E. 治疗原发病,规律语言、音乐的被动刺激

5. 选择性缄默症的治疗重点是

6. 无动性缄默症的治疗重点是

【X 型题】

7. 下列属于功能性缄默症的是

  A. 癔病性缄默症   B. 选择性缄默症   C. 无动性缄默症

  D. 妄想性缄默症   E. 紧张性缄默症

8. 下列属于器质性缄默症的是

  A. 妄想性缄默症   B. 延髓性麻痹性缄默症

  C. 癔病性缄默症   D. 扣带回损害缄默症

  E. 紧张性缄默症

9. 选择性缄默症的治疗可采用

  A. 心理治疗   B. 行为治疗   C. 药物治疗

  D. 家庭治疗   E. 手术治疗

三、简答题

1. 简述缄默症的分类。

2. 简述选择性缄默症的诊断。

3. 简述选择性缄默症的治疗方法。

参 考 答 案

一、名词解释

1. **缄默症**：也称不言症，是指在意识清楚，理解力完好，且无口面失用情况下的语言完全缺失。

2. **选择性缄默症**：多见于儿童及青少年，表现为在某些需要语言交流的场合（如学校，有陌生人或人多的环境等）持久地"拒绝"说话，而在其他场合语言正常。

二、选择题

1. C 2. C 3. E 4. B 5. A 6. E 7. ABDE 8. BD 9. ABCD

三、简答题

1. 缄默症分为功能性缄默症和器质性缄默症。功能性缄默症又细分为选择性缄默症、癔病性缄默症、紧张性缄默症、妄想性缄默症、抑郁性缄默症和诈病性缄默症；器质性缄默症又细分为无动性缄默症、延髓性麻痹性缄默症、小脑性缄默症和扣带回损害缄默症。

2. 选择性缄默症的诊断：①在某些需要语言交流的场合"不能"说话，而在另外一些环境说话正常；②持续时间超过一个月；③无语言障碍，没有因为说外语（或不同方言）引起的语言交流问题；④可以找到如入学或改变学校、搬迁或社会交往等影响到患儿生活的原因；⑤不能诊断为自闭症、精神分裂症、精神发育迟缓等疾病。

3. 选择性缄默症的治疗可采用心理治疗、行为治疗、家庭治疗、学校和社会支持、药物治疗。

（陈卓铭）

参考文献

［1］李胜利.语言治疗学.北京:人民卫生出版社,2008.

［2］高素荣.失语症.2版.北京:北京大学医学出版社,2006.

［3］陈卓铭.语言治疗学-学习指导和习题集.2版.北京:人民卫生出版社,2013.

［4］陈卓铭.语言治疗学-学习指导和习题集.北京:人民卫生出版社,2008.

［5］陈卓铭.精神与认知康复.北京:人民卫生出版社,2017.

［6］Michel Paradis.林谷辉,林梅溪,陈卓铭主译.双语失语症的评估.广州:暨南大学出版社,2003.

［7］陈卓铭.特殊儿童的语言康复.北京:人民卫生出版社,2015.

［8］张庆苏.语言治疗学实训指导.北京:人民卫生出版社,2013.

［9］励建安.康复医学,研究生用书.北京:人民卫生出版社,2014.

［10］励建安.康复治疗技术新进展.北京:人民军医出版社,2015.

［11］赵斌,神经病学(案例版,2版).北京:科学出版社 2016.

［12］Brooke Hallowell(Ed.).Aphasia and Other Acquired Neurogenic Language Disorders(A Guide for Clinical Excellence).San Diego,CA:Plural publishing.